Danielle Mitterrand

LE LIVRE
DE MA MÉMOIRE

密特朗夫人
回忆录

（法）达妮埃尔·密特朗 著　罗国林 译

作家出版社

（京权）图字：01-2010-5713

图书在版编目（CIP）数据

密特朗夫人回忆录／（法）密特朗（Mitterand，D.）著；罗国林译.
－北京：作家出版社，2012.6
　（世界名人传记丛书）
　ISBN 978-7-5063-6403-4

Ⅰ.①密… Ⅱ.①密…②罗… Ⅲ.①密特朗，D.(1924～2011)－回忆录
Ⅳ.①K835.657=6

中国版本图书馆CIP数据核字（2012）第086622号

Le Livre de ma mémoire
Danielle Mitterrand
Tous droits réservés
© Jean-Claude Gawsewitch Éditeur, 2007

策划：猎文文化发展有限公司

密特朗夫人回忆录

作者：（法）达妮埃尔·密特朗
译者：罗国林
责任编辑：王 炘 周 茹 翟婧婧
装帧设计：视觉共振设计工作室
出版发行：作家出版社
社址：北京农展馆南里10号　　　邮编：100125
电话传真：86-10-65930756（出版发行部）
　　　　　86-10-65004079（总编室）
　　　　　86-10-65015116（邮购部）
E-mail: zuojia@zuojia.net.cn
http://www.haozuojia.com（作家在线）
印刷：紫恒印装有限公司
成品尺寸：152×230
字数：268千
印张：16.75　　　　　插页：4
版次：2012年6月第1版
印次：2012年6月第1次印刷
ISBN 978-7-5063-6403-4
定价：32.00元

目　录

附　录

侥幸出生！

1924 年 5 月的一天傍晚。只消一个失去理智的举动就……我哥哥罗杰·古兹讲述道："晚餐一片沉默，充满被压抑住的风暴，母亲把痛苦憋在心里。晚饭后照例是散步，他们一反往常的习惯，沿着一条蜿蜒曲折的路，往下朝杜朗斯河走去，穿过一座金属桥。两个人争论的声音越来越高、越来越激烈，动作都带着怒气，最后甚至带着威胁了。突然，母亲似乎想跑开，父亲一把抓住了她的胳膊。她挣扎着甩开他的手，疯了似的向桥跑去。她想跳进杜朗斯河吗？她太不幸了，想一死了之。"

罗杰，你怎么能这样谈论我们的父母呢？这简直不可思议，我觉得。我知道他们是非常融洽、非常安适、非常相爱的，任何孩子都希望和他们亲热。你却编造了一个故事，你这个乳臭未干的 11 岁男孩子！大概是你觉得每天过得太安稳了，需要点刺激吧。

然而那个"帕拉"确实存在啊，确切地说，她有着金色头发，脸上有雀斑，两条胳膊肉乎乎的，就像我哥哥描述的那样。如果她真勾引了作为中学校长的我父亲，使校长那深深爱他的妻子——我母亲心灵遭受折磨呢？我不得不接受这个事实，是在几十年之后。我哥哥泄露的隐情令我困惑至极，禁不住问母亲事情的原委。

"这件事不要再提，"母亲回答我，"我原谅了，但永远不会忘记。"至于有罪过的那一位，在去世的当天晚上，还向他一生中唯一的妻子请求宽恕，把至死一直啃啮着他的心灵的唯一一内疚——这是他私人日记里的说法——带进了坟墓："这事发生在 1924 年 2 月 13 日。"

可是，如果我算得不错，5 月的那一天，即悲剧发生的日子，我也在那里。我不就是那年 10 月出生的吗？因此，我应该也曾经经过那座桥，经过桥栏杆坏了的那一边，经过昂布兰那一段在狭窄的两岸间滚滚

1

奔腾的杜朗斯河吧？昂布兰位于上阿尔卑斯，太阳每年有三百天照耀着那里。

只消一个绝望的动作就完蛋了。那个怀着我的年轻女人多么痛苦啊，她被自己所爱的男人背叛了，而这个男人又没有办法劝导她。我的故事本来到我母亲那致命的一跳就该结束了。目睹她要跳的一个小男孩——就是六十年后讲述的这个人——当时给吓呆了。

而如今，我的拯救本能苏醒了。我喜欢想是我挽救了那局面。母亲体内怀着的生命火花，一心想要发光发热，表示希望经历上天给她规定的命运。

我同时明白了，为什么父亲直到死都异常钟爱我。

阖家离开了昂布兰。获准调到默兹省的凡尔登之后，我父母重新得到了安宁。在一个美丽的秋夜，我进入了他们的生活。那是在他们凭职务在布维尼埃中学分配到的套房的卧室里，他们迎接了我，发狂般珍爱这个小女孩，向她敞开怀抱，而心里充满憧憬和打算。因此，我生下来是根系勃艮第的洛林人。

整个一生，我也是分别比我大十岁和十二岁的两个哥哥的小妹妹，得到他们的爱和保护，是他们的活玩具，但有时也令他们生气，因为我喜怒无常。他们的青春期和新生的爱情，与看护"小不点儿"已不相容了，而学业使他们脱离了家庭之茧。我像一个独生女儿，在"兄长们"漫不经心的目光下生活。成年之后，我们重逢并相互认了出来，而没有丝毫诧异。

我们真是同一块木头雕刻出来的。

第一部分
忠 于 祖 辈

第一章
让娜·拉维涅

　　是的，我是勃艮第人。我甚至想要求我的家乡在多民族的欧洲实行自治。这正是我们在抵抗运动时期梦寐以求的。

　　那时在勃艮第，侍弄葡萄和葡萄酒是短工们和小农业主们的事。你看到他们一年四季都在地里干活儿，忙于培土、松木、耘田、除草……个人用的截枝刀、铁锹、双齿鹤嘴锄，是仅有的用得上的工具。任何套牲口的工具和农具都派不上用场。实实在在的理由嘛，就是葡萄植株是"成丛"生长的，也就是说不成排，而且是靠压枝法繁殖。

　　每当我自我介绍说我是勃艮第人，故土是勃艮第，心里就想着祖母古兹。她1886年11月1日生于克吕尼区的圣万桑－德佩，乳名让娜·拉维涅，几代人算下来，先后是葡萄种植者的孙女、女儿、姐妹。当然，他们不属于大地主们那个上层社会。

　　让娜·拉维涅出生的时候，正是勃艮第葡萄遭到大规模灾害的时候。在葡萄根瘤蚜虫灾害的打击之下，她的父母是怎样生存下来的，怎样摆脱了那场大灾难呢？葡萄根瘤蚜虫？你知道这是一种小小的金色虫子，其幼虫会使葡萄藤干枯。仅一只雌蚜虫，就会繁殖一窝两千万只幼虫，只只饕餮贪食，哪里有食物就到哪里去吃，尤其喜欢选择最苗壮的葡萄藤吃，因为这些葡萄藤的根和根须格外美味可口。它们只要在葡萄叶子上咬一口，叶子上就会鼓起一个包，里面可藏匿五六百个会孵化毁灭性幼虫的卵。

　　朗格多西安家和鲍尔德莱家是19世纪末首批破产的。就像有可怕敌人入侵，首先是加尔省皮若示警发现有葡萄根瘤蚜虫，接着示警的是格拉沃松、罗纳河口，然后是吉伦特省的布利亚克和弗洛瓦拉克高地。勃艮第看来得以幸免……谣传不断扩散，都变成了事实。这种害虫历经十年的传播，才溯罗纳河而上，在 19 世纪 80 年代毁掉了勃艮第。最后遭灾的地区香槟，毁于 1893～1894 年。这是一场全国性的灾难。

真见鬼，我们怎么沦落到了这种处境呢？

是一些苗圃工作人员的好主意。他们为了抵抗一种常见的疾病白粉病，热衷于引进一些"美国植物"。这些美国植物被认为能抵抗一切病虫害，当然应该能抵抗我们久负盛名的葡萄种植地区的这种小害虫。由于引进了这些植物，他们便在我们多节瘤的老葡萄藤中传播死亡。这种害虫所蛀出的隐蔽的小伤口，起初谁也没有觉察到，但经过三十五年，竟把法国的所有葡萄彻底毁掉了。这种病虫害缓慢但稳步地扩散，其方式恰似油迹从浸渍得很厉害的中心向四周一圈一圈地扩散开去。

为了战胜这虫灾，一切方法他们都试过。相信我吧，不择手段发国难财者的时代已经开始，而且还显示出了不俗的业绩呢。随着这种该死的小虫子造成的灾害的扩大，我们那些"短工"葡萄种植者们微薄的财源消失殆尽。那些专门出好主意的牛皮大王和价格昂贵的所谓奇效药品，在很大程度上促成了他们的破产。

一些人竞相比创造性、比灵活机敏，设法使土地净化，让这种害虫无法卷土重来，根据葡萄园的具体位置，实行"淹灌""夯实"或"沙子覆盖"。二硫化碳及其衍生物硫代碳酸钾盐，给一些公司带来了好时光。这些公司利用葡萄种植业不知所措的时机大做生意。所有这些东西统统都不是万灵药，但十拿九稳能让少数人大发横财。

一切幻想都破灭了，我的祖辈们不得不拔掉和放火烧掉葡萄藤，所有使他们赖以在葡萄种植园土地上生活的葡萄藤。我想象得出当时让娜周围的整个环境。家里为了减轻负担，不得不把她寄养在邻村。

后来，葡萄根瘤蚜虫被火化的办法消灭了，于是需要购买新的葡萄苗……那些著名的美国葡萄苗与原有的当地品种嫁接，使我们获得了佳美红葡萄、黑皮诺、灰皮诺、塞萨尔红葡萄，还有夏尔多内和阿利戈特两种白葡萄。人们找到了对付的办法，一部分葡萄园重获生机，另一部分还在继续消失。大葡萄园主和小葡萄园主一样，的确都是在灾难中求生存，拯救葡萄酒。

我那个葡萄种植者家庭的密切关系又建立起来了，我听到奶奶让娜·拉维涅（多么美好的姓氏！）的兄弟们谈论他们抵抗葡萄根瘤蚜虫的丰功伟绩呢。

因此我看到他们跟着拉钉齿耙或耧耙的马的步伐，往返于一排排葡萄之间。在灾难发生之前，葡萄是"成丛"种植的，灾后改变为按一定距离整齐地成排种植了。

跟在马屁股后面，合着它均匀的步调，这时刻正好静思默想，心里盘算着，待到春回大地，幼苗一定会苗壮成长。精耕细作，让土地既肥沃，又能抵抗病虫害，干起来连歇息的时间都没有。得赶紧啊，因为天黑得很快。美好的季节到来之前，晚间总是漫长的。他们就着灯坐在一起，竞争的危害让他们心烦意乱。

"我们之所以卖得少，是法国人的过错。"在杂志里可以读到法国人已开始喝苹果酒和啤酒，即所谓的"卫生饮料"，纯粹是废话！"而那贩卖假酒的人，往酒里加糖，使之变得更浓，或者往酒里掺水并加有害的混合物。这些人损害我们的声誉。这是一些骗子！""现在北方人又用甜菜来和我们作对……"

收入不断下降，在勃艮第也一样。我寻思我的叔公们是否会转而赞成马塞林·阿尔贝宣言？这马塞林·阿尔贝被称为"救世主"，是阿尔热里埃一家小酒馆的老板，那是在已变成"饿死人"之乡的南方。我的叔公们是否看过 1907 年 5 月的那份呼吁书呢？

"以下署名的人决定将他们正当的要求坚持到底，进行反捐税罢工，要求所有当选的人辞职，动员南方和阿尔及利亚的所有市镇效法他们，遵循这样的口号：'天然葡萄酒万岁！打倒卖毒药的害人者！'"

要进行反捐税罢工的威胁，引得总理克莱蒙梭派来了军队。是该制伏这些葡萄种植者的时候了，他们会给所有生活艰难的人传播坏思想。前线第 17 团士兵们的事你们知道吗？这些入伍的士兵都是农民子弟，他们排成队站在葡萄种植者后面。在乡间一首合唱的歌就赞扬了他们的团结精神：

> 致敬，向你们致敬，
> 第 17 团勇敢的士兵们。
> 致敬，勇敢的士兵，
> 每个人都赞赏、热爱你们。
> 致敬，向你们致敬，
> 向你们英勇的行动致敬。
> 你们如果向我们开了火，

那可就谋杀了共和国。

署名的是蒙特于斯。不正是这位蒙特于斯公民，三十二年后在首都的共济会总会迎接了一个叫安托万·古兹的人即我父亲？哦，是的……

战火熄灭了。克莱蒙梭撤走了军队，指示释放了被捕的示威者，在捐税方面也作了减免。1907 年 6 月 29 日的法律庆祝了葡萄的新生。它为整个世纪奠定了法国葡萄种植的环境。后来相继有一些法律对它作了补充。1907 年 9 月 3 日，葡萄酒被认可为必须是"唯有新鲜葡萄或新鲜葡萄汁成醇发酵产生出来的"。这是最起码的。

唉哟！我的家平静下来了。

灾害过去三十年后，我那些种植葡萄的祖辈，你们更有把握在伊热和阿泽之间的马柯奈山丘上找到他们。在劳作中，他们存在的理由，就是为他们所关心的对象，减轻夏天的酷热之苦和冬天的霜冻之苦。在霜降时节怀着爱心进行剪枝，为新的液汁上升作准备，限制作物的能量，防止嫩枝疯长——葡萄种植者盼望的是果实而不是柴火。

冬天漫长的夜晚很难打发。晚饭一吃完，左邻右舍就聚到一起。塔罗纸牌玩了一盘又一盘，又有足量的勃艮第本地产葡萄烧酒助兴，气氛十分活跃，大家一直玩到深夜。葡萄很难侍弄，劳动必然艰苦，这种玩法肯定不利于这方面的准备。晚降的霜冻刚刚过去，早春天气多变，冒着这样的气候平整垄畦、耘地除草，好几个人倒下了。那是由于过热的酒气还没有完全消散，引起心脏不舒服……

这时，他们议论开了当地的报纸。什么报纸？是《勃艮第团结报》还是《勃艮第公正报》，抑或是两报合并后的《民众团结福利报》？让娜的兄弟们可能多半是看《人道报》。这份报纸自 1904 年就存在了。这是让·饶勒斯的报纸，是在几个围着他转的左翼知识分子的启发下办起来的。

在我大约 10 岁的时候，在雅克叔公家的院子里，我的小堂兄扯着嗓门唱《国际歌》，我头一回跟着他一块唱："这是最后的斗争，团结起来到明天……"我并不是想惹我两个哥哥生气。

9 月份到了，收葡萄的时节和村里的节日凑到了一起。本地区的姑娘、小伙子们趁机重逢，跑来在阳光下收获葡萄，把仔细摘下的葡萄从肩头上扔进刚从贮藏室拿出来的背篓里。一串串葡萄倒进大木桶，收葡萄的男人们毫不犹豫脱掉长裤，举行踩葡萄仪式。那时，脚不会把葡萄籽踩烂，被踩烂的葡萄籽会散发出一种苦味。大家笑声不断，气氛十分活跃，有些人则毫无顾忌地说些粗言秽语。在我奶奶那个时候，脱掉鞋袜，撩起裙子，是不得体的，因此姑娘们不参加这个仪式。

如今，我们的葡萄酒工艺学家们陶醉于现代特色，以添加剂为补偿，终于生产出一种意料中的饮剂：一种"好葡萄酒"。它具有统一的味道，就像属于统一的思想、统一的文化、统一的文明一样……他们追求的目标是什么呢？似乎是要创造出一种机器人，它满足于一种没有味道、只会激活塑料制神经元的饮料。

你们明白了吧：我是出自于一窝社会党人。从我祖母这方面说他们是很红的。对此祖母可能并没有太多想法，但是她的基因忠实地遗传给了我。

与我祖辈的葡萄藤生长于同一片土地，我要求恢复"文化的特殊性"。我是勃艮第人，没有忘掉自己出身、自己历史的勃艮第人。

当我向他们介绍弗朗索瓦——来自西部地区的一个"阿米纳人"时，他们不知所措，嘀咕我的婚姻是否合适……愣了一会儿问道："你嫁给一个阿米纳人？"

我问过父亲之后才明白我背叛了自己的亲人们。弗朗索瓦是阿马尼亚克人。我忘了百年战争，但是他们没忘。

为了了结祖辈们的这些战争，弗朗索瓦和我们的孩子们从感情的大门进入了这个家族。

第二章
共和国的重建

让娜·古兹姓拉维涅，生于 1866 年，其所生活的时期正是共和国重建时期。如果说她并没有怎么把共和国的重建放在心上，她周围那些"很左"的人应该都是与之息息相关的。

虽然葡萄根瘤蚜虫还会产生新的后果这个话题，他们经常谈起，而且还带着愤怒，但每到市镇选举或议会选举时，他们议论起来却很热烈。市镇选举和议会选举使拥护共和政体的人们在法国成为多数派。

他们该是多么焦急地等待着决定共和国命运的计票结果的新闻啊！因为我们的共和国感到，有猛烈的风贴近它刮过，它险些见不到天日了。它能够存在，仅仅是多亏了 1875 年 1 月 30 日仅以一票的多数通过的"瓦隆修正案"。瓦隆修正案通过共和国的总统选举，创立了共和制。

阿道夫·梯也尔，是 1870 年 9 月 4 日拿破仑三世色当失败后所产生的共和国临时政府的第一任首脑。

梯也尔当然反对恢复帝国。即使他因为屠杀巴黎公社成员而损害了自己的名誉，但对于按照以聚集在凡尔赛的议会的旨意，成立一个反动的保守政府，他也不看好。凡尔赛议会使它的议员们获得了一个"凡尔赛分子"的称号。把这个第三共和国抱到洗礼盆里，那可是沉甸甸的，但这第三共和国将关照法国人的命运，直到第二次世界大战。

辉煌的纳粹主义，其暴行有基本价值观方面的理由，而这些基本价值观遭到法国的扫除。

且不去预测吧。第三共和国开辟着自己的航线，它的强大在于它的旗帜上写着"自由、平等、博爱"。它开始了布满艰难险阻的航程。根据不同历史学家的观点，巴黎公社被称为第一次"社会主义"革命或者"19 世纪最后一场革命"。它在各个省引起了深刻的反响，不是作为绝对的反衬，就是作为希望。偏见根深蒂固，一切取决于社会阶层和地方上对该地区的重视程度。在我们萨恩－卢瓦尔省，有着悠久的共和传统，克勒佐和安滕两个工人中心都是支持巴黎公社的。距离这里很近的里昂，甚至发生过短暂的暴动。那个时期的反动多数派集合了波拿巴分子、奥尔良党人、正统派，还有，见鬼！不知道为什么还有"乡下人"。其所仿效的就是凡尔赛国民议会。这个国民议会于 1870 年选举产生，随着普选的第一次选举而消失。但是，就是它构成了后来数十年法国右派的基础。今天的议会右派不是还通过这些扎得很深的根吸取养料吗？

随着人一天天变老，我努力想把布满决定性事件的历程理出一个清晰的看法。回忆这些事件可以确保思想的连续性，而思想的连续性建立信念。

"整个历史表明，被我们称为'右'和'左'的真正对立，过去适用于、现在仍适用于共和派所负责的公民与因为寻求一个主人而受个人权力奴化的君主主义者的对立。最早的君主主义者多数来自普通人，"翁贝托·埃柯说，"他们有用的时候就是屠夫的刀下肉，用来给敌对政权制造危险，他们没有用的时候就充当牺牲品。"（《玫瑰之名》）

然而，如今获取信息的手段已经被我们之中的绝大多数所掌握，还要接受没有先人之见的信息吗？

我会是一个好小学教员吗？

对我而言，学习过去常常是一种游戏。妈妈善于高声讲述和朗读。她能吸引周围人的注意力。啊！发现地理就像一块意外惊喜的土地，发现一块遥远土地的居民们，听到像讲述家事一样讲述历史，一段充满悬念的历史：一些人的野心，另一些人的宽容，叛徒和被证实有罪的人。

关于已消失的祖辈们的最能表达内心情感的故事。

"妈妈，曾祖母那样坏，竟然强迫你吃她用残剩的奶酪做的软干酪？祖父被指定按她的方式'递'在炉子边上炖了好几个钟头的蔬菜？给我讲讲祖父吧，讲讲他怎样让你摆脱了这种难受的处境。"

我紧接着又问："你认识梯也尔先生吗？""不认识，我是在他去世十三年后的 1877 年才出生的。""在学校里，老师对我们说，他曾经要求所有法国人把藏在长筒羊毛袜里的所有积蓄全部拿出来，用于兑现我们对普鲁士人所作的承诺，缴付 1870 年失败后要求的赔款。那么，你那位讨厌的祖母卢索特，你说她也抠门得很，她是否拿出了积蓄，以响应她的同胞们那样大力推崇的荣誉感和牺牲精神？而你父亲是否向你解释过，为什么极右翼的一些君主主义者议员阻挠实施梯也尔先生的某些改革，斥责他没有讨得他们欢心的主动精神？他们是否势力强大，使他变成了少数派并迫使他引退？梯也尔是否不久后就给气死了？"

"哼！我才不会为梯也尔的命运落泪呢……尤其他使我的中学会考没考好，因为直到考试这天，我对他知之甚少。原因嘛，在游击队里，我的课本没有经常翻开。再说，我爱上了弗朗索瓦。"

"不过，你再对我说说，在第一位总统下台后，第二位总统你父亲认识吗？""那不是第二位，因为阿道夫·梯也尔不是共和国总统，而是筹建第三共和国的临时政府首脑。""引导第三共和国起步的人？""第一位总统是一位军人，不是普通军人，而是一位元帅，马克-马洪元帅，第二帝国的士兵，无情地屠杀巴黎公社社员的凡尔赛军队的首领。"

原来是他！当选为共和国总统……任期七年！一种文明把一些胸前挂满勋章的人推到前台，要想摆脱这种文明，看来挺困难。

马克-马洪！公社社员们只好回到他们的坟墓里。而保皇党人弹冠相庆。他们以为可以重新找回他们心爱的君主制了。即使找不回君主制，他们也能保持一种使他们放心的"道德秩序"。

不管怎样，我还远没有想象到，我们差点丧失了我们的三色旗。是得益于正统君主主义者和路易-菲利普王朝的君主主义者之间的优先地位之争，我们才逃过了君主主义者白旗的复辟。让我们这些1789年的孩子跟在反攻倒算的白旗后面，休想！

是妈妈还是我后来的阅读，让我发现了共和国走上的荆棘丛生的道路？

当成为多数派的共和派当选议员要求元帅总统退让时，这位总统是否被甘必大那篇著名的演说镇住了？甘必大在国民议会半圆形的会场里喊道："总统应该要么服从，要么辞职！"

在马克-马洪之后相继有十三位总统。我们可以好玩地连同生死日期把他们一一列举出来。这当然是挺好的记忆力练习，但我没有兴趣。在我看来，重要的是指出无论年头好坏直到第二次世界大战，我这一代的女人和男人每年继承下来的长处和毛病。

不管怎样，在"小史"方面，有一个名字呈现在我的脑海里：费利克斯·富尔（第六位总统），是他那种年龄过分强烈的爱情的受害者。大约二十年前，当我下到爱丽舍宫的私人厨房里时，我对他和他的那位"相识"产生过一点小小的想法。他的那位相识是那样匆忙地跑下那架小暗梯，离开了他……

这段时期的历史，支配着我日常生活中的种种变故，关于它我记住了什么呢？法兰西共和国这个事物，已经深入每个人的头脑。我是拥护共和政体的，共和这件事对我来说具有重要性。建立在理性基础之上的人民权力，对我而言意味着某种东西。还有，在我这种年龄，当我想对它的事业有点用处时，我就会为它讲话。

可以指望，民主，唉！或多或少被正确理解的民主，再也不会从我们身边溜走了。当然，要想确保无虞，最好保持高度警惕。

第七位总统艾弥尔·卢贝尔和第八位总统阿尔芒·法利埃几乎扼杀了咄咄逼人的民族主义，使政教分离取得了胜利。

无论好年头坏年头，在法国，左派在组织起来。经过一次次竞选，随着事件的演变和利益的变化，拥护共和制的多数派得到加强，团结在"政府的共和派人士"和更不妥协的人士周围。就是需要有更不妥协的人士。我想到的是克莱蒙梭，这个世俗而强硬的人，这位"胜利之父"，他每次经过香榭丽舍大道旁的花园，总要向巴黎人致敬。1914 年至1918 年的战争占了莱蒙·彭加勒的整个任期。而 1924 年我开始参加活动时，左翼联盟取得了胜利。亚历山大·米勒兰，第十位，也是在位短暂的总统，不知道为什么辞了职。

七十年的历史，共有十四位共和国总统。

在此期间，多少有所耳闻但始终存在的反动右翼并没有放下武器。它利用共和制的一切不协调之处，发动猛烈的攻势。当选的民众议员无法强制人家接受他们的选民的愿望。傲慢地反对议会制，正是某种民众主义所扎根之处，而它所煽动起来的舆论恰恰符合一种逻辑，在世界大战之前导致了好几次政变的尝试。

其次，法西斯主义和纳粹主义意识形态的种子，有利于许多联盟和反动的运动的产生。共和派可能会不安地看到，在胜利之后，在"天蓝色"众议院的胜利之后，好斗而泰然自若的右派会获得自信。

妈妈不屑地谈到表兄吕西安。她很爱这位在前线失去了一只胳膊的表兄。可是，是什么念头促使他参加了拉洛克上校的火十字架阵线？因

13

此，难得的假期在迪纳尔相聚的时候，大家交谈起来，也只限于谈谈海边的风景和我们家族那位天才艺术家所画的绣球花。

在极端天主教徒们那方面，并没有放下武器。像1905年一样，他们对舆论和在青年人培养方面的影响，令在俗教徒们感到不安。迫切需要采取措施，反对"圣会"卷土重来，执行"政教分离"的法律。啊！1905年的法律！这是我身边所有教育者的《圣经》参考。所有这些法律和措施，为世俗性奠定了基础。

世俗性！我这个小姑娘的信仰和苦闷……

这本书写到这里，在和你们一道回顾第四和第五共和国，在我为之作证之前，我寻思人们是否能够没完没了地写了又重写一部历史。这部历史原地踏步，不断重复，把个人推上舞台，他们的面孔相互叠合，只换戏装和式样，同样的原因产生同样的结果。

共和派迫不及待地摆脱与他们无关的情绪，自己组织起来，并且依靠以竞选委员会为基础在法国从东到西、从南到北建立起来的一个网。从最小的市镇到最大的省份，当然还有各个区，共和派的人一旦重逢，就组织起来，采取行动。共济会支部、"自由思想"会社、读书会、人权联盟（成立于1898年）分部纷纷成立，而为了回应神职人员的"保护"，世俗学校之友也取得了成功。还成立了体操和休闲会社，玩滚球、射箭、打多米诺骨牌等。

社会党人则处于分散状态，至少呈四种趋势——人们看到的还要糟糕。这种看上去治不好的慢性地方病，正吞噬着他们。不过说到底，如果共同的目标并未因分散而远离，分化的战略又有什么用呢？

六十年后，弗朗索瓦所希望的抗衡力量已经根深蒂固。公民意识在觉醒。批评有根有据。一切都准备好了进行较量。冲突潜伏在各种会议的走廊里和制造谣言的场所。

于勒·费里在这里，于勒·费里在那里……他到底想拿他的殖民地政策怎么样？右派和左派一样，各种意见都集中到了他的殖民地政策上。人们的思想兴奋起来。

能相信他那个殖民地委员会的漂亮话吗？那个委员会多半是由商人、船主和大港口的巨商组成的。他介绍说，殖民化给"原始"部落带去了文明。目前有多少巨额财富是建立在我们的文明所制造的灾难之上的？在那里人们所看到的，多半不是有待开发的财富领域吗？就这么一回，银行家们总算姗姗来迟，不慌不忙地计算着该不该投资，因为他们认为这种投资是没有保障的，也许是虚幻的。

这实际上不是将破坏祖传的平衡吗？如今再也没有人怀疑，利益对一些人的引诱和往往出身低微的军人获得荣誉和晋升的希望，将决定其他问题。

记得弗朗索瓦 1950 年担任法国海外部部长时，计划要写有关乌勒－夏努安考察团的事情。他让我研究几份文件。我把所找到的东西都读了。这些文件叙述了这两位军人的侵入，给尼日尔河和乍得湖沿岸的非洲人带去了对法国文明的爱好。

有几段叙述还萦绕在我心头：

"黎明时分……正当公鸡啼鸣，男人们肩扛锄头准备去地里干活时，图古族和卢加纳族的君主萨拉乌伊娜女王的国民，突然发现了文明。这两个村庄被祖先安置在一个圆形的岩洞里，位于陡峭的悬崖脚下的最里面。这里可以让人和牲口栖身。这天早晨，这个保护他们的圆洞，变成了捕兽的陷阱。速射枪手们的刺刀和步枪封锁了唯一的出口。

"听到达姆达姆鼓声，男人们扔下工具，抄起武器。几个年轻人跳上了马背。妇女、老人、小孩、牛、乳牛和山羊都跑到暗道的荆棘丛里躲藏起来。有史以来，这里的国民一直是这么做的。

"在冉冉上升的朝阳照耀下，两条战线相隔三百米的距离对峙着。一边是由骑着马立在大炮旁边的白人军官指挥的，一边是萨拉乌伊娜的战士，其标记是图阿格人式的大盾牌和竖立的长矛。鸡飞狗跳之后出现了一个寂静的间隙，仿佛建立了一道防御带。战士们知道，他们要是冲向前去刺杀，必死无疑。箭矢能在一百米处射中对方，步枪的射程则是它的两倍。那些枪手们在等待着对方行动，他们对自己的枪械及其效力很有把握。

"'该下决心啦：现代对抗中世纪……'"[1]

成啦，咱们当现代人吧，这是理所当然的。把还没有倒塌的房子洗劫一空，抢走当地居民储存的一切，仔细搜索灌木丛，把逃跑的人从躲藏地方赶出来，放火焚烧隐藏他们的灌木丛……当军队停下来一边吃东西一边欣赏那大火时，被困在火里的妇女和儿童的惨叫，丝毫没有使这些流氓倒胃口。

---

1. 杰拉尔·吉什托和让·克洛德：《20 世纪的真实历史》，菲亚尔出版社，2005 年。——原注

这种恐怖的场面，任何健全的头脑都想象不到，权力的狂人们都制造得出来。这个情节，由于是两个嗜血成性的疯子干的，当然是一个例外。

可是，当一个政府、一项政策、一种"文明"觉得自己所在的大陆太狭小，而觊觎广阔的空间以满足自己的野心时，那不可接受的界限又从什么地方开始呢？

人类天生就是这样。在最恶劣的条件下，鸟儿仍在空中鸣唱；在死亡的场地，人们仍看到最纤弱、最幼嫩的花儿在生长。因此，幸亏一些修道士敢于冒险去乡下，人们看到一些学校建立了起来，而各个首都和大城市，都管理得欣欣向荣。

好吧，我不重写历史，而是尝试着以我的方式，在历史里记下有关我这一代人的一章。它是通过一位等待轮到自己的小姑娘的眼睛看到的。不过，我不得不从反面重新浏览 20 世纪，以便弄明白为什么我是我这个样子。

相信我吧，我们还经受着 20 世纪的后果。我们曾经随心所欲地认同的非洲人，生活在现在的国界内，还认得出他们自己吗？这些国界无视当地定居的或游牧的民族，而是按照对别人这块大陆上的财富的专横瓜分而划定的。这些别人，当初我们用恐怖手段对付他们，真诚地想让他们按照我们的样子变得文明起来。

你注意到了阿尔及利亚和毛里塔尼亚之间漫长而笔直的边界吗？请仔细看看。你会发现一个无法解释的小小的凹处。那地方是一口井或是一片绿洲吗？不，不是的！那是抓住尺子的食指留下的，用尺子就是为了画出一条非常清晰的边界线。有时我会想，那些在这个地方搭帐篷居住下来的人，肯定没有寻思过他们为什么是阿尔及利亚人。

教会可不行动迟缓。这是多么好的一个工地啊！需要改宗的灵魂的一个放生池，他们所崇拜的，是自蒙昧时代以来就伴随着他们的别的神，那又有什么要紧？

除了高卢人，你们没有别的祖先。你们的上帝就是基督教徒们全能的上帝。马里或塞内加尔的孩子们就是这样大声地背诵他们的课文："我们的祖先高卢人，蓝色的眼睛，金黄的头发……"

我们的议员们坐在国民议会的席位上作何感想？

右派说："尽管我们没有忘记阿尔萨斯和洛林，但把非洲变为殖民地是我们的使命。让我们去征服陌生的土地吧，既然普鲁士人力求让我们远离'失去的省份'。"

左派这边同样有点困惑。建立一个帝国轻率的开支，是否与权力的野心相称，能否使共和国富裕起来呢？不管怎样，我本来希望看到提出的唯一论据没有人触及，那就是对"土著人"施行的暴力。

回顾我们的历史的这些篇章，对我来讲不是一件令人愉快的事情，但是这些篇章让我们明白过去，也明白我们今天所经历的事情。懂得应该担当我们的过去，并不是要激起怨恨。后代虽然没有责任，但应该从中吸取教训。

一个多世纪之后，在圭亚那的一次旅行中，我被邀请溯马罗尼河而上。给我当向导的是一个土著人、一个当地人，总之是费利克斯。他态度矜持地久久观察了我几个钟头，才抛开心头的不信任和迟疑："密特朗夫人，您知道吗？1900 年的国际博览会上，我的祖母光着身子，脚上戴着镣铐，被关在笼子里展览！真是莫大的侮辱！我祖母是那样温和，教我森林的秘密、鸟儿的歌唱，告诉我不要胆小，因为胆小会削弱理智和良知。是您的先辈，密特朗夫人，犯下了这一罪行。是与你的祖父母同一辈的人。"

一阵闪光灯晃得我睁不开眼睛：我祖父如果从国际博览会大花园的小径上走过时，说不定能遇到费利克斯的曾祖母的目光。

啊，这是肯定的。

那么，费利克斯，你酝酿的那个计划并为了它而邀请我来这里，咱们现在谈谈吧？"我们对建一座大水坝给一座发电厂供水提出异议。我们十几个村庄会被淹没，居民要搬迁。下游的渔业再也无法养活两岸的人，因为生态被扰乱之后，鱼无法存活下来。"

"这是我们的祖先留给我们的土地。不过有另一个办法可以取得同样的结果，就是进行一系列小规模蓄水，这样既不会截断河流，也可满足发电，给整个地区、给我们每个村庄提供电力。"

这可能是我们以基金会的名义，在水方面实施的最初的行动之一。直到几十年之后我们才明白，可饮用的水是我们首先忧虑的问题。如今我们的使命仅限于让人们听到被无视的各国人民的声音。

第三章

种族主义和反犹太主义

　　人类随同自身携带的这种祸害，这种可耻的疾病，是在何地开始的，将于何时结束？不是种族主义，就是蔑视。19世纪末，种族主义从"德雷福斯事件"，找到了其延长号。

　　反犹太主义者在右派和左派中都有，右派中的以此为荣，左派里的则感到有点可耻。一帮帮狂暴的游行示威者向店铺和个人寻衅，而这是在那些不需要为这些恶行负责的人多半满意的目光下进行的。

　　从思想上把居民分成合乎要求和不合要求的两类的这种现象，我从来就不理解。

　　惯用的说法："我嘛，一点也不反对犹太人，但是……"或者："再说，我的朋友之中就有犹太人，但是……"啊！这个"但是"，在我的生活的某些情况下，我最终对它产生了厌恶，以至于再也不愿意听到它，甚至断绝与一些人的友谊，希望让风把它刮跑。

　　种族主义者先生们，你们最好闭上嘴，用沉默掩饰你们的难堪。

　　你们大概不再学习去理解左拉的《我控告》了吧。我要告诉你们，一个精心策划的阴谋会怎样损害一个人的名誉，甚至把他毁了，如果他被抛弃了，而他自己身上找不到力量进行抵抗、寻找和理清线索、弄清事实真相。

　　放心吧，我知道我在说什么。

　　咱们回到19世纪末那个时候吧。当时一个"法国反犹太主义同盟"网罗了形形色色的爱国者和各种各样的冒险家。都是上流社会的！例如莫莱斯侯爵和他的朋友们。朱尔·盖兰肯定觉得自己受到保护，所以领导一个组织，酝酿反对共济会的仇恨，散布反对犹太人的口号！

　　还有塞芙丽娜那个女人，著名的女权论者，怎么竟然听任自己陷入了那样卑鄙的感情呢？人们可以想象，德加笔下那些敏感易怒的女人，以及反犹太人游行中那些声嘶力竭的谩骂，难道是出自同一只手、同一副头脑、同一个心灵吗？善良的作家们之中，有那么多人被众所周知的反犹太主义者的名声玷污了。

在"德雷福斯事件"这个阴森可怖的名称下进入历史的那张罗网，是围绕着参谋部那位卑微的上尉织成的。

他被指控搞间谍活动，据说向我们的"世代仇敌"德国大使馆的军事专员提供了情报。很爱国的某些法国家庭就是这样教育他们的孩子们的。

因为他是犹太人，引起了许多人仇恨，所以被彻底斥责为叛徒。法国行将分裂为两个阵营。反德雷福斯分子赢了第一局。

被定罪之后他遭到贬黜，被流放到圭亚那的魔岛。因为被贬黜，他的肩章和军服上的纽扣被扯掉。一位著名画家在画作上重现了那个时刻，让人们永远记住了这种无耻行为、这种无以复加的侮辱场面和动作。

历史应该也让那些无法接受这种迫害的人参与一块来写。他们可以指望，一些痛苦不堪的良心终将会打破沉默说话的。

指控一位相当爱充好汉的中尉埃斯特拉兹这个插曲，本来应该把针对遭到非议的参谋部以及为其效劳的司法机关的怀疑引开，可是这种逃避企图打错了算盘，埃斯特拉兹被宣布无罪。发现了引发这一事件的那份伪造的草稿的作者，就是亨利上尉。他自杀了。

你们以为一个事件结束了？你们已经听说过一些受骗的法官重新考虑他们的错误了吗？我可没有听说过……在任何情况下，仇恨都是难以消除的。司法机构太傲慢，不可能改弦更张，所以拒绝重审案子。

于是在双方之间笼罩了一种内战气氛：一方是"知识分子"、共和主义者左派、反军国主义者，总之主张不予起诉的"宪法修改论者"；另一方是反动的和教权主义的老右派、反德雷福斯分子，他们宣读《十字报》，鼓动进行公诉。

没有人偃旗息鼓。通过在雷恩法庭的第二次审判，德雷福斯被以"奇怪的"可减轻罪行的情节，定了一种他没有犯过的罪行。被押回圭亚那之后，他只有等待共和国总统艾弥尔·卢贝的决定，以图获得赦免，撤销前判，恢复他的军阶、地位和荣誉。

第四章
从煤油灯到月球……

人们发明，发明，拼命地发明。从照亮书桌，让还是小姑娘的妈妈在书桌上写小学作业的煤油灯，到现在再也不要碰就可控制灯光的简单开关，仅仅经历了几十年。

从牲口拉的四轮马车到汽车，到高速火车，再到飞机，直到发射上月球的火箭，仅仅经历了几十年。

从"上士"牌羽笔到钢笔，从打字机到电脑，只不过经历了多了几条皱纹的时间。

我母亲几乎没感到惊讶地接受了这一切。她的第一辆汽车每小时走二十公里，她最后一辆汽车每小时跑二百来公里，我并没有觉得她兴奋得发狂。

我们一块在电视屏幕上观看人在月球上行走，向这种成就表示敬意，但并不感到惊奇。

人类的大脑这台最高级的机器，不停地发明，甚至发明出不可思议的东西，以音速绕地球飞行，在大洋底下旅行，不出门就能相互联系，一切都是可能的。我们能在适当的时间、适当的钟点，甚至在一秒钟了解到一切。多么神奇！在这方面，如今还有什么能使我们感到意外呢？

另一种大脑，支配智慧和理智的大脑，却似乎严重地僵化了。最惊人的技术进步构成人类的能力和力量，可是人类因为这些进步而变得盲目和感到窒息，在前进中不知道上天赋予自己的特权，即有理性、有预见力、能通过语言进行交流的特权。人类是通过语言进行交流的独一无二的受益者。

失败的事业与相同的结果不断重演。一百年后又重新开始。

种族主义者继续驱逐，赚钱的人继续污染，支持发展核能的人控制不了什么，越来越难以生存的大洋不能容纳最神奇的物种，太阳烤晒着我们，石油毒化着我们。可是，特权阶层什么也不接受，他们冥顽不灵，忘记了要求理性的思考。无论是人类的常识还是发展变化的智慧，都不能使他们抛弃破坏的倾向……

第五章
无政府主义者

社会党和其他政党一样，继续致力于毁灭性的趋势。令人忧虑。

无政府主义者呢？他们也是亦步亦趋。我们想对他们说，这样的场面他们已经表演过了。他们通过暴力没有征服任何人。然而当我母亲向世界睁开眼睛时，他们已经而且还在巴黎和法国各大城市点燃炸弹的引信。他们打死和伤害行人与无辜的人；他们对人们进行恫吓，直到各省最偏远的地方。

几十年之后，他们在巴黎最热闹的街区制造恐怖气氛。他们搞得乡村里的人也都胆战心惊。人们呼吁维持秩序，结果如何，大家都知道。维持秩序的人倒是时刻准备着。他们抓人，把人赶走或消灭，然后销毁证据。没有人留心，无辜的人只要不在那儿就行。"上帝认得自己的人"，也许吧，可是，唉！司法机关却往往视而不见。

这些无政府主义者是什么人？他们想干什么？

通过暴力、恐怖行为、打砸和暗杀使自己成名？这个方法没有说服力。暗杀知名人士即一个政权的象征性人物，在公共场所搞爆炸，例如奥古斯特·瓦扬放进众议院的炸弹，拉瓦绍勒制造的一起起凶杀案。这个无政府主义者挖孔贼杀害了好些个老太太和退休者。还有，艾弥尔·亨利放在圣拉扎尔火车站"终点站咖啡馆"的炸弹，另一个放在卡尔莫煤矿公司大堂里的炸弹被起出带到好孩子派出所后发生爆炸。在奥德翁广场弗约咖啡馆爆炸的另一颗炸弹，炸瞎了洛朗·塔亚德的一只眼睛，但并没有炸掉他的信念。这种形式的恐怖主义令无政府主义者陶醉，他们用一句话表达了自己的心情："只要干得漂亮，管他什么受害者！"事实上，有一次漂亮的行动，针对的是一个非同寻常的受害者，即共和国总统萨迪·卡尔诺。他是在里昂被卡兹里奥杀害的。这个罪犯的名字你肯定忘记了，就像我把他从记忆里抹去了一样。

他们引证普鲁东时，是否觉得他们促进了这种想法：被掌握资本的人据为己有的公共财产的所有权，应该回归社群？

"所有权就是被盗窃的东西。"是可以维护的。（我可以重提克雷纳克关于用人切香肠的方式并吞土地的讲话。）

可是为什么如此爱侵犯呢？

暴力、混乱、恐怖行为，不，真的，这都不适合我。

平衡建立在一切和其对立面的原理之上。这对无政府主义者也是有效的，他们之中有一些伙伴不大信服"个人的英雄行为"。一种悠久的和平主义根基依然发生作用，而且因为屠杀巴黎公社的回忆和炫耀式的反军国主义而得到更新。

"激起司法的残暴最终并不符合他们的利益。暴力行为对无政府主义的发展更有害，而不是更有利。"让·格拉夫为了安抚"善良的老百姓"，这样说道。说得对，不过让我们再做做游戏吧。同意我们对银行和运钞车搞几次袭击，偷几个手提包然后写上自己的名字吧，目的呢，是把大众的好奇心吸引到我们身上。

在这 20 世纪初，那些"专爱饶舌的人"依然故我，洛朗·泰亚德就在他的《极端自由主义者报》上撰文说：

"正义的黄昏马上就要来了，像春天一样不可抗拒。那时你们将一次付清你们拖欠的债务。啊，资本主义的布尔乔亚！啊，无耻的畜生正派人！这金子，一种可鄙的恐惧使你们把它交给先来的一个暴君勉强地看管，现在你们得把它还回来。你们的禁军、你们的教士、你们阴险的法官和你们畜生般的士兵，都将无能为力，再也不能保卫你们还充当的可恶又残忍的偶像。你们将掉进公共尸坑，被一阵风暴刮走。这风暴将刮走你们的住宅、你们的财宝、你们的享乐，像刮走一堆粪土。这粪土污染纯净的天空。只有正在行进的反抗的风暴能够涤除阴险、残暴、邪恶的臭气。"

1900 年人们还都这样说……酝酿了多少仇恨啊！

当然，那口气不是为了取悦我们家族。

我们家族是拥护共和政体的，公开表明自己的政治色彩。

啊！经得住重锤打击并不令人放心。我们家族被极端民族主义的敌人、教士和《法兰西行动》那些君主主义者称为"无赖"而遭到攻击。

第六章
安托万·古兹

我估计，我祖母让娜刚刚学会阅读、写字和进行四则运算，就离开了学校。她被送到沙托（属于克吕尼区）的一个师傅家工作，离家几公里远，很少回来，不过每逢收获葡萄的季节肯定会回家，而且在采摘葡萄的时候找到了一个未婚夫。然而她的命运际会是在克吕尼，每逢星期六和集市的日子，她总陪老板们去那里。她当年18岁……他24岁，是制作兼销售雨伞和女士小阳伞的，招牌是"小鲁滨逊"。他总是两眼含笑、神态狡黠、颧颊突出，只要有人悄悄给他送个秋波，你就想象得到他会变成一副什么模样。

关于1859年生于卢汉斯的安托万·古兹，让娜知道什么呢？他是孤儿，刚到少年，就被托付给一位卖雨伞的叔叔抚养。这位叔叔是一位流动商贩，并不很有钱。多一张吃饭的嘴，是需要花钱的，或者，一代又一代人以来，人们多半是这么讲的：这位叔祖独身，没怎么打算抚养一个从天上掉下来的孩子。他有明显的奥弗涅口音，非常吝啬，等小安托万长到15岁，就让他出去四处奔波，把自己生产的商品交几件给他，规定他的任务就是卖一些钱带回来。

小安托万一户人家一户人家、一个市场一个市场地去叫卖，成年之后便在克吕尼的弗罗马日塔脚下定居下来。这座塔是大修道院的遗迹，而大修道院的倒塌与其说是人为的，还不如说是革命的破坏。它的墙壁和柱头在路易－菲利普时期被拆掉当石块用了。

安托万的安身之处是一间很小的铺子。铺子上面有一层和一个顶楼。这是一位英俊、未婚的小伙子，一表人才，十分出众，特别心灵手巧，善于制作和修理城里和乡村女子不可缺少的配饰。我不知道是什么东西把他留在了格罗斯纳河谷。我喜欢把它称为"有灵感的"河谷。在那里，目光所及之处，都可以感受到出自和谐的宁静。慷慨的大自然赐予安宁和繁荣。当"克吕尼之女"，真是得天独厚。

让娜和安托万1884年在沙托结婚。她在小铺子上面那一层生下了一对早产双胞胎。这对双胞胎极其虚弱，社区的医生宣告他们会去"与天堂里的天使们会合"。因为我祖母信上帝，她反复祈祷，好送他们踏上去天堂的路。

"每个钟头给他们喂一小勺糖水吧，这会减轻他们的痛苦。"医生建议道。

时间一个钟头一个钟头流逝，日子一天接着一天到来。两个男婴紧挨着蜷缩在一个摇篮里，长得一模一样，在父母和邻居们感动的目光下，渐渐结实起来，一天天成长。邻居们见他们长得完全一模一样，时常兴致勃勃地逗弄他们。

安托万将是我父亲，克洛迪尤斯将是我叔父。几年之间，他们的妹妹即我的几个姑妈也都来到了世上：让娜是艺术家，患结核病死了；玛丽是商贩，为她在战争中丧命的未婚夫流了一辈子眼泪；克洛蒂德嫁错了人，经常挨一个粗鲁汉的打，怀有身孕的她在他们家楼梯上摔死了。我祖父一直为他相继去世的女儿们哀伤不已，但从来不提她们，非常自尊地承受着痛苦。因此，古兹家从父亲到儿子和女儿，是世代经商的。

我提到我祖父时，眼前仿佛看见他从清早起就穿一件男礼服和一条带格的长裤，准备彬彬有礼地接待他的顾客。任何一件商品，他都把它介绍得似乎是为想买它的男女顾客制作的独一无二的物品。他机敏地让顾客看，小心翼翼地递过去。这是一种礼仪，它使人对商业行为和必要的交流产生敬重，提高社会关系的格调。我的祖父母在一间小铺子里抚养大他们的五个孩子，小铺子位于索恩河畔沙隆古镇的一条小街上。两个大女儿结了婚，未婚的三女儿玛丽便在方尖碑街开了一家摩洛哥皮革制品店。为了不荒废手艺，祖父配合这家店开了一间作坊，醉心于制作雨伞的爱好，把伞柄制作得十分精致，柄头的形状颇带艺术性。我刚会数数，就开始知道买价要增加33%才是卖价。这是规律，误差不超过一生丁。我祖父并没有为利润而兴奋不已，但利润却使今天的世界发狂，甚至使得道德沦丧、不择手段。

当我在玛丽姑妈漂亮的商店里扮演女商贩玩儿时，古兹一家已经离开克吕尼很久了。

克洛迪尤斯在德龙省罗曼斯卖鞋子。安托万呢？他出类拔萃吗？在读市镇小学时，他算术就非常棒，百分比运算对他没有什么秘密。但历史、地理、文学和公民教育，比赢利和招徕顾客的赚头更让他感兴趣。

"我想上初等师范学校，想教书。"

"他想进入教育界，当小学教师。他背叛了我们！"

经商的和谐氛围里掺进了一粒沙子。一位教员来到我们之中干什么呢？他每个月看到一份工资掉到手里，那是用我们所纳的税支付的，而且他每年懒洋洋地享受几个月假期，我们呢却要从元旦干到圣森林节。啊！从他向我们介绍他想娶的那姑娘开始，他就一次又一次惹我们生气。那个姑娘是小学教员，而她父亲在铁路公司工作！

已经当上小学教员的大哥，打算向这个比他小五岁、来看望女友的漂亮的莱娜提亲。啊，他们中意彼此，就要建立一个家庭，而我将是这个家庭的成员。她与妹妹让娜是同学，姐妹俩读完初中之后，一个就到此止步了，另一个则受到初等师范学校会考的诱惑。

幸好，我为了向你们讲述我所见到、听到、惋惜和赞成的东西，尝试把编织我们的时代的各种事件所织成的我的历史写出来。

在妈妈莱娜这方面，运输工人的传统一直没有中断。祖辈是萨恩河上的船夫或公共马车的车夫。他们一年到头运送旅人和货物。他们的发祥地在科特多尔省瓦勒德萨恩的首府欧克索纳。你知道欧克索纳的位置吗？它是连接勃艮第和弗朗什－孔泰的一个大镇。

莱娜出生在这个镇的马兰街，但不是在这里长大的。在她还是一个很小的女孩子时，我外祖父路易·弗拉绍在现代化的吸引下，离开了传统运输，抛弃了四轮马车和公共马车，选择了铁路，在巴黎—里昂—地中海列车上工作。

夏龙是他喜爱的火车站。他的家住在这里，他是在这里退休的。为了避免无所事事和减轻月底手头拮据的窘状，他负责抄煤气表。他妻子去世时，我刚满11岁。于是弗拉绍外公住到了我们家，直到生命结束。他话不多，但保持着很古老的传统，叫他女儿即我母亲"闺女"，叫他妻子"太太"！每次领退休金时，他会悄悄地去商贩们那里转一圈，而我母亲也养成了习惯，什么也不说，就以家里的名义去把账结清……

保留在我记忆里他那挥之不去的形象，是坐在一张柳条扶手椅里阅读他订的报纸《萨恩－卢瓦尔省进步报》。他老伴即我外祖母去世后，他来迪南和我们一块住时，我父母继续订这份报纸。

这份报纸外祖父总是从第一行读到最后一行，冬天在餐厅临花园的窗前读，夏天则在花园里那棵榛子树下读，我不上学时就到那里去找他。有时在餐桌边一坐下，他就问我母亲某条或某条消息读到没有，母亲总是一成不变地回答读过了。于是他便强调某些细节，当然都是母亲没有注意到的。"还说你读过这份报纸哩！"外祖父说。

第七章
我的故乡城市凡尔登时期

自我出生以来，我父亲任职期间领导的学校里学生们快乐的叫喊，总是把我吵醒。那种叫喊的节奏倒是让我安心。无论是在凡尔登、迪南还是在索恩河畔自由城，我的生活总是伴随着上下课的钟声或铃声的节奏。在我结婚之后，在巴黎所住的一套公寓的窗户，碰巧又是朝向贵内梅街的波舒哀中学。我欣赏那院子里使我的每一天富有节奏、令人安心的声音。

对凡尔登的布维尼埃中学的那套公职住房，我保留的记忆相当模糊。是我的模糊记忆还是我的哥哥、姐姐讲的故事唤醒了我的焦虑？我的哥哥、姐姐在快下课时，把通向所有房间的长走廊变成游戏室。按照他们的想象，大家疯狂地又跑又追，而且把我当做抛掷物，抬起来猛抛出去。他们的笑声盖过我的哭声，他们的吻赶走了我的恐惧。

当我在孩子的卧室里睡着了时，我父母在谈论什么呢？为了写这几行文字，理清标明我出生这一年的各种事件的线索，重现他们感兴趣的话题，对我而言堪称一种游戏。

他们是在议论当地的日报《共和国东部》的新闻，还是在谈论塞兹内克事件或列宁之死，抑或卓别林的《冲向黄金》？肯定谈到杜瓦纳内女工们艰难的罢工。可能谈到这一切，而不大可能议论凡尔登人的那些家长里短，因为他们是新来的，与之完全不相干。

啊！杜瓦纳内那些"沙丁鱼加工厂"女工的罢工！这是工人抵抗运动的一大功绩，它表明只要事业正义，加上顽强地进行捍卫，就能战胜雇主们的不妥协态度。作为一座工人城市，杜瓦纳内可引以为自豪的是，它选举了法国的第一位共产党市长塞巴斯蒂安·韦利来领导该市。

那是 1921 年。1923 年省长想撤他的职，因为他把该市的一条街命名为路易·米歇尔街！翌年，塞巴斯蒂安·韦利突然去世。该市的资方以为不再受约束，拒绝沙丁鱼加工厂女工们增加工资的要求。该厂女工们只拿到可怜的一点工资，而所干的活儿却很繁重。于是女工们发动罢工，她们得到新市长达尼埃·勒弗朗谢克的支持。这位新市长也是共产党人，刚刚当选接替他的前任。他因为"阻碍工作自由"而被暂时停职。但是沙丁鱼加工厂的女工们很快得到全国团结一致的热情支持，坚持不动摇，经过六周的艰难罢工，终于战胜了资方。资方最后遭到它自己的政治保护者的反对。

这一堪称典范的事件清楚地表明，被剥削者的命运取决于各国人民恢复财富平衡的意愿。这些女工能指望左翼联盟什么呢？左翼联盟虽然在几个月前掌了权，但过分关心制止财政危机。谁还记得沙丁鱼加工厂女工罢工的女英雄约瑟菲娜·庞加勒？她于翌年即 1925 年，在达尼埃·勒弗朗谢克的名单上被选入了市议会。一个女人！这是法国第一个当选为议员的女人。那时她还没有选举权呢！投票"当然"被宣告无效……塞巴斯蒂安·韦利和达尼埃·勒弗朗谢克两个人在杜瓦纳内都有门路，但约瑟菲娜·庞加勒没有，令人遗憾……女权主义者忘记了她。

这些女工下定了决心与毫无顾忌的老板们对抗。由于她们的要求是合理的，所以她们显示了能在多大程度上让了解情况的公众舆论赞同她们的信念。在反对肆意剥削她们的劳动成果的胜利斗争中，她们得到她们选出的本市市长和全国团结一致的支持。她们挫败了雇佣杀手们的挑衅。作为罢工工人，她们很快明白了，她们不能靠政府的决定得到解救，因为政府更倾向于用我们还十分熟悉的 19 世纪初的手段恢复秩序、解决问题。

这位"全新的爸爸"，被他所钟爱的女儿、他的"心肝宝贝"的表情迷住了的爸爸，是怎么想的？他的女儿会让他远离世界的其余部分吗？我无法这样想象。我不怀疑他热衷于在让·饶勒斯被那个民族主义分子暗杀十年后，把他的骨灰运到先贤祠。那个民族主义分子，自那之后就在伊比萨岛过着平静的生活，"这个避难所的疯子"，在 1919 年的一次不可思议的判决中被宣告"无罪"，而且这次判决还强制饶勒斯的家人付"诉讼费"。

他一定是义愤填膺，就像我在讲述司法机关的这种侮辱时一样。他是否能够拿出时间，投身于寻求报复的右翼与左翼联盟之间的政治辩论？右翼为在多年的软弱无力之后重获政权而感到欣慰，左翼联盟则对自己的胜利态度谨慎。他肯定属于左翼有影响的人物之列，他们鼓励激进分子与社会党人结盟，尽管 1924 年 5 月 11 日之后议会的新议长——激进的爱德华·埃里奥的朋友们迟疑不决。因为他们喜欢与"法郎恢复者"彭加勒一类"现实主义"人物达成谅解，而不那么喜欢莱昂·布鲁姆的"社会主义乌托邦"。

面对一个有前途的年轻活动分子、欧克尔的一位热情的社会主义者马尔索·皮韦尔那个"极左分子"的极端主义的演说，我父亲是否可能比他的许多朋友更加谨慎？这一切，我如今是从十年后他与他儿子即我哥哥、教授和"左翼社会主义者"罗杰的一场激烈争论中推断出来的。

我肯定 1924 年 5 月 11 日他投了社会党人的票，因为他心目中的悲剧，即与共产党人分道扬镳，也就是 1920 年的图尔分裂，更坚定了他的看法。

这种分道扬镳，在他眼里意味着法国左派的传统，为社会主义、思想自由和从启蒙运动继承下来的人道主义而进行的长期斗争，出现了有害的断裂。这刚刚在 1922 年得到列宁和托洛茨基的确认，他们禁止"真正的共产党人"参加共济会甚至人权联盟。

他是为了摆脱控制而表明自己所属的阵营，于 1930 年又加入了共济会总会？事实上，1928 年 7 月他就秘密地加入了共济会支部"美丽城联盟"。

关于凡尔登，我对在默兹河畔漫步保留着依稀的回忆。在我的心目中，默兹已成为所有河流的统称。正因为这样，后来在夏龙沿着索恩河溜达时，我问祖父为什么这条"默兹"叫做索恩。

参观战场和总是让人无法忘怀的废墟，是与路过的朋友们一块所走的旅游线路的一部分。

一般举行纪念仪式的时候，应邀光临省长家的客人们欢聚一堂，享用丰盛的午餐。他们之中包括初中校长及其夫人、本堂神甫、学区视察员、小学督学、市长及本市的几位知名人士。人们注意到其中有凡尔登主教吉尼斯蒂大人。他在战争时期和现在和平时期的态度，受到人们的高度关注。这位高级神职人员十分和蔼可亲，他担心我的身体，问我母亲："喂，夫人，你这位小千金什么时候行洗礼？"

这并不是我家里真正操心的事情，尤其因为我姐姐刚被教理课开除了，原因是她说"这些精彩的故事"只不过是传说，从而扰乱了正统的、遵守纪律的思想。不过，主教大人确实具有魅力。再说……由凡尔登的主教洗礼，天堂的大门肯会为我敞开。得啦！八十年之后我需要等待才能做到心中有数……不过呢，我也不急于知道。

路易莎吗？她是年轻的阿尔萨斯孤儿，照看我，领着我学步。我们日常外出总是去烈士纪念碑。那是凡尔登人聚会的地方。我半躺在柔软的有篷童车里，吮着大拇指，或者后来自从坐上小推车之后，我把眼睛睁得大大的，发现了世界。我相信，当路易莎一个字母一个字母地给我拼读烈士们的名字，教我字母表上的字母时，我就开始尝到了启蒙的快乐。回家途中，我们经过马泽尔街，总要推开布拉齐埃巧克力－糖果店的大门。这家店以一种有点稀奇的特产而著称：一种巧克力炸弹——只要点燃引信就会掉出块糖和糖衣杏仁的轻机枪。

是路易莎给我传授了正面针法和反面针法的奥秘。因此她引起了我对织毛线和穿针引线的兴趣。针线从来没有离开我。我的玩具娃娃不缺我仔细缝制的饰物和衣服。

第二次大战爆发，定量配给制度关闭了所有卖毛线的商店，我还有一些存货。这满足了我织毛线的兴趣。当1945年我的头一个宝宝出世后需要给他做衣服时，我不得不把一些东西拆了再织。

由于行政管理方面的需要，我父亲被调到学区任区长之职时，不管是去雷恩还是里昂，我和母亲总是一家一家商店地寻找，以满足我们对毛线的渴求。我们往车里塞满了纱线。这些纱线要是我渴望在商品目录里看到的粗毛线衫，我们就一定会额外买一些。

路易莎比我姐姐玛德莱娜稍微大一点。她们两个串通一气，消除了她们在恋爱方面的困惑。两个人都一心相中了药店老板的儿子——男子初中的那个学生。1930年我父样被调到迪南，我们全家便跟着迁了过去。

这样，我便在5岁的时候离开了我唯一的世界：凡尔登这个有着战争故事光环的城市、布维尼埃中学和默兹河。路易莎尽管和我们没有家庭关系，也跟我们一块过来了。但是她心里不愉快，便去找她的对象，几年后她嫁给了他。她胆怯而谨慎，一天傍晚吃过晚饭，什么也没说就走了。她宁愿消失，留下我父母处于非常不安之中，想象最坏的情况。几天后一封说明她的行动的来信才使他们放心。

　　我尽管生下来是洛林人，但是我的根却扎在克吕尼区的土地里。我会计算商品的售价，误差几乎不超过一生丁。我继承了旅行、会友、交流的兴趣。我注定是要当小学教员的，就像我所尊敬的父母一样。"这是一个神圣的职业！"他们说，引导孩子们成为公民，再也没有比这更崇高的使命。

　　这就是达妮埃尔·古兹的抱负。她沿着自己的路前行，穿着一条褶裙、一件羊毛套衫、一双白袜子和一双乖孩子穿的鞋子。在我的小世界里，我得天独厚，不会抱怨。我是我们家的继承人，我也继承了我们国家的历史，继承了受引导世界的政策制约的国家政策。

第八章
那么，我是谁？

　　如果我肯定我是一对生下来姓古兹的孪生兄弟中的一个的女儿，那可能是名叫安托万那个的，可是为什么不是克洛迪尤斯的呢？万一我祖母有点粗心，把两条不同颜色的手链的次序搞颠倒了呢？就是凭那两条手链，才能辨认两个长得那么相像的婴儿。只有一点确定无疑，那就是我是我母亲的丈夫的女儿。

　　从照片上，没有人能辨认出这兄弟俩，就是他们各自的女儿也辨认不出。他们两个有一个的肖像摆在祖父母卧室的床头。面对这幅肖像，就发生过轰动性的争论。"这是我爸爸!"我姐姐玛德莱娜肯定说。"不，是我爸爸!"我们的堂妹玛丽－让娜反驳道。等到祖母到来的时候，她们两个开始争吵起来，祖母也没有办法给她们两个作出裁决。

　　成年之后，我父亲和我叔父没有做任何事情，来使大家更容易辨认他们。两个人同样的胡子，同样的单片眼镜，同样的发型，同样的步态。他们唯一的不同：一个是公职人员，一个是商人，两个人不出入同样的场所。

　　误会层出不穷。

　　"你好，古兹先生。"

　　"你好，视察员先生。"

　　"啊! 你比上周在贝尚松火车站站台上和蔼些啦，当时你装作没有认出我。"

　　"可是，我有一个多月没有去贝尚松了。"

　　"得啦，得啦，主任先生，别给我演滑稽喜剧，让我相信你与某人长得酷似，或者是孪生兄弟啦!"

　　"然而，那肯定是我哥哥。他不认识你，所以你打招呼他没理会。"

唯有两个小伙子并排照的一张照片，使这位学区视察员相信自己误会了。他对自己的受恩人、穆夏尔初级中学校长的不诚实颇为生气。

回忆到这里，我仿佛还听到那主导着家人晚间聚会的笑声。不管怎样，我是我父亲的女儿。

"你去哪儿了？"当道路分开又最终会合时，按照惯用语会这样问。

问题一提出，我明白是与我有关吗？

"自从1924年以来我去哪儿了？"

年复一年。现在我觉得已过去了许多年。我积累了这么多经验、见证、快乐、失望、反抗、热情、鼓励和斥责，都是由一些人或另一些人，有时则是由同一些人表达的……所获得的这些知识、印象和引人深思的素材，是否引导了我像成年人一样思考和行动，意识到自己的公民责任，还是对周围亲近的人无动于衷？

什么时候童年的无忧无虑、天真烂漫、懵懵懂懂经过了磨炼，随着我的性格开始形成，变得严肃起来，意识到自己所属的社会？是不是6岁的时候在迪南受到不公平的对待而反抗，抑或几年后父亲因为自己的见解而受到伤害使我感到痛苦？什么时候小小年纪的少女承认自己是与她相关的一个整体的相关联的部分，这个整体指望着她，而她不能脱离它？是不是那落在我身上的询问、亲切或责备的目光的分量，使我保持着警惕？我所要求的这种生存的自由，我是否发现了其限度，因而也尊重他人的这种自由呢？

那个时候没有给自己提出的所有问题，都在我的生活方式中找到了或者没有找到它们的答案。只有今天，在过去了八十二年之后的今天，我才能把这些写出来。

当然，我父母是彼此为对方活着的，这毋庸置疑，我这个小女孩来到世上就是证据。一向世界睁开眼睛，我就搭上了爱的列车；我得到爱，我要学会爱别人。我充满自信。真是得天独厚！是的，得天独厚！

如果说我一生之中碰到过一些像我小时候一样的小女孩，把父母的全部关爱都集中在她们身上，可是又有多少女孩被不谨慎的离异所撕裂？怀着隐情的少年寻求着从一出生就被割断的亲子关系，该是多么痛苦！

他一天天自觉地承担着这种得天独厚的爱，为了在遭到风暴吹袭时，不从爱的列车上掉下来。与自己所爱的人团结为一体，显然是最牢靠的依托。

1930 年在布列塔尼，作为"共和国轻骑兵"勋章的获得者，父亲遭到政教分离的法律所产生的风暴袭击时，我们理当多给他一些关心啊……宗教学校希望恢复它们在二十五年前失去的影响，又丝毫不失去大战后重新获得的特权……

第九章
迪南中学

当公共教育部负责教师职位调动的官员签署任命书，让安托万·古兹去布列塔尼大区当年的北滨海省、如今的阿莫尔滨海省迪南男子中学任教时，他是否了解这位教员知识和文化的成长道路，是否了解世纪初他在初等师范学校所受的世俗教育？

作为教会长女的法哲西，在这个地区有着最不宽容而对普遍存在于所有家庭的教士又最顺从的天主教信徒。在这样一个地区，一位小心谨慎的公职人员本应该知道，一位自由思想者、一位非宗教学校的捍卫者，只能在思想正统的人们之中引发一场地震。在公共教育部——当时还没有提国民教育——的官员们眼里，这似乎是无关紧要的考虑，他们从法国的北部到南部、西部到东部，调动男的和女的小学教师、小学或初中校长，而不考虑各个地方的特性或偏见。当公立女子中学他那位恭顺的同僚要登记两个报名的"新女生"，一个在二年级，一个在十一年级，而在"学生的宗教"栏里登记上"无"时，她应该作出怎样的反应？

"这是魔鬼给我们送来了她们！"

这位男子中学的校长显然不受欢迎。他将看到，在当时的布列塔尼所作所为若不符合教会意图，他会付出什么样的代价。在两次世界大战之间的布列塔尼，保持学校世俗的、公立的和义务的方向，只有吞噬灵魂的魔鬼才能向根深蒂固的传统发起这样的挑战。

我姐姐玛德莱娜 16 岁了。她漂亮，特别漂亮，男孩子们的目光比她勉强继续的学业更令她感兴趣。至于我哥哥，他是顶呱呱的优秀毕业生，已经进入职业生活，在巴黎的一所技术中学任教，为的是不远离妻子。他妻子在德洛担任数学教员。我父亲和我母亲，手牵着手面对患难，俨然是非教会小学的两位自豪的小兵。

他们的办公室在学校的行政部门这一侧，与底层相通。妈妈负责寄宿生的总务工作。爸爸担任的校长职务，要求强制性的、没有时间表的工作，使得他从早到晚都在忙活。他最小的女儿占有了他的全部慈爱，他教她细心地、善意地观察自己周围，尊重他人。

啊，女子中学的女校长很快就明白了，她这位同事的致命弱点是他最小的女儿达妮埃尔。伤害、侮辱这个小女孩，是破坏稳定的战略的首选行动，会使对手感到痛苦。于是阴谋策划好了：同班一位女同学"小莱蒙德"的作业本有几页被撕掉了；她的分数有好些"10分"，是能够与"古兹同学"竞争优秀成绩的。

我很喜欢莱蒙德，她的父母在市场的角上开了一家服装店。那市场是杜盖斯克林广场的延伸。每天早晨，我们都要同一段路，跑步冲下"猫洞"，一直跑到学校。迪南人都知道"猫洞"。

最年轻的人是不是知道，这条通道是13世纪末挖通的，是为了掩蔽"猫"，即一台打仗的机器，它是一座可移动的箭楼，上面配有一门箭炮，是进行围攻战时用的？这可能也是那个比赛机灵的游戏的名称，布列塔尼话叫做"拍提戈"：用一个大球瞄准三米远一块木板上开凿的一个猫洞扔过去。像我那个时候一样，对于为想出城的猫保留的一条通道的这种说明，可能使他们更喜欢。

她是女校长的"小莱蒙德"，我应该怨恨她才对，因为这甜蜜蜜的叫唤，对"古兹同学"却包含着恶意。可是对这类诡计，我们根本不懂。我们仍然是要好的小同学。

不久，在我的小学生的世界里，一切都变糟了。

"我学习挺卖力，妈妈。"女校长发给了我奖状，上面列出了我累积的"10分"的数目和当月我的好评语。"她没有能拒绝发给我奖状。"可是，她觉得必须对我表示敌意，对世俗者表示憎恨。我成了父亲的信念的人质。因此，她不给我给予好学生的奖赏：两枚略带酸味的覆盆子、几块糖，它们让人馋涎欲滴。女校长是想伤害我的自尊心。

我不接受这种不公的待遇，在我眼里这是无法忍受的。于是我进行反抗，以我的方式来弥补损害。课后，当大家都忙于自己应做的事情时，我冒着一切危险爬上去，够着了最高那一层，自己去拿来享用。我揭开短颈大口瓶，为我获得的奖状，拿回我应该得到的东西：两枚覆盆子……为了损失和利息，别小气，我多抓了一把；既然爬上来了，我又抓了一些塞进罩衫的口袋，准备分给同学们。我丝毫没感到羞耻，因为我是挽回明显的不公平。我感到特别心安理得，所以准备把一切告诉妈妈。我没有什么可隐瞒的。

女校长风闻偷窃的事，我很容易就被揭穿了。她的惩罚意识一秒钟都没犹豫，就把侮辱推到了极端：她拿我示众，叫这个不要上帝而由一个自由思想家父亲抚养大的孩子站在一张桌子上。学校的所有学生都列队从这个偷窃和说谎、不信教的女孩子面前走过。

这位笃信宗教的女校长的诡计，在我的理解力里撒播了怀疑，我再也搞不清楚，我究竟是一个好小孩，还是人家想把我看成的那样一个妖怪。我才6岁，就因此得了抑郁症！

我在回答身份问题"信什么宗教"时，毫不犹豫地肯定我是新教徒。她也许以为我这是向她挑衅。这使她困惑。"你肯定吗，古兹同学？无论是你的家庭还是你身边亲近的人，都没有预先决定让你选择这个经过改革的宗教。对它，毫无疑问你既不了解加尔文派教徒的苦修，也不了解路德教教徒的严守教义。你的父母肯定没有对你谈过这些，而且也不会让你进行其他忏悔，他们自己就把自己排除在外嘛。"

新教徒，这让我高兴，能够接近被遗忘在教室里头的那位女同学，就是大家叫"加尔文派教徒"的那一位。这倒是有趣。

不管她那样孤立的原因是什么——这种孤立也许是偶然的结果——在两次大战之间的布列塔尼，她属于被人公开指责的少数人群体，这发人深思。我的这位"加尔文派教徒"同学，是否忍受着她父母的宗教让她受到社会排斥的痛苦？我实在不知道该怎么说。

我痛苦地遭到这些侮辱，天真无邪的心灵无法理解。然而，对于天天经历着历史的人来说，伟大的历史就是这么写就的。

我离开了女中的朋友们，到男中在父母身边让身体康复。

彼埃尔·玛丽·勒内·瓦尔代克-卢梭（1846~1904）这个名字我熟悉，因为每次出了花园门在走过的那条街的一块牌子上看到过。那时有人对我说，他是保卫共和联盟一届政府的内阁总理。共和国的保卫者们哄骗我。我怎么会知道是他采取了反对民族主义狂徒们的必要措施，尤其是制订了反对宗教组织的法律，为1905年的法律开辟了道路……政教分离！这个法律不知道保护一个6岁的女孩子，消除世俗女子中学即我的中学女校长和世俗男子中学校长即我父亲之间的意见与冲突。

当然，政教分离的想法来自于久远的年代。当存在一种特权或确立了专断的感觉掠过某些开明人士的头脑时，他们就会不断地说服，让人们相信这是不能接受的。

这种状态在持续，我们看不到何时结束！这是一件很陈旧的事了！人们还要哄骗我们很久吗，用教会与国家或教会与教会的争吵，不管是新教、天主教还是别的什么教？或者更有甚者，是国家与国家的争吵，当一些人拥护这个教而另一些人拥护那个教时？

提交一些法案？提交法案的频率我们都数不清了，这简直成了一条能真正咬住自己尾巴的蛇。请想一想吧，仅仅从1902年6月到1904年7月，就有九项法案险些吵翻了众议院大厦的圆屋顶。

为了达到什么呢？在世俗学校内部，一位过分虔诚的女校长和一位共济会会员的男校长，相互厮杀，扰乱一个无辜的女孩子的智力。

迪南城数着一位教权主义的总学监和自由思想的校长之间相互攻击的次数，而这种攻击是在这一事件中的赢者天主教机构嘲笑的目光注视下进行的。

所有法案首先都规定废除波拿巴和庇护七世1801年签订的协议。原因嘛，一方面，怎能同意建立一个政府祭祀机构，使教会的仆人们公务员化，而又计算着自己的钱打算雇用自己的教员呢？

各人走自己的路，一边撒播不和，其表达和表现形式众所周知。未来的皇帝看到自己正当壮年，便将自己的权力与天主教会的权力结合在一起。可是，这种异乎寻常的结合只能导致渴望分离。废除协议的老调，简直可以由一位自编自唱的幽默艺人谱成曲子了。甘必大政府的纲领里虽然重提了这个想法，但协议继续适用。1879年，克莱蒙梭又提出法案，协议又被废除。

有一个日期我们所有大学生应该记住：1905年12月11日！《政府公报》宣布"政教分离"。随着盛宴的举行，条令也就容易通过：一次盛大的宴会掩盖了争论。法律颁布了，并于1906年1月1日生效。

于是一切继续……自从什么时候？

似乎可以说这要回溯到比我们的历史还要更早的时候。三年之后才是神圣皇帝拿破仑一世的波拿巴所签署的协议，取代了 1516 年的《波兰协议》。人们忘不了，还在两个世纪之前的美男子菲利普时代，1303年 9 月 7 日，纪尧姆·诺加雷在意大利的阿纳尼给教皇卜尼法斯八世那次狠狠的羞辱，意味着双方已经存在明显的不和。

罗马教廷、一个接一个国王，还有法国神职人员特别会议和当时的共和国议会之间的力量较量，采取了不同的、多少具有点保护作用的形式。时而有利于教权派，时而让不信教者满意，而后又让从最激进的到最不坚定的共和派左翼满意。

大家都明白，法国的国王们和罗马教廷之间的关系，并不总是持续的晴天。德国皇帝也并不觉得更交好运。

归根到底，今天我还可以对那些疯狂地支持教会立场的人，对我看见每个星期天从圣尼古拉－杜－夏朵内数堂出来的那些人说，他们似乎丧失了历史感。人们不可能同时是天主教徒，又是受到我们的国界保护、在我们国家当家做主的十足的民族主义者，同时又不承认在国王时代和共和国时代发生的事情。这些人表现得自相矛盾。

只是我们不要忘记，教会懂得在处于少数地位时不惹是生非，而一旦拥有力量时，就会专断独行，毫不妥协，绝不宽容。

总之，为了写作对理解我的一生如此重要的这一章，我重温了我对一页历史有点如坠迷雾的知识，而这一页历史仍在给我们的日常生活以启迪。

我本来可以睡大觉，同时注视所出现的一次次反复的走势。这些反复的出现，不是由于缺乏政治意志，就是因为屈服于虚声恫吓的人。

我没有计算有多少法案要求废除罗马教廷与政府签订的协议。从艾弥尔·孔布的政府开始，就加紧了提出法案。

不管这些法案要求什么，是禁止宗教团体从事教育，或是取消祭祀的预算，抑或把属于宗教团体的财产收归国有，阅读这些法案，我就知道不应该再相信它们。

日期一个接一个：1902 年 6 月，1902 年 10 月，1903 年 4 月、5 月，

四次同一年的 6 月。

啊，是吗？宗教团体，不管它们的目的是什么，都要经过批准吗？例如查尔特勒修会的修士们，由于他们酿造了利口酒，就要列入"经商的宗教团体"一类吗？这倒是了不得的进步。

公众厌烦了。1904 年 3 月、5 月、9 月、11 月，同一类目标集中到一起，直到由陆军部长建立天主教徒军官的个人档案，这件事导致了孔布内阁的倒台。

1905 年 12 月份，政教分离经表决通过。1906 年就看到结果了：应该管理被解散的宗教团体的财产，确保神职人员和修士们体面退休的国家和市镇，对已被"国有化"的财产进行清点登记。这引发了激进的对抗。四年之后（1910 年），四大法定管理人事务所垄断了这些财产的清算，以图把 1900 年（由瓦尔代克－卢梭）估算为"十亿"法郎的价值变现，结果爆发了一桩极大的丑闻。国家只获得几十万法郎。那些"清算人"都厚颜无耻地大发了横财。参议院一个委员会在艾弥尔·孔布主持下展开了调查……一些清理人受到"追究"，可是战争终止了调查和质询，包括众议院对饶勒斯的粗暴质询。

应该显示一种强大的内心力量吗？这种力量本身受到这样一种考虑的驱动：即反对受宗教信仰启示的另一种无限的内心力量的特权。够了，教会阴险的蚕食。国家永远要靠教会保护。

我看只有一种药方，就是常识，还有制伏躲在我们每个人心里的"小恶魔"。如果它想打架，那有什么用！让暴力见鬼去吧！如果它被漠不关心的态度搞麻木了，就唤醒它，拒绝宗派、歧视、侮辱、排斥等凡是对人类而言有损名誉的情感。

经历了四个世纪，还没有正当地完成政教分离，因为在布列塔尼地区的迪南，1930 年一个女孩子受到当众侮辱。四年之后，痛苦还折磨着她，而这时她明白，保护她的世界正受到一种纵火企图的威胁，而这种企图是针对她所崇敬的父亲的生命的荣誉的。

第十章
学校的火灾

一切都在那里，在我的头脑里，一如我听见证人们讲述的一样。那是在我不得不参加的讯问过程中。

那是1934年1月7日，星期日。我父母邀请同事朋友们来家里分享三王来朝节饼。围坐在餐桌边的有女子中学的新女校长，带有明显南方故乡口音的维达尔小姐和北方滨海省小学督学克雷芒斯先生及夫人。

敞开的门口突然出现了总学监的身影，打断了我父母和客人们共享的清静时刻，使他们都惊愕地愣住了。

"校长先生，第一宿舍里起火了？"

"起火了？"

在场的人讲述。

克雷芒斯先生在印有"迪南小学督学"笺头的纸上写道：

> 本人荣幸地向您陈述昨天即1月7日下午，在男子中学发生的事情。
>
> 将近下午4点钟，我们正在古兹先生家的餐厅里（他一家人、中学女校长夫人及其表妹、我和内人)，有人来通知古兹先生，有一个宿舍里起火了。果然，一张床铺正在慢慢地燃烧。这边刚作了必要的处理，另外两间宿舍又发出了警报。那里在浓烟之中有好几张床铺烧毁了。一间宿舍里地板也烧坏了。
>
> 这时，将近下午4点30分，散步的学生回来了，参加灭火。损失为八张或九张床被烧毁或严重损坏。不过真险哪！
>
> 面对这些情况，古兹先生叫人通知穆松先生。穆松先生是

将近下午5点30分到的，一同前来的有盖斯多尔芬先生和警长。警长立即开始调查。

至于我，令我感到吃惊的有下面两个情况：

——火是差不多同时在三间宿舍里着起来的；

——学生们早上铺好的床都被弄乱了；

——床单、被子和褥垫从床脚上面翻转了过来，互相支撑，在中间的过道上形成一条不间断的隧道，火就从那里燃烧起来并蔓延开去。

J.克雷芒斯（签字）

克雷芒斯先生在第二份证词里明确指出，午饭一结束，我姐姐和我本人就去看电影了。

那个星期日在克尔特人电影院放映的片子？是《罗杰之耻》。讲述一个遭到情妇阴谋陷害的一位工业家的凄惨故事。一个女人把她声称她所爱的一个男人送进了苦役犯监狱，她的阴谋我当然一点也没看懂……

我估计，我在我有点朝三暮四的大姐身边的存在，说真的，可以视为一个没有意识到的女陪伴的角色，由于对姐姐的崇拜而特别易受蒙蔽。

火灾被发现时我们不在学校，回到学校时只见正在进行救火的战斗，眼前呈现一片可以理解的惊慌不安。所有证人描述的都是同样的场面。

正是对事件所涉及的人员的评述，定下了蓄意的调子，而且夸大教权主义者们和极少顾及公正的报纸所保持的气氛。

在还受到教会很大影响的布列塔尼地区的迪南，却恰好选举了一位阿尔萨斯的社会党人市长，所以气氛格外狂热。

自从市长盖斯多尔芬先生决定把学校的小教堂改为体操室，这所学校就处在台风眼里了。尽管我父亲预料到会有一场男校长与女校长的抗辩，所以处处提防，但他远远没有想象到这样一个两头扣扳机的步骤：首先使学校无法运转；如果第一步没有做到，就破坏这位不合适的校长的名誉，然后将他清除。

作为提示，《共和迪南报》发表了一篇署名勒内·彼埃尔的文章："有一个罪犯，不管是教权主义者还是共济会会员，这无关紧要，我要求找到他。**可是有人不愿意找到他**（黑体字不是我使用的，而是文章的署名人使用的）。如果是一位教权主义者，"彼埃尔写道，"他早就被监禁起来了。"勒内·彼埃尔先生伸张了正义。

我的整个家庭被卷进了一桩最恶毒的阴谋之中。这个阴谋就是要证明我父亲是纵火狂。据说是他在这所学校，在这所他关心照料的学校放的火，原因嘛可能就是邪恶，因为动机似乎根本没有办法证明。要么就是大女儿进行报复，因为有人说他让他的大女儿待在巴黎，生活在贫困之中。编造的动机如此站不住脚，不得不到别处找来一个罪犯。仅仅一个星期，从雷恩来的一位善于洞察的调查员就调查出了结果。

负责调查的是雷恩第 13 巡警队的警探普兰特涅和迪南的警长佩吕。根据调查他们向报界宣布他们可以"向公众提供如此焦急地盼望的结论了"。

那是一个星期五，可是普兰特涅先生被召去巴黎调查斯塔维斯基事件的顾问普兰斯之死，要披露的结论也随着火车开走了。

纵火事件消失在布列塔尼的迷雾之中。别处调来的预审法官确定的罪犯姓名根本没有披露。

从另一个角度看，我反过来可以赞扬勒内·彼埃尔先生。为了写这段历史，我准备查阅利达莫尔省的档案，以免被受伤害的小姑娘的感情所左右[1]。

我只需阅读克雷芒斯先生的第一封信，就能够重现火灾那天的情况。那天的情况我记得很清楚。这是一个多么重要的证据，如果想要揭露一个碰不得的右派的手段的话。当这个右派面对一个异教徒时，就受到特别放任的宗教感情的保护。

指控敌人，逼得他把自己被推想所犯的罪，推到"一个可怜的无辜的受害者"头上，然后利用这个计谋加害于自己想打倒的人。这就是右派在感觉受到威胁时，优先实行的策略。我会有机会拿出证据来的。

查阅迪南的档案，浏览这封很长的信时，我感到揪心的痛苦。这封信每一个字都掷地有声，当我父亲声明："本信每个词语都是出于我的尊严口授的，是我的良心强制写的。"他叙述当他知道关于 1934 年 1 月

---

1. "在此感谢北角区档案馆馆长及其职员，给我寻找资料提供了有效的帮助。"——原注

44

7日那场意外时，有人说他指控罪行是总学监犯下的，他心里是多么痛苦。

> 学监先生，我从来没有对他提出任何纵火的指控。在我们的交谈之中和我向法院所作的陈述之中，没有任何内容可以让人对我提出这种指责。
> 你回答我说我不能阻止你看透我的思想。
> 我认为你没有权利诠释我的声明。
> 学监先生，你无故让我承担，并用以玷污我的荣誉和尊严的这个指控，你必须承认它的严重性。

浏览这封由爸爸口授、妈妈打字的信时，我不难想象他们的义愤。可是，当我了解到收信人把这封信转交他的上司学区区长时所作的评论，我感到怒火中烧。

> 古兹先生肯定说他没有对勒费弗尔先生提出任何纵火指控。如果他强调必须是严格的口头或书面的正式指控，这也许是真的！可是这是假的，而且如此之假！如果考虑到含沙射影的话和所提出的、人们等待答案的问题……
> 至于我，我丝毫不觉得受到校长先生所说冒犯的话伤害，而自认为高于一个我不得不多次指出性格平庸——这是我能说的最起码的话——的人对我的评价。
> 不过，要么古兹先生是真诚的，那么他的情况我看就属于精神病；要么他是欺骗人，那么我在琢磨支配他的卑鄙动机是什么。
> 无论如何，看来将他调任已经刻不容缓了。

学区区长显然也厌恶我父亲，竟至公开地站到了他自然倾向的那一边。

他们如此作弊，我甚至再也不想进行辩驳了。非教会小学的诽谤者是在学校内部，由主张调和的政府豢养的。在这种情况下，其他一些安托万·古兹应该从他们自身、从他们的良心里，去寻找他们的高尚信念的根据。这种信念就是：世俗教育应该抵制欺骗（这才恰如其分呢），抵制破坏稳定的做法。

谢谢爸爸，兼听则明！

然而，我远远没有想到，我父亲被形容为不信教的"无赖"、共和国的走狗，是这个国家里一个丑恶的人——在这个国家里，思想正统的天主教右派，还在希望重新登上昔日王朝的宝座，乐于将往昔龙骑兵对新教徒的屠杀重新视为荣耀。

你们知道吗，古兹家与火灾还没有了结呢。

两年后，经我父亲自己要求，获准调往索恩河畔维勒弗朗什，他们搬家的卡车被彻底烧毁了。

所有东西！所有我们的家传物品、所有家具、所有书籍、所有家里的照片。所有东西！所有照相机和那台摄影机，它们给父亲带来交换图片的快乐。他经常从一个学校到另一个学校，应那些与他保持友好关系的同行的要求，拍一些小型的纪录片，这是他最快乐的时候。

什么也没有了。在冒烟的残余之中，任何东西也找不回来了。熔化的银餐具、电影放映机铸铁的底座、烧成灰的家用织物和衣服，统统荡然无存。只有寄宿生的行政支出发票散落在附近的田地里。

保险公司开始进行调查。那么多得不到答案的问题，留下一股烟的苦涩味，令人想起学校那场火灾让人恶心的气味。

我父母到达维勒弗朗什，两手空空，没有行李，带着他们的女儿。为了她，他们将找到全部力量，重新构建她的幸福。

第十一章
神奇的花园

　　我觉得，所有这些考验都没有使我离开我所爱的人、我的朋友们、我对我的花园和它每一个神秘角落的迷恋。

　　我把我喜欢的乌龟和母猫留在了身后。花园里各种神秘的东西和它的圆亭，旁边长满各种颜色的常夏石竹、羽扇豆和罂粟。一棵榛子树和一株枸骨叶冬青确定了它们的界线。房子脚下老玫瑰花坛尽头，有一棵很大的金合欢花，遮住了厨房的窗口。我的激情集中在那一小块四四方方的土地上，那是我按照让先生的建议自己种的。

　　此时此刻，我只需写上"迪南中学的花园"，就会有一种微微的战栗唤醒我有点麻木的感官，重新体验发现的无穷魅力和少女的感受。

　　长满青苔的石头与高墙隔得相当开，上面扎有黄色和紫色的桂竹香的根。夏季的夜晚，桂竹香芬芳四溢。鸡舍、兔棚，有段时间还有猪圈，有助于我学习人与家畜保持关系。喂养它们，为它们肥胖的体态而欣喜，迎接它们那样动人的小崽……宰杀它们而食之。

　　咳！这就是生活！人家告诉我。

　　那只有点野性的猫咪咪讷特，与我一块分享"我的神奇的花园"里几个偏僻的角落。对它来讲，溺死它的小猫咪也是生活吗？

　　蜷缩在两排覆盆子之间，我看着那场面。既生气又绝望，我埋怨让先生不该执行我母亲的命令。

　　在花园的紧里头，有一个石头砌成的大池子，是供寄宿生洗衣服用的。池子很深，总是放满水，我被禁止去这个地方。但是千真万确地看见园丁从那里出来，手里捏着咪讷特的小猫咪一动不动的尸体。是的，透过眼泪我看见他把它们放进坑里，仔细地用土把它们掩埋起来，然后离去了。

我慢慢地走过去，扒开土，捧出最后放进去的那只小猫，把它弄干净，用双手把它焐热："咪呐特，咪呐特，过来看，你的小宝宝还在呼吸哩……"简而言之，我不想在七十多年之后，没完没了地讲述可能令你们发笑的事情。

咪呐特被秘密安置在地窖里我给它预备的一个藏身处，我拿我们吃剩的东西喂它，一个劲地抚摩它的小宝贝——表达一种未曾体验过的幸福。我在很久以后重新发现了这种幸福，因为我参加了抢救一些男女俘房的生命，为被一个独裁政权保持在愚昧状态的儿童的教育出了一份力。一个小姑娘为赢得一只野性的小猫的爱而感到的幸福：那只小猫的眼神抵得上世界上所有的金子。但也是一个女人的幸福。这个女人被库尔德人称做"妈妈"，或者被南美洲各国人民称为"社会运动的教母"。一种非常纯朴的幸福，它照亮疑惑的时刻。

啊，让先生，你那些留下了如此多温馨的行为，可能希望再给生命一次机会时，你知道行将发生什么事吗？

我非常喜欢他，这位让先生。

学校的雇员们叫他"白俄"。

让先生高大、优雅、英俊，有一头漂亮的灰色头发。他侍弄花木时戴着手套，说话用第三人称："达妮埃尔小姐想要我给她摘几颗榛子，然后再去上学吗？"或者说到由我父母抚养的我的小侄子："阿兰先生尿裤子了。"

他来自何处？我不知道，但是我完全可以想象，在他可能效劳过的沙皇那个时代他从俄罗斯出来的历程。他有一个家庭吗？还是他的家庭消失了？他的眼睛深处是否保留着无法忍受的恐怖情景？

秋天的一个晚上，让先生没有过来晚餐。妈妈、雇员们和门房两口子呼唤他。他的名字"让先生"在学校的每个院子和每条走廊里回荡……但他是在花园紧里边被找到的。他溺死在洗衣池子里。

下午4点钟，学校的下课钟响了。手里拿着下午的小吃——一片涂果酱的面包片，家里的两个小姑娘无所事事地向便于说悄悄话的花园走去。

"你和我一块去小狗克雷布斯的坟头吗？就在洗衣池旁边的排水口附近。"洗衣女工的女儿朱丽叶特对我说。

"你说什么？克雷布斯没有死，你瞎说！"

"你不知道？它咬了修暖气设备的人那天，你妈妈就决定了让它死，可是谁也不愿宰杀它。大家都很喜欢克雷布斯，是门房波桑先生尽心干的。"

　　"你乱说。妈妈告诉我她把它给了那天来送货的土豆商人。他把它带回家去了，因为妈妈不愿冒险在集中许多学生的学校里再有人被咬伤。再说，她答应我有一天我们去看它。我不相信你，你不可能让我看到它的坟。"

　　然而这千真万确。我每时每刻的伙伴，我在学校里的伴护者，我大胆的冒险、生气和消气的见证者克雷布斯长眠在花园的最里边。妈妈一心想保护托付给她的孩子们，她的一切解释我都能理解，可是她对我说谎，这我不能接受。

　　我这建立在信任基础之上不可攻克的防御工事土崩瓦解了。今后我得建筑自己的保护层了。

　　我的伤心事儿只能去向那棵水杉倾诉了，那是我的避难所、我的城堡，那里隐藏着我内心最深的情感，也隐藏着我的眼泪、我的忧愁。这棵树生长得很奇怪，在离地面一米的高度伸展出三根粗大的枝杈，正好作为我搭盖的小棚子的基础。避开人们的目光，我栖息在水杉树上好惬意。它是我和自己想象中的一个人物说知心话的见证者。这个人物装饰着带树脂芳香的花环。这种树脂芳香而今在兰德省的松林里漫步时，我又闻到了。

　　男读者或女读者，在你们阅读到这里的时候，我想象你们正在回忆你们童年时代的藏身处或偏僻角落，唤醒你们的"小机灵鬼"。

第十二章
所有人都是左派

在我的家里，我们都意见一致，远离疯狂的野心。所有人都是左派，大人们都是从同一个角度，从或多或少开放、或多或少激进的角度，讨论当代的各种问题。大家对策略问题讲行讨论，但趋于同一目标绝不含糊。

1934年10月29日我10周岁生日那天，到底发生了什么事？

餐桌按照节日习惯摆好了。客人是爸爸、妈妈、哥哥和外公。

亲爱的外公在妻子蕾欧妮1932年去世时，曾经想结束自己的一生。现在他与我们一块儿生活，在他无比钟爱的独生女儿身边。信赖、慈爱、慷慨，是我在提到外公时浮现在脑际的字眼。他身子笔挺、骨瘦如柴、两腿无力，总是坐在一张柳条扶手椅里打发日子，夏天移动到花园里，冬天移动到窗户旁边。他能跟这几个人或者跟另外几个人倾谈一些小问题，所以总有办法让种种忧虑烟消云散。

10月29日这天，他在家里的餐桌边坐下来。谈话在我父亲和比我大十二岁的哥哥罗杰之间进行。关于这一年各种事件的讨论特别热烈。蛋糕上的蜡烛对我来说算不了什么，午餐结束时从壁橱里拿出来的礼物才吸引我的注意力呢！

我怎么能知道，在一个坚定的社会党人和一个更激进的社会党人之间，他们一个或另一个解释的总罢工的概念竟会成为点燃一颗炸弹的引信，使之在我的幸福时刻中间突然爆炸？两个疯狂的人互相虎视眈眈地直起身子，相互痛斥，然后从各自的椅子上蹦起来，推搡着外公。在我的不理解和我的哭声中，在被扰乱了平静的几只鹦鹉叽叽喳喳的叫声中，一个生日的迷人气氛给破坏了。

即使恢复了平静，在克制的呜咽中打开了礼物，一个生日没过成的回忆将那样深地刻在我的记忆里，以致我在写作时回想起这件事时，还感到受到了它的伤害。

多年以后，成年的我一次在与母亲东拉西扯闲谈时，我问她那样一场风暴的原因是什么，是它卷走了为了一个幸福时刻，平静地坐在一个生日蛋糕周围的家庭的快乐。"啊！是一次政治罢工的事，"母亲回答说，"一个认为那应该是一场革命性的总罢工，另一个认为那应该是一场经济上的罢工，它将解决几个相应的问题，但实际什么也改变不了。两个人都是教员，你父亲禁止自己参加这场运动，认为教育者的使命应该是超越一切政治和经济琐事的神圣事业，而你哥哥则保证要斗争到底，目的是要推翻资本主义，让无产阶级掌权。"

明智的做法是什么？是我呼救吗？

如果我理解得对，我父亲安托万和我哥哥罗杰是在是否进行罢工的必要性上意见不一致。可是我觉得更为合理的是承认，像对我们每个人一样，他们的生存之艰难表现为寻求对抗。青年人不论年龄多大，其特性不就是反对他们的长辈吗？

请想象一位93岁的老先生，躺在医院的病床上，腿脚当然不灵便了，但头脑健全、思维清晰。他81岁的小妹妹来看他。两个人谈起了欧洲和有关"制宪条约"的全民公决投票。声音越来越高、越来越高，达到了那样一种分贝率，以致荣军医院走廊里的所有住院实习医生都知道，关于欧洲的命运，古兹先生和他妹妹意见不一致。啊，是的，这位明智的大哥扮演的角色，是维持一种制度，无论年头好坏，都能使既得的利益永远保持下去，而且希望说服"小不点儿"放弃她建设"另一个可能的世界"的梦想。

"可是，罗杰，你并不接受这种新自由政策。你并不希望欧洲屈从于经济专制和统一的思想！那么，拿出勇气来说不！"

"你不能靠破除旧房子来使变化获得进展。"

总之，时间过得很快，一阵大笑结束了风暴，接着谈到家庭的小问题，高谈阔论变成了说悄悄话，离别的亲吻使我们重新回到和谐一致的轨迹上。

当然，对于要达到的目标，他们是一致的。他们以各自的方式，一部分人和另一部分人全都希望"与利维坦式政体[1]斗争"，就像罗杰在提到自由人的斗争时所写的那样。他们从各自的角度挣脱限制他们的空间的种种束缚。他们要使社会变得更公正，避免战争。尤其要同时实现这个基本目标：让金钱为人服务，而不是相反。然而他们所要做的最紧迫的事情，莫过于各自提出自己的策略，同时企图把自己"当前的"观点强加给另一方。为的是发挥最大的效率，他们说，一方是通过改良，另一方则通过革命。

大家都坚持自己的立场……

啊，无论一方或另一方似乎都不明白，实际上，他们是处心积虑地分裂他们梦想团结起来的力量。这种情况有时到了可笑的地步：潮流越是要求统一，他们就越不寻求统一，却越发要求别人统一。

请放心，我父亲和我哥哥罗杰都是真正的、出色的社会党人。他们体现了同一个现实：自从蒙昧时代以来左派的现实，还在延续并将永远延续下去的现实。与下面的情况属于同一种现实，即公开主张对社会主义的信奉者而言，最高度的明智就是"抱有足够崇高的理想，以便在追求的过程中不致把它遗忘"，正如威廉·福克纳所言。

我在研究过程中注意到的内部争吵，是不是自从人类意识到自身以来就存在了呢？我不打算追溯到 19 世纪末 20 世纪初以前，而是自从在欧洲工人运动内部，各社会民主党创立并准备我这一代人的种种事变以来。

我把我的命运的开端确定为 1864 年，就是第一工人国际成立的时候……这会是一次非常成功的联合尝试，如果没有流那么多血，没有那么多人被监禁、被流放。组织斗争就足以进行反对资本主义的战斗，控制住资本主义的战马，控制住支配一切特别专横的政策的利润。资本的金钱当然有助于技术的进步，而技术的进步会促进生产力的提高，但肯定也会肥了少数特权者。说到底它会腐蚀一般人的思想。

任何联合都包含着其瓦解的根源，马克思主义者摒弃无政府主义者……大约二十五年后，第二工人国际找到并证明了其效率，反对无政府主义潮流的暴力。它表明，通过出色领导的谈判，一个强大、扎实、

---

1. 利维坦式政体（Léviathant）指有庞大国家机器的极权主义国家。参见英国哲学家 Thomas Hobbes 于 1651 年发表的有关国家组织的论著《利维坦》。——译注

统一和坚决的组织能够取得预期的进展。对雇佣劳动者而言，工资增加、劳动时间缩短、生活条件改善，有如此多已经获得的利益总要加以保护。

祖辈们是否禁止自己公开考虑打乱社会关系，选择一个新社会，在这个社会里劳动人民不再受资本拥有者的奴役？夺取政权是不可想象的吗？引起分歧的问题是：怎么做？

最强硬的人认为只有靠武装解决问题，因为资本主义不会心甘情愿地让出任何东西。温和派考虑到过去的暴力对抗引起的屠杀，所以更倾向于进行民主斗争。经常想起巴黎公社的大屠杀和还在少数人头脑里轰轰作响的凡尔赛白色恐怖，他们没有准备进行战斗。总之，有了工人运动和组织良好的政党，又有说服群众的充足理由，通过一次又一次选举，"咱们"最终肯定能把国家夺到手。

不难想象那时每次散会之后争论的情形。有无数的机会进行热烈的讨论、抨击和论战，可以写一部长长的《工人运动史》。而在法国，工人运动摇摆于永远对立的两种选择之间：斗争或谈判。

由于涉及不同潮流的"差别"，人们往往提到某人或另一个人。其实人物无关紧要，整个世纪将一直是同样的局面——这一点我可以证明。如果我不是完全相信使我抱着希望的维持生命的本能，我早就泄气了。团结、分裂，团结、分裂，团结……

直到 1904 年，许多小团体不和谐地提高了嗓门：POF，PSR，PS-DF，FTS，POSR，PSF，围绕这同一些字母还有其地许多。字母 O 意为"工人"（Ouvrier），字母 S 为"社会党的"（Socialiste），R 为"革命者"（Révolutionnaire），P 是指"党"（Parti），F 是"法国的"（Français）或者"联合会"（Fédération），T 是"劳动者"（Travailleur），而 D 是"民主"（Démocratie）。

是几句话毫不含糊地施加的压力导致作出了反应吗？例如来自国界以外的这句话："必须只有一个社会党，就像只有一个无产阶级一样。"考茨基以命令的口气这样说道。或者可恶的叔本华关于"高卢病"的几句有点尖酸刻薄的嘲笑话。他毫不留情地讽刺道："世界的其他部分有猴子，欧洲呢有法国人。这倒是作了补偿。"

大家笑一笑。显然谁都不认识自己。

1904 年 11 月底跨出了一步：好不容易成立了一个"统一委员会"，

每个人都想独得好处……

但是，需要就是法律。说到底这是可能发生的！既然如此，两个敌手——人道主义者饶勒斯和僵化的空论家盖德结为同盟，带动所有小团体同意融合为"工人国际法国支部（la SFIO）"。此事于1905年4月23日至24日发生在巴黎斯特拉斯堡大街地球厅。

他们满意吗？他们是否一边手拉手进行巡视，一边唱着歌……在1905年他们能唱什么歌呢？当然是《国际歌》。啊，工人国际法国支部存在了好长时间！六十五年，直到1971年9月，那时……不过，还是不要性急吧。

当时的问题是：究竟应不应该参加共和政府，更确切地说是"资产阶级"政府？

于是，上演了你争我夺的丑剧。最后，一些人将成为内阁成员，另一些人将对他们冷嘲热讽。有一件事是确凿无疑的：这个伟大的党从诞生的时候起，就无和谐可言。

当工人国际法国支部这座大厦建立起来并成为我们的视野的一部分时，我父亲刚刚20岁。身为初等师范学校的学生，那时他加入了吗？我实在不知道……

犹如晴天霹雳，第一次世界大战搅乱了他们的心境，激励他实现神圣的联合，一起参战，拯救祖国。

然而，这联合并不那么神圣。和平主义者饶勒斯没有投战争预算的票，他干什么了呢？我嘛，倒是挺喜欢他所写下的断言："革命根本不需要恐怖手段来实现其目标……它并不是与个人斗争，而是与制度斗争。"在宣战前三天，他被一个民族主义者拉乌尔·维兰暗杀。因此，他实际上是第一个死于战争的人。

可是，暗杀他的凶手在1919年被陪审员们释放了，因为他们认为他是为祖国效劳："如果战争的反对者饶勒斯受到敬服，那么法国就不可能赢得战争。"饶勒斯的遗孀不得不支付诉讼费。难道要踩着别人的头让人家接受这样的论据吗？让一百四十万法国人送了命难道是在为祖国效劳吗？

而于勒·盖德呢？他进了政府！

在那战争年代，工人国际法国支部发生了什么事情？发生了铭刻在它的基因里的事情。似乎重要得多的是，知道谁将站在"改良主义者"或"革命者"一边，从而使参加者接受社会主义的价值观。左派的活动分子们呢，他们是怎么想的？

他们是否向自己提出了这个问题：他们是与莱昂·布鲁姆和社会党人重新走到一起，还是加入即将产生的新（共产）国际？

啊，它让我恼火，我的"小机灵鬼"，它总是不断地把我带回到现在。等一等嘛，我将在另一章来谈现在。我暂时还要尝试跟踪解释这种情况的过程。

组成我的家庭的几个人吗？妈妈是小学教员，教孩子们语文和算术。

爸爸因为心脏机能不全退役，在他的学校里度过了战争的四年，作为从战场上招来的代替人员，担任学校的领导。对年龄大的学生，他教他们伦理道德、尊重他人、他们的国家在他们与地理同时发现的世界之中的历史。他告诉他们人类具有智慧和语言，这使之变得高级而区分于未开化的动物。未开化的动物只懂得用体力防御掠夺者而保护自己。他教他们要为自己的身份感到自豪。

我们到了战争胜利结束的时候。

战争结束，"民族主义集团"掌握了政权。我在什么地方读到过，国民议会是自1871年以来最右的。都是十分狂热的民族主义者，人们称之为"青一色"。这是我们那些号称"毛猴"的士兵们军装的颜色，人们以此向他们表示敬意。

有许多老战士占据了议员席位，这些人得了政治病，一心老是想着与受"十月革命"启发的"红色威胁"进行战斗……

这些"高尚的爱国者"的疯狂的民族主义，使他们与被指责只有"坏公民"的左派的国际主义对立。人们举行许多纪念活动。因此在法国的所有乡村都给人们留下了亡者纪念碑。啊，那是多么让人肃然起敬的"艺术作品"。

说到这一点，我倒是更喜欢克勒兹省的让蒂乌纪念碑，建在米勒瓦什高原上，塑造的是穿着木鞋的一位寡妇和她的儿子在诅咒战争。

大部分社会主义者领导人眼睛只盯住夺取国家政权的目标，而看不到在新工会运动中表现出的高涨的革命愿望。

1917年，当战壕里堆满尸体，我们的领导人满脑子尽是战争经济，一场巨大的、决定性的、唤起人们觉悟的对抗在俄国发生了。

然而在巴黎，他们这些人没有预料到"十月革命"，不明白国际工人运动的组织将以列宁及其朋友们为首。

他们清楚地看到，遭到德国和奥地利－匈牙利沉重打击摧毁的俄罗斯正土崩瓦解，沙皇尼古拉二世于3月份退位。他们大概也高兴地看到，起初由温和派建立的共和政体，最终由布尔什维克人再次建立起来了。列宁和托洛茨基掌握了政权，这倒不是为了惹得他们不快……

我们亲爱的未来的法国共产党人，不愿意看到显示出来的情形：苏维埃制度导致莫斯科审判、清洗、集中营和苦役犯监狱！他们不相信。想一想吧，一个如此美好、如此宽宏的思想啊！

可是在法国社会主义者中什么也行不通了。未来的分裂已经计划好了。

什么分裂！图尔代表大会的分裂！社会主义历史的一页，今天的社会主义者还没有从这一页恢复过来……

自从我的耳朵能够在家人晚间悄悄的交谈中，捕捉到几个说得响一些的词语，"图尔代表大会""图尔代表大会"，这几个字就像虚幻的句子的只言片语构成的喋喋不休的唠叨，萦绕在我这小女孩的头脑四周。各种分析、反省和家里举行的友好会议中的辩论，全都充斥着这几个字而争吵不休。不管怎样，已诞生的新国际与前国际竞争，这就是共产国际，亦称"第三国际"。在熟悉情况的人的习惯语言中叫做"Komintern"（共产国际）。

在图尔进行的辩论的关键是：参加还是不参加。

分裂的结果：产生了一个新党，命名为共产国际法国支部，亦名"共产党"，它直到1943年才成为"PCF"（法国共产党），并且从此以后成为我的麻烦的一部分。"旧家"的门卫们看到这些烦躁症患者——"被当做工具使用的人"，像某些人有理无理让人相信的那样—— 一个个离去了。

在东方，苏联——苏维埃社会主义共和国联盟显示了轮廓。为了使他们的事业获得成功，列宁、托洛茨基及其同志们并不那么考虑把革命传播到所有各大洲，而更多的是考虑利用每个国家的工人运动。他们集中宣传俄罗斯……同时歪曲"苏维埃"的美好概念。这些工人的建议，斯大林最终背离了其意义，为的是着手干他的卑鄙事业。

我的意图并非和反共产主义的疯子们一块号叫。其他一些人比我做得好得多，我把这个标记让给他们。

我想以处于萌芽状态的希望结束这一章。这种萌芽状态的希望找到了自己的道路，一直走到今天，但没有任何政治家注意到它。

当我向世界睁开眼睛时，法兰西学院的一位教授、经济学家夏尔·纪德已经出版了一部关于"合作主义"的著作。

只管追求盖德先生的社会主义者称这场运动是"资产阶级开的玩笑"——就像今天可改变的世界主义者被同一些人看成傻瓜一样——另一些社会主义者，包括饶勒斯及其派别，则赞成这一运动，甚至建议卡尔莫玻璃制造厂借鉴这些教训。

少数政治人物和左派活动分子追随理论家，把合作制看成一种"解放"，一种"学习民主和经济效率的架构"，看成是"与经济自由主义和国家干涉主义保持距离"。

各个运动的这个"统一条约"怎么样了呢？它在 1912 年 6 月就已经提出以一种新制度——在这个制度里，生产将是为消费者的集体组织的，而不是为利润组织的——取代自由竞争的资本主义制度。怎样看待这样一个运动？它严肃地考虑"由合作的消费者集体地、逐渐地占有交换和消费手段，并且把所创造的财富留给他们自己"。

一个更明确的想法？合作制不局限于贸易和生产。

夏尔·纪德看出合作制有"十二种优越性"。

这可是一个美好的纲领！我的"小机灵鬼"评述着，并且记住夏尔·纪德让他中意的地方。

生活得更好。

"首要的必须从生活开始，可能的话，从生活得好开始。"

用现金支付。

"赊购对穷人而言无异于受奴役，要像见到火一样躲开。"

容易储蓄。

"由于有了合作制，你花钱越多，发现自己省钱越多，真是不可思议的事情……"有人会向你讲述。

排除干扰。

"传递装置减少到最低限度，由于摩擦，它们无益地消耗动能。这是一条机械原理，也是一条经济原理。"

<u>取消酒水零售。</u>

这对你们解释起来一言难尽。一点常识会帮助你们明白其中的理由。

<u>在社会问题上争取妇女。</u>

"长期以来，只有妇女懂得，因为不要忘了，世界上存在的第一个合作组合就是'夫妇'。"

<u>对民众进行管理教育。</u>

我得承认，民众不是一个好学生，太容易上警报声的当。

<u>方便所有人得到产业。</u>

有一座小房子，"我就知足了"，再有一块地，就幸福了，不是吗！请想一想吧，他们是企业的共同业主。还有比这更好的吗？

其次呢？<u>重新构建集体产业</u>。<u>确定合理的价格</u>，还有，<u>取消利润</u>。不过最重要的是：<u>消除冲突</u>。

梦想！看看你周围吧："雇主和工人、债权人和债务人、业主和租户、商人和顾客，这么多以如此无情的方式捆绑在一起的对立性组合，他们时时相互撕裂而无法分开。现在合作制接受了这些对立组合的每一方，把这些决斗变成了同样多的融合。"

我很高兴对合作制的十二种优越性加以发挥，但是我想起弗朗索瓦的两段引语：

"没有人能在朝夕间就从播种达到收获，历史的阶梯不是故事的阶梯……但是在耐心地等待之后，春天就会到来。"

"河流只有忠于它的源头才能流入大海。"

而合作制呢？需要追溯到蒙昧时代才能找到它的源头。再多一点耐心，随着年龄的增长，我会有机会再与你们谈到它。

第二部分
前途未卜的少女时期

第十三章
一个如此无耻的人

　　星期四这天没有课。爸爸去里昂大学区区长办公处，解决行政方面的一些事务。妈妈和我趁此机会去买东西，并且像爱时髦的里昂人所说的那样——沿着拉雷街便道逛逛怎么样？再去平行的市政厅街转一下，我们发现有两三家店铺卖成束的毛线，五颜六色让人喜欢。我们在贝勒库尔广场停车场找到我们的车，把一包包宝贵的毛线放在里面，便去弗拉马里翁书店找爸爸，那是知识分子相约聚会的地方。数十米、数百米长的书架，向我短浅的目光展示出各种最引人入胜的版本，那些著作足以激励我去发现一个未知的世界。可是当时对于我而言，世界反倒局限于周围与我同龄的同学。大家都是12岁到14岁之间，班上的男女同学经常互递眼色，那是相约去学校院子里的梧桐树下长时间倾吐知心话。还有夹在相互传阅的书里面的字条！这种心醉神迷的时刻，常常被老师不经意地打断：

　　"古兹小姐，你能告诉我赞比亚在什么地方吗？"或者："正确地给你的同学们讲述一遍勾股定理……假如你愿意回到我们中来的话！"骑自行车兜风的计划和上参议员戈达尔的孙女们的私家大花园里野餐，可比眼前的大事——法德政治前途的一切考虑都更让人感兴趣。

　　在经过里面摆放着《我的奋斗》那排书柜前面时，我是否寻思过这是不是当时的畅销书？这本厚书，批评家们说它杂乱无章，里面充满混乱的、带火药味和煽动性的思想，谁会对它感兴趣呢？

　　尽管这个人只差几个月和我温柔妈妈的年龄一样大，但他让人害怕。全世界都在自我反问。然而这个人多半是个坏蛋。当他在他的讲台上大声吼叫、大做手势，头上的大盖帽遮住了半个脸，他周围的所有人都马上立正。这给人印象深刻的场面是事先导演好的，让人既赞赏不已，又感到恐怖。我嘛，觉得这个人可笑，在课间休息时，经常在同学们面前，练习画漫画表现他。

这时，我便提笔作画，因为为了表示这是我一生的少女时期，我希望让比我年长的人说话。他们是否会谦逊地向我承认，这个疯子的经济成就令他们印象深刻，即使他对反对派的做法、他的反犹太主义、他背弃国家间的承诺，还有他的集中营和他的入侵威胁，令他们感到震惊？可以肯定，这些都超过了可以接受、可以容忍的限度。十分合法地当选为总理后自己宣布为元首的这位独裁者，声称他将决定未来数千年德国是什么样。

当然，必须认真地对待它，这个德国。它眼看着膨胀起来，践踏几个大国签订的《凡尔赛和约》的全部条款，而这几个大国当时肯定都按捺不住报复的思想。这个条约，人们只是勉强地遵守它，甚至抱着无所谓的态度，甚至不知道为什么连几分理解都没有，因为它完全是在仇恨的驱使下签订的，无视德国人民的痛苦。德国人民怎样才能从战争的创伤和失败中恢复过来，在被要求"赔偿"的压力下重新创造一种可以接受的社会生活？那些外交官，他们在想什么呢？亚历山大·伍尔科特嘲笑他们是"戴绸帽子拿硝酸甘油炸药玩耍的娃娃"。

按照我的观点，政教分离在成人之间造成了纷争，使他们未能保护我免遭不公正的对待，那么《凡尔赛和约》则确定了我在世界公民的生活中被引导采取的大部分立场。你们在想什么呢，克莱蒙梭先生，你和你的意大利、英国同僚，为了不忘记"各国人民自己支配自己的权利"？

不，你们尽情地让你们的怨恨发泄出来。决定将镜子走廊作为签订条约的地方，你们是否感到幸灾乐祸？因为这正是1871年德意志帝国宣告成立的地方，而今这个帝国正风雨飘摇！有必要更多一点羞辱这些人吗？好吧，你们已经这样决定了，算了！

可是，多么疯狂地瓜分战败国！阿尔萨斯－洛林归还了法国，几个区归还了比利时。当我们瓜分的时候，也想一想丹麦吧，然而丹麦并没有参战。波兰将被打得爬不起来，在未来它不惜危害和平，打开通向波罗的海的出口，把普鲁士一分为二。德意志殖民帝国被各战胜国瓜分掉了……也没有漏掉赶来争抢的日本。萨尔河将置于国际管制之下，一个非军事区将确保邻近各国相安无事。

合并，亦即对奥地利的并吞，是否被永远"禁止"了？莱茵河沿岸地区被宣布为中立地区，德国不再有军队。达到顶点了吗？"赔偿"用于重建法国和比利时，这两个国家的损失估计达一千三百二十亿金马克。德国人民——将有多少代人——将无法重新抬起头，考虑一个还算过得去的未来。然而人们记得，德国人受够了通货膨胀之苦，怎样采取被认为惠及后代的主动措施，就像那面临取舍的货币，不管怎样总还是能够进行有益的交换。如果我斗胆说，第二次世界大战早在1919年6月28日就设计好了，你们会感到惊异吗？威尔逊总统倡议成立的国际联盟（国联 SDN[1]）无能为力，在找到避免冲突的办法之前，它就消失了。

胜利外交要求的忍耐和不幸引起了恼恨。仅仅一个更怀恨在心的人，就足以吸引所有居民跟随他走向血腥的复仇之路，而不惜付出严重缺吃少穿的代价。他们所喊出的口号当时在莱茵河的此岸是不可想象的，例如："宁要大炮，不要黄油！"希特勒善于激发《凡尔赛和约》的作者曾经想打垮的整整一代年轻人的勇气、耐力和希望。

当希特勒重新占领莱茵河沿岸地区时，这些德国人全都跟在他后面……比我年长的人看到他们的报纸作何感想？希特勒既然赋予了自己全部权力，便摆脱了国联，因为国联原则上拒绝承认他在军备方面拥有平等的权利。他消除了自己的心腹大患，抹去了《凡尔赛和约》中关于解除武装的规定。他厚颜无耻地逐步、秘密地重建与他的目标相称的军事潜力。

秘密地！你开玩笑吧。好像能够偷偷地在一个伪装的后院里建造巡洋舰、装甲车和潜艇似的！那些知道的人只限于注意到并且予以认可吗？

在1922年的拉帕罗会议之外，在苏联正式存在之前八个月，列宁的布尔什维克俄国承诺帮助德国为一支现代化军队重新配备干部并重新进行训练。可是这是斯特莱斯曼[2]的德国。他是白里安[3]的朋友，两个人都是欧洲各国人民和解的先驱。其次，即便闭上眼睛无视这种恶劣做法，谁不知道美国人帮助德国生产了制造装甲车所需的90％的零件。我

1. 国际联盟，第一次世界大战后成立的国际组织，宗旨是减少武器数目及平息国际纠纷，但因未能有效阻止法西斯的侵略行为，第二次世界大战后被联合国所取代。——译注

2. 斯特莱斯曼（1878～1929），德国魏玛共和国的总理和外长。第一次世界大战后使德国从战败中恢复国际地位时的主要人物。——译注

3. 白里安（1862～1932），法国政治家，当过十一次法国总理，在1906～1932年间，担任内阁职务二十六次。——译注

不知道福特各制造厂的银行账户是否保留了一些记载。

行了！我断定大家都希望战争，用冠冕堂皇的话巧妙地准备战争："谁想要和平就准备战争！"希特勒先生，你可以招募年轻人服义务兵役，然而这是被我们的《凡尔赛和约》拒绝的。十万核准的士兵，很快变成了五十万，编成得到卢夫特瓦夫保护的十二个兵团、三十六个师。好啊，希特勒先生，只要你决定了，被你的厚颜吓呆了的全世界会保持沉默的。谁说不是呢？又一部法律使所有企业都在大老板的控制下集中起来，当然是纳粹的大老板。你让他们全都为你的意图服务吧。

外交官们在寻思。他们得出了一个答案，一项，咳！众所周知的策略："我们要思考……签订一些条约。"

于是，我们与苏联人签订了一个互助条约。彼埃尔·拉瓦尔的这个创举无缘讨得英国人的欢心。以致英国人迫不及待地加强了与德国的经济关系。盟国间玩弄两面手法的策略帮了无处不在的元首的忙。发生头一次闪失之后，不是更有理由要求遵守虽然不可靠却是现存的《凡尔赛和约》吗？

然而在法国有一位军人，一个叫戴高乐的人感到不安，建议在使用装甲武器的基础上，使法国的防务现代化。他没有从他的政府那里得到任何响应，而希特勒获得了自己所需要的一切支持。

重新占领莱茵河沿岸地区？在一次公民投票中，萨尔人以90%的票表示了重新加入德国的意愿。可是没等计算出投票结果，三个营的德国军队已经开到那里……这是1936年3月7日，一个周末，正值法国大选之时。你们完全想象得到，这时机来得不利于进行军事反击。于是我们含糊其辞，没有作出反应。无论如何，不要为了莱茵河沿岸地区而冒险引发一场冲突。不过，这本来是一个好机会，问问法国人是怎么想的吧。可是我不能肯定他们会要求严格执行条约。尤其因为英国人通过他们的外长安托尼·艾登的声音，表示他们不相信莱茵河彼岸的军事行动具有敌对性质。当一国人民对自己的命运漠不关心时……

喂，你为什么中途停下来呢，希特勒先生？多么好的主意，这条齐格菲防线[1]！因此，在这场"奇怪的战争"期间，人们可以扯着嗓门高

---

1. 齐格菲防线：20世纪30年代沿德国西部边界修筑的碉堡和据点网。这条防线直到1945年才被突破。——译注

唱："我们去把我们的衣服挂在齐格菲（防）线上晾晒"，公开嘲笑这条防线——我们自己呢，则受到从20世纪20年代就开始修建的令人赞叹的马其诺防线很好的保护。我们抢到了前头。

啊！无忧无虑的童年的美好年代！所有这些事件发生的时候，我的父母、我的老师们和我的兄长们都继续进行他们的活动，备课、享受爱情。最大的一场混乱已显露端倪，正在一个大陆范围酝酿，似乎没有任何人看到它会产生，或者说没有任何人愿意承认它。

而西班牙内战呢？人们可以设想驻防加那利群岛的佛朗哥将军的做法，并没怎么扰乱法国人的平静，即使在他对无政府主义头目卡尔沃·索特罗被暗杀表示气愤的时候。

可是，说这一事件成为在西班牙共和派和民族主义派之间发动一场内战的借口，似乎并未唤起人们思想上对那位卑鄙无耻的先生保持的好战意图的注意，这我可不同意。我多么希望能够证明我父母面对人民阵线法国政府的中立态度所表示的义愤！我真希望找到我父亲的一篇文章，可能是在共济会总会辩论过的……它能消除我关于对侵袭着法国人思想的调和态度予以拒绝的疑虑。

我注意到我的兄长们听说西班牙的共和派遭到屠杀时，都是一副忧心忡忡的样子。这个佛朗哥觉得自己肩负了使命，因为他受到他的思想导师希特勒和墨索里尼的鼓励，而希特勒和墨索里尼这时被又一项条约——"柏林－罗马轴心"协定捆绑在一起了。

到了能明白自己周围所发生的事情这种年龄的人，不可能忘记意大利那位领袖和德国那位元首联手出人力、出武器支援佛朗哥分子。对还存在的各民主国家板起面孔，不是傲慢至极吗？

第十四章
无耻与战争

  我关于两次世界大战之间的回忆越是完整，就越是能更深入地想起希特勒所写的历史，越是质疑目前对秩序和权力的这种迷恋，而实际上却无视他人的生活，即使口里说着甜言蜜语。我们的词汇里有一些词语会唤醒某种环境里最吓人的妖魔。如今某些人竟胆敢谈论布什－萨科齐"轴心"，我听了就禁不住发抖……美国人自己和法国人即我们同样被涉及，对他们来说，明智的是要求他们的领导人对各自的意图作一些明确的说明。在另一个领域，例如在我们的日常生活中解读基因和脱氧核糖核酸是要做什么呢？什么是他们对中东的真实看法？是先予以摧毁而后进行统治，还是与沦为一项疯狂政策的人质的人民团结一致？

  对过去的人而言，这些词语让人想起一种令人不安的寻找遗传特性的过程。早见过了就是早经历过了。请想一想，不要笑，不要像那些人一样，被恐惧和疑虑吓呆了，仿效"慕尼黑精神"保持一种调和的态度。在其他时候，这种态度非把他们引向第二次世界大战不可。

  慕尼黑的谈判代表希望什么呢？对恶人听之任之以图哄骗他？为了躲雨而跳进河里，就像格里布耶一样？莱昂·布鲁姆[1]两年前领导人民阵线建立的政府，对轴心国派援军支持佛朗哥反对西班牙共和国的反应是完全中立？即使他对共和派的反抗给予了一点小小的支持，但也是谨小慎微，实在难以解释。他没有听到也在为我们敲响丧钟吗？所谓防止我们被卷入战争的又一次怯懦行为，其实我们正闭着眼睛走向战争。

  我很清楚，如果1936年我已成年，绝望之下就会去参加国际纵队，选择一项没有眼光的政策的受害者的阵营。

---

1. 莱昂·布鲁姆（1872~1950），法国社会党右翼领袖，人民阵线政府总理。——译注

人民阵线为法国人采取了包括带薪休假等社会措施，为什么不更多地关心西班牙兄弟们的命运？他们正在被斯图卡轰炸机和其他容克式飞机倾泻的炸弹炸死。为什么它没有看到，如今被人们隆重纪念的格尔尼卡及其所作的牺牲，在当时是希特勒和德国空军一场与原物同样大小的试验，目的是测试一支制造死亡的力量。在希特勒的野心里，一旦时机到了，这支力量就将对世界实行恐怖统治，在正常情况下，看清令人恐惧的现实，就会勇敢地加以应付。可我们的领导人却不是这样。

我不会重写历史……不会让那些甘于委靡不振的人用拳头擂桌子。这个时期很混乱，我可以观察自己周围发生的事情，听到在家里餐桌旁并不总是友好的讨论。"对于那位危险的、患了狂躁症的元首威胁性的胡言乱语，法国应该有所反应吗？或者它应该继续希望用谈判的策略让他变温和，而最终使我们处于不利地位？"

国会纵火案已经成为各报的头条新闻。对这件事你怎么看呢，爸爸？过快地起诉那个季米特洛夫……他的确是共产党人，但这次起诉仅仅唤起了你像《进步》报一样的这种想法吗："这也许不是第一次，一个独裁政权选择最有利的时机，给自己创造加强自己的手段。"

可是，随着时间的推移，我们将躲在挑衅不可避免的必然性后面；挑衅很适合渴望恢复秩序的政权。这就再也不会妨碍任何人睡着觉了，不是吗？

入侵捷克斯洛伐克会是使盆里的水溢出来的一滴水吗？

和平主义者发出一声"哎哟！"最好是认可希特勒发动的所有入侵，而不是进行战斗。"1914～1918年的那场战争"及其屠宰场、对芥子毒气无法摆脱的恐惧，充塞着人们的头脑。这是可以理解的！唉，我们拒绝暴力的理由遭到嘲笑，好似麦秆面对希特勒为了让人们接受他而动用武力大打出手的意志……他要战争，他将发动战争！你满以为他并没有使德国人接受严格的纪律，而是使他们恢复了自豪的荣誉感，赞同一些民主国家的和平建议，这些国家由于缺乏坚定的意志而很不令人信服……他之所以同意再讨论一次，难道不是为了更好地作准备吗？

上路去巴伐利亚！参加首脑会议！在慕尼黑，有四个签字人："轴心"的两个同伙墨索里尼和希特勒；对面是英国人内维尔·张伯伦和他的雨伞，陪同的是一个没特点的法国人爱德华·达拉第。

这是1938年9月29日和30日，开学前夕。我书包里一切装得井井有条，准备迈进三年级的门槛。寄宿生占用学监指定给他们的床和壁橱。暑假结束啦！我的整个思想飞向同学们。与新老师见面，与老老师重逢——一场在夏季中断的竞赛，这个小天地将填满我的世界……

那么，你们认为这几位先生在六百公里外的巴伐利亚州的慕尼黑作出的安排，并没有怎么扰乱我回到班上与同学们重逢的快乐？然而9月份最后的这两天，把我们的历史中最让人难以接受的那一段中的一页抹黑了。各种评论让人目瞪口呆。

受到群众欢呼的达拉第本人，把祝贺他拯救了和平的法国人称为"笨蛋"……抛弃捷克斯洛伐克，尽管所达成的协议确保它的边界。"以为把一个小国扔给豺狼就能得到安全，这是一种可悲的幻想。"丘吉尔说，"他们可以在无耻与战争之间作出选择。他们选择了无耻，于是他们将发动战争。"

而我父亲呢？我想我清楚地听见他喃喃自语："口才终于战胜了暴力！"由于他聪明，又有敏锐的批判头脑，我给他时间怀着希望去追求，然后很快就明白：这样的后退会更深地陷入恐怖之中。

第十五章
在学校院子里练正步走

德国青年，与我同龄的德国青年，在卐字形军旗下长大的德国青年，把目光转向那个奥地利人——那个"波希米亚下士"的德国青年，当他们吼叫着表示信赖征服了他们的那个人时，他们放心吗？让我走进学校的院子里看他们是怎样训练的吧。

这些年轻人是否知道，他们的阿道夫·希特勒1914年自愿入伍，尽管被认为是好战士，但他的上司们拒绝给予他任何晋升，因为他缺乏当长官的素质？这些德国青年，是穿短裤培养大的，现在的宣传把他们描述成正直、高傲、拘谨，穿着设计和剪裁得很好的军服，为自己是伟大德意志的战士而自豪。人们想让我们相信，这只是一些出色的自动木偶，目光清澈明亮，小腿紧绷有力，用同一个声音高喊："元首希特勒！"这并不那么可靠。

我可是见过这些年轻士兵的。他们不超过18岁，被负责训练完美的正步走的下级军官，被棍子敲打得窝了满肚子火。站在我不应离开的公寓的窗口望去，一眼就看出那些士兵内心的反抗情绪。真是胆大包天，居然敢从我的卧室敞开的窗口，用弹弓射过去一张字条："爱无国界。"署名：保尔·朗热。

我沾沾自喜地想，那些机器人一样的机械装置，或许有几条缝吧？我寻思这个时代的成年人，当他们看到那位元首出现在银幕上、出现在电影院放的电影之前的新闻片里而议论纷纷的时候，那是一种怎样的反应？不管怎样，这个卑鄙无耻的人行将扰乱我的青年时代和我作为成年人的最初行动……

当欧洲在编织自己不祥的命运时，我的童年世界遭到了毁坏。外公弗拉绍去索恩河畔沙龙公墓与他亲爱的老伴重聚了，那时我们还住在迪南。接着我的第二个外公也不得不离开了我们，那时我们刚搬迁到罗纳省维勒弗朗什。运送我们全部家当的卡车被烧毁，以及我注册为里昂圣瑞斯中学寄宿生，这两件事破坏了我的安宁。我严重地病倒了。

见鬼，为什么要强迫我寄宿呢？生活在领导着一所男女混合学校的父母身边，我本来挺快乐的。妈妈向我解释说，对一位校长而言，有一个学生是他女儿，事情会难以处理，这位校长不想冒这个风险——被人家指责徇私。医生的意见打消了这些顾虑。学生古兹·达妮埃尔被列入了索恩河畔维勒弗朗什的克洛德－贝尔纳中学的花名册。

我天生就叛逆吗？这我说不清楚。不过，我必须添枝加叶，才能让人家认为我是串通干坏事的同学，而避免扮演"老板的女儿"。我应该承认，我给"老板"的工作帮了倒忙：因为在走廊里奔跑而课后被留校，课间休息时在大班教室里跳兰贝斯慢步舞而被赶出校门数周，烟花筒没有射中目标而在地毯上留下擦不掉的污迹……一切仅仅因为一句："可是爸爸，我爱他！"而由这句话，最终发现了一张遗失的谈情说爱的字条。有时，当我没得到优秀奖时，老师们为我辩护。最终我不得不与一位同样很好的同学共同获得优秀奖。

啊！爸爸，这是多么温馨的回忆！

与一些人结下友谊。安娜－玛丽显示出那么深厚的友谊，直到今天我们还有谈不完的话题。我姐姐克里斯蒂娜是我轻浮的爱情的知情者，渐渐成了我认真的同谋，伴随着我一辈子。她发现了她13岁的小妹妹，看着她长大。她对小妹妹的爱怜随着多种事变，随着欢乐与悲伤、失望与希望，不断地加深。

这段漫长的爱情史的中心点，是我嫂子带着她儿子乘船出发去找我哥哥那一天。我哥哥已被任命为巴西圣保罗法语学校的教师。

我哥哥接受这个工作，是为了与他政治上幻想的破灭一刀两断。他作为左派活动分子的高涨热情，在一次次的妥协瓦解了大家坚定不移的决心之后，也渐渐消失殆尽。周围调和论的气氛越来越浓厚，因为人们把狭隘地拒绝战争强加到我们头上，而我们没有办法阻止战争接近我们，这使我哥哥感到绝望。

他是1939年6月搭船走的，她妻子9月份去与他会合，连家也一块儿搬了过去。全家人都聚集在马赛港的码头上，挥舞手绢告别。看到侄子走了，我非常伤心，不禁泪如雨下，没有办法止住。这个5岁的小男孩是由我父母抚养的，年龄上与我这位做姑姑的距离，比我与我哥哥即他父亲的距离还小一些，所以我会很想念他。

客轮刚驶出港口，消息就像断头机上的铡刀一样落了下来，使我们一分别就是七年。所有公共建筑的墙上都张贴了动员令。战争爆发了。那是 1939 年 9 月 3 日。

我蜷缩在姐姐怀里，还是向她讲述了我应一位寄宿女友的父母之邀，去波克罗勒岛度假的情形。我向她透露了，听到一个有点大胆的男孩子的恭维话，我最初的躁动不安。我能面对母亲的目光吗？虽然对母亲至今我什么也不曾隐瞒过？当心，达妮埃尔，只要有一次瞒着不说，你的"小机灵鬼"就会让你心灵不安。克里斯蒂娜让我安下心来。

坐汽车返回维勒弗朗什的归途像一场噩梦。重新溯罗纳河谷而上，汽车一辆接一辆鱼贯而行，司机们的紧张造成了一些事故，甚至有人死亡。我们终于回到了学校的家里，脑子里充满了问号。从东部来避难的大批学生要登记入学，这给我父亲造成了一些问题。不过战争时期就是战争时期，我们将就一点，把地方让给临时来的同学。克里斯蒂娜实在不幸，她所爱的男人上前线去了，因为他是北非骑兵。我便动手给他织毛线袜子，由我姐姐亲自送给他。这场"奇怪的战争"使许多人生活上出格，而爱情给人安上了翅膀。

第十六章
法国人失去冷静

溃退使局势急转直下。

由于害怕轰炸，更害怕谣传，居民统统都涌到大路上，造成难忘的混乱。德国军队绕过马其诺防线，一直插到瓦朗斯，但无论在东边还是在西边，都没有追上一支向南溃逃的法国军队。法国军队的一部分继续在默兹河两岸进行战斗。死伤和被俘人数超过十万，这证明他们打得很勇敢。弗朗索瓦是他们当中的一个，战斗在凡尔登前面。在著名的"304高地"[1]，一颗炸死弗朗索瓦战友的炮弹的碎片击中了弗朗索瓦。

我姐姐则跟着逃往波尔多的保尔·雷诺政府离开了巴黎，重新回到了朗德。从5月10日到6月16日，穿过维勒弗朗什的七号国家公路上驶过一辆接一辆老百姓的汽车，全都超载着你所能想象的一切东西，接着跑过了一支溃逃的法国军队，仅仅相隔几个钟头，最后来了一支胜利的敌军，占领了它所到达的地方。1940年6月底，这整个上流社会又半途折回，返回了自己家里。停战协定确定的分界线一经划定，德国军队就向北撤走了。对法国而言战争结束了，但德国人留下了。

罗杰·古兹没有来得及回来参军。他开始办回国的手续，但花了很长时间还没办成。在溃退迫使之下，法国政府已经签订了停战协定。

仅仅五个星期，共和国就摔了个倒栽葱，所有居民炸了锅，城里人跑到乡下，乡下人观看这大混乱。大部分人认为，元帅从混乱和屠杀中拯救了我们。6月中旬，人们返回家里，大部分人的生活恢复了往日的

---

1. 法国凡尔登高地，1916年初法国和德国曾在此展开激战。——译注

72

习惯。啊，这个！大家可都吓坏了！现在可以哀悼死者，弄清被俘的人在什么地方了。这位善良的元帅，那样正直，"那样英武"——一如1941年在阿纳西他那些无条件的拥护者所看见过的那样。那时我们是女子中学的学生，也被召唤了去，为了扩充"热情"群众的阵营。啊，他将维持秩序，而莱茵河彼岸的主子们会给他提供手段。

法国人有没有头脑？难道他们压根儿没有觉察到，一个十分明确的战略正为法西斯主义和奴役取得胜利开辟道路？

我不想谴责我的同胞们，但是我想让那些人睁开眼睛，他们在我们这个时代居然将自己投进狼口里，以免担惊受怕。这担惊受怕是住宅小区的邻居们引起的，怕的是未来不稳定……他们想躲避这种居心叵测所造成的不稳定。

我把自己在战前和战争期间的见证告诉你们吧。这一见证说明我是在抵抗阵营里。这不是要夸耀我的优点，而是要让这样一些人想一想，他们心里害怕，便把自己交给魔鬼，以求得安心。因为吃了"小红帽"的狼有力量，有长长的牙齿，跑得快，又会花言巧语。

在我们这个时代，七十年之后我们还没有杜绝暴力和种族主义毒素的种子。暴力和种族主义，是纳粹引进一些病态的头脑的，这些病态的头脑怀念悲惨的年代。

在我们之中受到金钱势力支持的那个人隐藏在什么地方呢？根据一项已着手实施的计划，他要与可更迭的世界主义者斗争，赶走阿拉伯人和在欧洲的移民，确定携带所谓决定性基因的人。

他千方百计把他的秩序观强加给我们这些地道的本乡本土的人。他要煽动贫苦的群众，向他们提供一些替罪羊和强盛的梦想。他声称将结束经济危机、失业、贫穷和无固定住所的年代。每个人都将住在自己家里。有条不紊地传播的"好国民"的神话，是一种令人生畏的精神分裂症的手段，会使全部人民陶醉。所有欺骗和传播这些欺骗的传统宣传手段，统统都掌握在他手里。他知道怎样使用！

可是他受到了阻碍。

因为在此期间，啊，是的！我一生的时间足够我们换一个时代了。那个卑鄙无耻的人知道，面对全世界公众舆论阵线和善于从信息技术中汲取信息的批判精神阵线，他的力量是有限的。诚然，信息技术存在的前景有最好的一面，也有最坏的一面，但它是向最大多数开放的。"科学和技术的任何进步，都预示着新的政治结构的来临。我们这个时代的进步，预示着直接民主的来临。"弗朗索瓦说。

正如谷登堡[1]引起了知识传播的革命，为启蒙运动世纪的到来做了准备，信息技术预示参与的民主时代的来临。

我挥动着一个力量强大的独裁者模型，是不是让你们感到恐惧？不过，我认为如今这是不可能的了，因为各国人民更加深思熟虑。

然而，为了让他们保持警惕，告诉他们不要忘记过去也许是必要的。"一个没有记忆的民族，不是一个自由的民族。"这句话我是1989年6月在网球场听一次演说时听到的，当时我们正庆祝法国大革命二百周年。"凡是独裁政权都首先从历史上抹去妨碍它们的事实，目的是阻断连接过去的通道，他们自以为控制着通向未来的道路，所以禁止一切反抗的思想和言论。"

让我们保持警惕，因为一个渴望权力的人有其他办法把你们卷入他贪婪的疯狂之中。他的言论虽然有所收敛，却企图把他的活动范围扩大到全世界。他是最高统治集团的虔诚仆人。你们应该当心这最高统治集团，因为它不仅权力无限，而且非常富有。看他们怎样穿着土黄色军服前进吧！

---

1. 谷登堡（1398~1468），德国金匠，据称发明活字印刷术。——译注

第十七章
两个被俘的士兵

"弗朗索瓦是他们之中的一个。"我有点过早地说了出来。

谁是弗朗索瓦？那时我对他的存在一无所知。他的道路是从法国我不知道的一个地区开始的。他当然出身于一个体面的家庭。如果不是战争的环境中涌现出抵抗运动，使我们相聚到一起，我肯定无缘遇到他。由于我们的文化背景截然不同，我们不会出入同样的地方。他比我年长八岁，假如上了大学，我们也不可能坐到一起而相互接近。

另外，他的家庭信奉天主教又很守教规，注定不会让他把目光投向一位在不信奉上帝的家庭里教养长大的姑娘……对八个孩子进行宗教教育。四个男孩子应该说都很有天分，注定会从事引人注目的职业，他的两个哥哥，一个是毕业于巴黎综合工科学校的工程师，一个是从圣西尔军官学校出来的军人。第三个男孩子准备当教士，本来可以满足他那位虔诚的妈妈的愿望。在妈妈眼里他至少可以当主教，没有必要表现得太野心勃勃。可是妈妈死得太早，只好由着他变坏，成了社会党的……共和国总统，而在这之前娶了一位姑娘，据他介绍是一位"世俗的、民主的、合群的"姑娘，自由思想家之女。

然而这个家庭很欢迎我——因为整个密特朗家都喜欢弗朗索瓦给他们带来的这只小红鸭子。

这是战争中的阴差阳错。

不过我很不愿意在我认识弗朗索瓦之前就谈论他。有太多的故事按照形形色色的人的意愿广为传播，他们常把他描述成他们希望的那种样子。尤其因为他们的介绍所依据的不是行为，而更多的是印象和假设，或者顶多是一些分析。下面讲述的，是当时的一个证人。

当我打量让·缪尼埃时，当我听他讲述时，我心里常常问自己：这两个人之间怎么会发展一种如此深厚的友谊呢？我就会想起一句谚语：
"请告诉我你的朋友是些什么人，我就告诉你你是什么人。"

　　弗朗索瓦1940年6月被俘。中士密特朗是殖民军步兵第23团某排的，守卫默兹河上的一个战斗阵地，该阵地位于凡尔登北边莫特－奥姆附近的304高地上。1940年6月14日他在阵地上负伤（伤在右肋，一块炮弹碎片将留在他体内），被撤往布吕耶尔，6月18日被俘，送到吕内维尔，在那里接受治疗。负伤三个月后，他9月份"上车去德国"，驶向ⅨA战俘集中营。这个集中营位于黑森州卡塞尔附近的齐根海因。那里拥挤地关了三万人。在那里，在"团伙"统治之下的拥挤之中，他发现了"社会混乱"。这时，包括他在内的"勇敢分子"，挺身而出"反对强权政治"，强制接受"一种更公正的秩序"——一种"奇特的炼金术"，使社会从"弱肉强食过渡到文明"。"这次经验使我了解到，"他说，"在困难或不幸中，价值观的等级与我过去了解的根本不相符。正是在当战俘期间，我开始对直到那时我生活中所依据的各种标准提出质疑。"

　　1940年10月，弗朗索瓦被转移到图林根州鲁道斯达德附近的ⅨC战俘集中营。从那里他被送到一个由二百五十名战俘组成的突击队，即"1515突击队"，住在沙勒的一个彩陶厂里。住在一个房间的所有的战俘们之间，笼罩着一种几乎完美的相互谅解的气氛……在这个时期，在战俘集中营像在法国一样，就是身价最高的元帅，弗朗索瓦也会"坚决反对"。

　　关于弗朗索瓦待在沙勒那段时期的情况，下面是当时被指定为"寝室长"的让·缪尼埃的证言："就是在那里，在这个图林根突击队里，我初次接触了弗朗索瓦·密特朗。我很快就认出了他，就像担任翻译的贝尔纳·菲尼夫特一样。弗朗索瓦·密特朗对我们说：'1940年的这个秋季，局势（是关于刚刚取消的预定对英国海岸的进攻）并非不可挽回。既然希特勒没有对英国发动进攻，他就将输掉这场战争。'我们没有听见从伦敦发出的6月18日号召，但是我们在卡塞尔海岸的某个地方听到了弗朗索瓦的声音。"

　　我不了解使如此互不相同的人相聚到一起的亲缘关系的奥秘，这些人前一天还互不认识，却成了终身生死与共的朋友。这里讲述的恰恰是这种情况。贝尔纳·菲尼夫特，俄国拳击手，担任翻译。他矮小粗壮，诡计多端，很善于应付各种局面。我能够谈论他，因为后来我看见他在一些危险的情况下工作，那是在逃出来的战俘抵抗运动内部。

"弗朗索瓦立刻表示不愿意被监禁，"让·缪尼埃又说，"一天傍晚，我们回到所住的彩陶厂时，他对我说：'我明天就逃出去。我需要你的帮助。'他要求我把他准备好的平民衣服带过来藏好。如果遇到搜查，要保护它们完好无损。在突击队里，我是杂役队长，保管着队里的那条船。1941 年 3 月份某天下午开始的时候，天色阴沉。看样子要下雪。在这样的天气不可能有人逃走，德国人也许这样想。弗朗索瓦进来，脱掉身上的衣服，换上平民服装：一条高尔夫球裤，一件长雨衣。他去找勒克莱尔神甫（锡乌勒河畔圣普尔森的本堂神甫），后者也选择逃走，也穿上了平民服装。

"我把他们两个分别送到铁丝网围栏旁，他们钻过去之后，就跳到坡下的一条铁路上。我头上顶了一件宽袖长外套，遮挡已开始飘落的雪花。弗朗索瓦·密特朗头一个走，钻过铁丝网，就消失在斜坡的下面。然后轮到勒克莱尔神甫了……可是我们不得不折回来，因为他忘了带'他的证件'。我顶着宽袖长外套重新开始。神甫也消失在斜坡之下了。我回到木棚里，把他们的衣服藏在干草堆里。

"必须尽可能长时间地隐瞒我们这两位同志逃走这件事。当突击队返回彩陶厂时，为了扰乱哨兵按每排三个清点人数，我用脚绊了一个名叫特韦诺的大汉一下，使他摔倒在队伍中间。哨兵们哈哈大笑，忘了清点人数。在宿舍里，我们把每人一份的面包片和香肠，放在弗朗索瓦和勒克莱尔神甫的床上。9 点钟点名，哨兵终于发现有两个人不见了，才慌忙进行搜捕，但那两个人已经逃走八个钟头了。

"二十至二十五天后，据悉两名逃跑者又被抓住了。我呢，被送到'奴隶'市场上。每天图林根的村民都到这个市场上来寻找无偿的劳动力。这天早上，我被一个纳粹农民选中了。他带我去他的农舍时，对我解释说，我们的奴隶身份'将持续一千年'……

"这个纳粹农民有妻子和孩子，孩子是个小女孩，方言爱称为玛尔戈蒂娅，由于我使这个孩子避免了一次车祸，所以很快就得到她母亲的感激。这位母亲是个漂亮女人，比他那个坏蛋丈夫年轻得多。那家伙是个野蛮人，粗暴地对待牲口。我因为夺过了这个家伙准备打一头牲口的棍子，被送回了鲁道斯达德战俘集中营，关进了单人牢房。

"1941 年 7 月 14 日，德国人组织了一场足球赛。两个战俘离开看台去小便，越过了白线，白线那边就是围墙了。他们被角塔的哨兵开枪打倒了。我们停止了比赛，去救两个中似乎还活着的那个。一个战俘抢到了我前头，我从背后看见他搀扶起那个战俘。等我走近时，他回过头来说：'这是弗朗索瓦·密特朗。他回到鲁道斯达德来了，在 IXC 战俘集中营。'"

　　弗朗索瓦和让·缪尼埃的命运暂时分开了。过去他们一块试图弄到"防疫"证明，争取完全正式地让他们返回祖国。为此，他们自愿去打扫集中营的诊疗所，希望能接触里面的主任医生。"有什么不能做呢？"弗朗索瓦拿起粗麻布拖把说道……一天他成功地偷到几份文件，可是那些文件没有用。他们放弃了这种逃跑方法。

　　让·缪尼埃谋求"志愿劳动者"身份，希望能被调到卡赛尔，"因为，"他说，"这座城市有一趟直达巴黎的火车……"弗朗索瓦完全拒绝"为敌人"干活儿。他因为顽固不化，又被送回卡塞尔附近的 IXA 战俘集中营。他原来就是从这里被调走的。让·缪尼埃在鲁道斯达德还待了一段时间，然后才像他希望的那样也去了卡塞尔，被送进一家印染厂工作。

　　1941 年 11 月 28 日，弗朗索瓦第二次逃跑，是与两个同志一块儿跑的。那两个同志中的一个立刻被抓住了，另一个失踪了。弗朗索瓦成功地逃到了梅斯。在那里他以为在一家旅店（塞西利亚旅店）找到了避难所，却被逮捕了。他先被监禁在查理三世要塞，然后监禁在布莱过境集中营，等待被转移到德国或被占领的波兰。1941 年 12 月 10 日，他第三次逃跑，这次成功了。他趁一家书籍文具报刊店的老板马雅·巴隆正拉开金属卷帘门的时机钻了进去，摆脱了追捕者……

　　相隔两个月寄出的两张封缄信片，证明他顽强地不愿被监禁和不肯顺从，彻底戳穿了关于弗朗索瓦原本就"消极"的居心叵测的传说。一张"战俘"专门信片，是在第二次试图逃跑前一周从德国寄出的；另一张"区间"信片，是从维希市塞维利亚旅馆寄出的。两张信片都是寄给相同的两个人：让·缪尼埃的父母。这两封信是让·缪尼埃交给我们的。

　　下面是第一封信：

　　弗朗索瓦·密特朗，GFG "21716" 致缪尼埃先生及夫人，第戎，佛布尔德莱纳街36号，科多尔省（法国）。

41年11月21日。我寄给你们这张信片：很长时间没有得到你们的消息了！这里的生活几乎没有变化。天气开始转冷，我们准备熬过冬天。如果得到让的消息，我会很高兴。我收到他最后一张便条时，他大概出差去了。他顺便回来看过你们吗？或者他还在他的老板家？我希望他尽快给我写信。从我收到的从法国寄来的信看，生活似乎受到许多限制。我祝愿第戎一切都好。亲爱的夫人、亲爱的先生，请接受我恭敬的问候。弗朗索瓦·密特朗。

下面是第二封信：

弗朗索瓦·密特朗，塞维利亚旅馆，俄罗斯大街，维希，阿列省，致缪尼埃先生及夫人，佛布尔德莱纳街36号，第戎，科多尔省。

42年1月17日。亲爱的夫人、亲爱的先生：不久前我给你们写过信向你们打听让的消息。我仍然希望你们能给我提供他新近的好消息。不过我的地址改变了。我考试成功之后现在住在维希。如果让仍然在他原来的老板家里，我会欣然给他写信。你们能告诉我怎样将信寄给他吗？我有一些有趣的事情要向他说明。在此先谢谢你们。请接受我的敬意。弗朗索瓦·密特朗。

你们明白吧，"老板"指的是德国人。"出差"当然就是逃跑了。"考试"成功了，自然就是逃跑成功了。

第十八章
弗朗索瓦开始参加抵抗运动

逃跑出来的战俘弗朗索瓦，由一个联络网负责保护。他进入了自由区，藏在弗朗什－孔泰的表妹克莱赖特·萨拉赞家，在那里只待了很短时间。他在隆斯－勒索瓦尼埃复员，得到一笔"补助金"，随后到了圣特洛佩兹，受到他祖父洛兰的朋友——德斯帕夫妇（让是一位抵抗运动成员）的欢迎。他没有收入，要找一份工作。德斯帕夫妇介绍他去维希，"104"（沃吉拉尔街主母会会友之家）的一些朋友答应给他"找点事做"……这样，弗朗索瓦便在 1942 年初到了这个临时首都，他称为一个"混乱不堪的地方"，但当时它是法国的"重心"所在。

弗朗索瓦重新见到了像他一样逃跑出来的几位朋友（其中包括马克斯·瓦莱纳，过去是沙勒人）。他作为合同工在法弗尔·德·蒂埃伦少校的店里当了几周雇员。这位法弗尔·蒂埃伦[1]是大战中第一流的飞行员、画家和抵抗运动成员，为停战军第二秘密办公室工作，要求他"绝不能作假"。尼姆有一条街是以他的名字命名的，法弗尔·德·蒂埃伦也是英国 SOE[2] 的代理人……但弗朗索瓦有很长时间不知道。

蒂埃伦的店有两重用途。为法弗尔·德·蒂埃伦作掩护的，是为法国现役军人军团搜集情报的一个机构，退役军人的正式组织。这就使得一些性急的人说，弗朗索瓦为"法国现役军人军团"工作过——这种错误的说法后来被心怀恶意的人重复和传播。

关于弗朗索瓦所经历的维希时期，一切的正反两面都有人议论。他自己写过他的活动："那时在维希，各种联系网络错综复杂。我和我的

---

1. 参见吉斯兰·德迪巴赫的传记，1964 年巴黎埃米尔·保尔出版社出版。——原注
2. SOE，英国特别行动处，英国间谍机构。——译注

人即逃出来的战俘们重新组建了一个小集团。我们有相同的困难，一般来讲思想状态也相同。我们生活得很艰难，相约去一些小饭店里吃饭。我们之间洋溢着青年人特有的愉快情绪，只是由于我们生活在社会边缘，这种情绪更显得突出。"这是他们进行抵抗的力量源泉。

他也想方设法帮助那些以体面的理由回来的战俘。尤其是逃跑回来的人。弗朗索瓦肯定处于各个"互助中心"的活动的核心。找到了一些像他一样逃跑回来的朋友之后，他于1942年初参与了他们的重新聚集，并在后来组成了抵抗运动组织——全国战俘联盟，而后该联盟于1944年3月12日与另外两个运动合并为"全国战俘及被放逐者委员会"[1]。

1942年3月，弗朗索瓦在国民街20号让·雷诺家租了一个房间。让·雷诺是保险公司代理人，向这第一位房客的朋友们敞开他家的大门。他后来被捕，被流放，死在贝尔根-贝尔森。

与其他一些反对现政权、反对"马雷夏尔主义"对战俘的政策、反对法国战士兵团试图强加的路线的人一起，弗朗索瓦在1942年五旬节，参加了在上阿尔卑斯加普附近的蒙特摩尔堡举行的一次会议。在这次蒙特摩尔会议的第二天即6月16日，弗朗索瓦·密特朗被寻找"不在前线"的人的让·鲁塞尔招聘，进入了遣返回国战俘专员总署[2]。该署的"主要目标"之一是"坚决反对于1942年4月重新掌握政权的拉瓦尔提出的替换政策：拉瓦尔决定每回来一名战俘，便派三名工人去德国工作……"总署的老板是莫里斯·皮诺（维勒舍农的佩里戈尔人）。关于如何实现这些目标，雅克·贝内明确地说："莫里斯·皮诺及其一班人设法最大限度地招募逃跑回来的战俘或者真心爱国的归来者，让他们去领导各战俘之家，或者引导他们去各互助中心担任主任职务。"

全国专署总部设在巴黎的迈耶贝尔街。弗朗索瓦·密特朗成了与报界联络的负责人的助理，负责出版一份联络简报。这类职务使他有许多机会到全国各地出差。

不久之后到达维希的让·韦德里纳认为，当时形势"很复杂"。他

---

1. 关于"全国战俘及被放逐者委员会"，研究者应该参照"战俘和逃亡者援救组织"清算委员会委员雅克·贝内撰写的报告，而不是听那些人胡说。——原注
2. "遣返回国"这个词在这里很重要，这里指的确实是给遣返回国的人（包括逃犯）重新安排工作。这跟斯卡比尼的工作无关，他是贝当政府的"大使"，派到柏林监督和协调集中营的环境和战俘处置。——原注

是因为"卫生"方面的原因，从西里西亚地区ⅧC战俘集中营萨甘营地被遣返回国的。由于他懂德语，他被指定为"信得过的人"，就是说他在集中营的看守们和自己的同伴们之间担任联系人的角色，参加"为伙伴们辩护"。刚刚被关押进来时，法国方面的宣传做出声援的姿态。为此，让·韦德里纳多次被电台和报纸提到或点名。他有名气，因此他被遣返回国也不是悄无声息的。1940年初他赴维希，是想对"战俘之家的关心"作出回应。通过当时还不是他姐夫的彼埃尔·希戈，他一到达就被邀请参加了重新安排被遣返战俘总署的"行政部门头头"会议。

会议一结束，"大家便都起身离开，使我无法更进一步认识这些人……"但走到门口，"一个陌生人拍了拍我的肩头说：'今天晚上咱们一块吃晚饭。'于是，傍晚我到了一家小餐馆的餐厅里，那里已经有一些用晚餐的人，在他们之中，我认出了上午拍我肩膀的那个人：他是弗朗索瓦……"这个人描写了当时所接触的圈子："这些年轻人非常敌视法国战士军团和它希望对战士阶层实行的垄断……这种敌视情绪引导我进行协商，考虑创立一个真正代表逃回来的战俘阶层、不受当局约束的运动。我们开始进行活动，对法国战士军团的行动作出反应。我们提出质疑、密谋策划，这便形成了反对派。"

那么"法兰克战斧"呢？这是一种勋章，用以表彰对祖国卓越、忠诚的服务，是贝当元帅本人创设并颁发的，就像给人记上好分数。弗朗索瓦对此表示自己的看法："1942年秋季，我们发起收集御寒的衣服。1942年10月15日下午快结束时，马塞尔·巴鲁瓦、阿尔贝·瓦泽耶和我，我们被贝当召到大花园宾馆，在场的有贝当的军事办公室主任康培将军。贝当针对他所知道的怀有敌意和持保留意见的团结运动，展开了一场收买人心的攻势……"

那个设法让这枚勋章颁发给弗朗索瓦这个没有军阶的补充部队士兵的人，是否别有用心？真是不幸！在当时这是一种掩饰物，用来转移少数不怀好意又爱管闲事的附敌分子的怀疑。这是让·缪尼埃说的，他是应希特勒的要求被释放的。"应希特勒的要求"，他得到一张安全通行证，因为在卡塞遭到轰炸时，他救了最接近元首的人中一位高级军官的妻子和孩子。

让讲述道："这样我便重新见到了第戎和我父母，12月18日我往巴黎给弗朗索瓦·密特朗的姐姐热娜薇耶芙打电话。碰巧弗朗索瓦在他姐姐家。他告诉我他第二天要去里昂。因此他要路过第戎。他约我等火车到达时在车站的月台上见面。第二天，我高兴地在月台上再见到了弗朗索瓦。他对我说：'让……我继续进行反对德军的战斗。你来和我一块儿干吗？'我回答说我同意。他明确告诉我，财政暂时有些紧张，他没有办法实施他的计划，不过他会搞到钱的（通过军队抵抗组织）……我去维希找到了他，但我不能完全和他在一起。

"财政手段由（军队抵抗组织的）泽勒和普菲斯特提供。由吉奈特（缪尼埃）确保联络，去普菲斯特夫人处寻求'财政手段'。"

在许多年间，我还将听到讲述他们反对（法奸）保安队和盖世太保的功绩以及抵抗运动的一些重大时刻。他们之中有缪尼埃、韦德里纳、波尔·皮尔文、希戈、吉奈特·卡雅尔——后来成了吉奈特·缪尼埃——所有人都是莫里斯·皮诺领导下的官员或笔杆子。还有其他许多我不认识的人。

维希的一位高官——省长、市警察局长让 - 保罗·马丁给予了帮助，向运动提供了满满一箱子图章、钢印和通行证……"布斯凯呢？""我从来没有见到他，弗朗索瓦也没有。"让说。

我没有在任何时候见到过布斯凯的影子。他是爱开玩笑的省长马丁的上司。仅仅在 1974 年，在对付吉斯卡尔·德斯坦的那场总统竞选运动中，一张在拉奇拍的照片引起的传闻说，图卢兹《电讯报》的领导人参观的时候，布斯凯也在场，他是该报的管理人，而且是拜勒的亲信……

不，在维希，那些危险的会见是另一种情形。

让·缪尼埃回到维希，弗朗索瓦责成他保护按照一小群人的意愿组成的抵抗运动[1]。这一小群人决心在无法无天的附敌者、告密者和唯利是图者聚集的中心，保持自由和团结。

"能干吗，我是能干，"让·缪尼埃说，"就在某一天早晨（1943 年 11 月 11 日），盖世太保闯进了雷诺夫妇家。他们家在维希市国民街 20 号，有我们的几个人住在那里，我住在三层的一个房间。弗朗索瓦住的是底层的一个房间……他经常不在，这天波尔·皮尔文睡在他的床上。

---

1. 战俘抵抗运动组织于 1943 年 2 月成立，原先叫做战俘运动组织，后改名为全国战俘及被放逐者委员会，其领导班子由莫里斯·巴鲁瓦、雅克·贝内、弗朗索瓦·密特朗等七人组成。——原注

可是敌人要找的是弗朗索瓦。为了不让他落入陷阱，必须通知他不要从巴黎来的火车上下来。于是，我从三层的窗户钻出去，靠两个手腕子的力量，悬挂在屋檐下向前移动。我要移动四十米，可是必须经过盖世太保正在搜查的那个房间窗外。幸好我没有被看见。移动到尽头，屋檐下有一堆煤球。我让自己落到煤球堆上而不发出太大响声，抖掉身上的灰尘，就朝火车站奔跑。

"弗朗索瓦乘正午的车到达……吉奈特赶到了我前头，上到车上，通知弗朗索瓦有人正等着抓他。于是，弗朗索瓦继续坐到克莱蒙费朗才下车。"

弗朗索瓦乘坐一架利桑德飞机离开法国，那架飞机停在安茹省卢瓦尔河畔塞什村前面的苏塞勒草原上，那是 1943 年 11 月 15 日晚上。他去伦敦是由军队抵抗组织（全战战俘联联盟与该组织由多项协议联系在一起）和英国巴克马斯特联络网安排的。他由军队组织的彼埃尔·杜·帕萨热少校陪同。

第十九章
世俗教育的长处

与此同时，在占领初期，我父亲忠于职守，1940年整个夏天都没有离开他的学校。他为10月份开学作了准备，以确保连续性……

6月16日，保尔·雷诺辞职，让贝当元帅去悉心组织新一届政府，贝当元帅"为法国鞠躬尽瘁，力图减轻法国的不幸"。6月22日签订了停战协定。按照元首的意愿，这个协定将在贡比涅森林的雷桐德签订，即在二十二年前签订记录德国战败的1918年11月11日停战协定的同一节车厢里签订。

阴险的彼埃尔·拉瓦尔争到了政府的副总统职位，从而登上了舞台。第三共和国的最后一页，以宣布"法兰西国"的来临而合上。贝当于1940年7月10日按照宪法经国民议会选举合法当选。可是11日和12日，他没有履行把他推上权力宝座的选举赋予他的义务，搞了一次名副其实的改变，甚至没有试图以合法的外衣掩饰他对共和政体原则的蔑视。"照我的看法，这就使得他失去了他所炫耀的道德权威。"弗朗索瓦写道。

我父亲是为公共教育服务的官员。

我只低头注意拉丁语性、数、格的变化和希腊语动词变位过去不定式的词尾，而没有注意到父亲收到里昂大学区区长办公室一封来函时一脸忧虑的神色。我父母与他们身边几个友好教员的悄悄议论，并没有引起我的任何怀疑，以致扰乱我做女儿和学生的内心平静。然而瞄准他的子弹的的确确已经射出，这就要看他作为校长的良心，是考虑顺从本分地避开这颗子弹呢，还是拒绝下达给他的命令，不把他这所学校的犹太人子女和犹太人教员交出去。

尽管良心已经告诉他该作出的决定，但我父亲还是与接近自己的人议论这件事，掂量必须承担的后果，从最灾难性的后果到简单的行政处罚。直到里昂整个途中难堪的沉默，使我那从来总是患难与共的父母，感到难以承受。

"你拒不服从吗，古兹先生？那么，你知道从这一刻起你就被撤职了，工资也没有了……不过，你的做法只是加速了你的命运的改变，既然你是共济会的人，你本来也会很快就失去职位的。这方面的指示已经下达，很快就会执行。"

谁敢说历史不是无休无止地重复？因为就在 2007 年 9 月 19 日这天上午，我们了解到，一位热心的学区视察员，可能受部长奥尔特弗所指导的辩论影响太深，要求各位校长"通过信函或电话"，向他告发学校各个班级存在的"没有证件"的孩子。

我弄了一束牡丹花放在桌子上，等待父母回来。这是春光明媚的一天……

啊，原来如此！古兹家被列入了另册，成了打击的对象。接任的校长带着家具什物已经在路上，使得我们匆匆忙忙把家里的东西装箱，只需叫来一辆卡车，把一切运到克吕尼我们家那所小房子的院子里。

复活节假期刚开始上课，我又不得不与同学们和老师们说再见了。我二年级的最后一学期要去马孔的女子中学读了。这是一个短暂的过渡，很短暂的过渡，出于安全考虑必须如此……不过这并不是要让我不愉快。内心深处对破坏性的集体宿舍挥之不去的恐惧，学生们和学监们之间已经形成的串通一气，使得我敬而远之。我是在家里、在父亲耐心的督促下，完成二年级的课程的。

我父母可能发现了"应付的办法"。养活一家人而没有一点进项，这是需要一些想象力的。会有报酬的哲学课没有人来上。不久，父亲就只有一个学生了：他的女儿。

克吕尼有许多艺术和工艺学校的大学生，而来自郊区的实验学校的学生则有许多是谋求租房子住的……像许多克吕尼人的家庭一样，妈妈把家安排得能接受寄宿生。花园、鸡、兔子成了我们每天侍弄的对象。具有吸引力的寄宿费、来自本地区农场的食物，使得煮大锅菜的时候能放点黄油。

我应该承认我还算幸运吗？注册马孔或阿内西中学的尝试没有成功，在那里我曾经体验过寄宿生所受的折磨。

在格罗斯纳峡谷的丘陵周围的草地上疯跑，在清泉旁边歇息，叮咚的泉水声伴随着我的幻想，多么美好的生活！春天里，黄杨树散发着清香，覆盖着青苔的土丘点缀着紫罗兰和报春花，激发出少女心里种种妙不可言的感觉，她贪婪地想享受山丘的美丽与和谐、空气的温馨和溪水的抚摩。我沉浸在生活的快乐里，整个儿这种亲近之感可以说明，为什么今天大自然的命运在我看来如此重要，以至于我的主要活动都是为它着想的。这梦幻的峡谷，深藏在抵抗坚决的一个地区深处，因此没有受到占领者的暴行造成的悲剧的伤害。

古兹家很快成了秘密联络网的庇护所。直到有一天，由一位漂亮夫人陪同的一位先生出现在大门口，要求见这家的主人。这样穆兰先生和夫人成为灰楼里布置好的一个套间的房客。灰楼原来是我们的住宅罗玛丹（罗杰、玛德莱娜、达妮埃尔）的附属建筑。亨利·弗雷奈和贝尔蒂·阿尔布雷克以假身份作掩护，与战斗运动一块儿进入了我的生活。

几个月之间，罗玛丹接待的男人和女人，都是为法国特别感到自豪的一部历史的几页增添了异彩的人。不过，我不想延误时间在这里讲述我已经写过几次的事情。

我仅仅记录下几个时刻，为了使各种声音、嗓音和恐怖的战栗刻在记忆里，以后只要听到有人提及，就能真切地回忆起来。

第二十章
盖世太保来到家里

1943 年 5 月 28 日，汽车轮胎轧得沙罗奈公路边沿嘎吱作响。预示盖世太保到来的黑色雪铁龙汽车的门砰的一声被推开，仿佛响起了第一声枪响。父亲和母亲顿时吓呆了，把我推向走廊的门——那道门通向与一位朋友家共有的花园。是让我逃跑吗，不："跑去通知几家邻居……让他们把一个装置放在该放的地方，确保后门安全，并且警示我们的'房客'有危险在等待着他们，如果他们回房间的话。"

房子被包围之后，才听见门铃响，接着一帮人非常粗暴地闯了进来。喊叫、推搡、呵斥，从中隐约可以听出来，他们是来寻找我父母留住在家里的"恐怖分子"。

每一分钟像一个钟头一样长，每一个钟头长得挨不到头。

母亲一直被控制在他们手里，像得了遗忘症和失语症，任凭他们拷打，丝毫面不改色。他们连珠炮似的逼问。就在这时传来了贝尔蒂被捕的消息。

我们永远再也见不到她了。

为什么回忆起一场战争的这个细节，而在这场战争中，我们的纯粹防御性武器就是忍受拷打和保持沉默？是希望和顾虑不要"供出"别人吗？是坚信捍卫自己的权利，蔑视把人变成恶习难改的野蛮人的盲目暴行吗？这里提到的权利，只不过是一个蹩脚的盾牌，会促使我们采取种种鲁莽的行动。

我蜷缩着藏在花园里边，一个想法突然闪过脑际：那锅糖！盖世太保进来把家里搅得天翻地覆之前，妈妈煨在炉子上的糖萝卜汁。但愿别烧焦了！

你知道，在那个时候，精制的糖只不过是回忆中的东西了，花园里辟出一块地来专门种糖萝卜。收获的时候，全家人，就是说爸爸、妈妈和我自己，致力于把糖萝卜削皮，擦成尽可能细的末，直到成为黏稠的肉质状，然后放在平常用来煮果酱的一口大铜锅里，用文火慢慢炖化。一炖就是好几个钟头，我们站在烧木柴的炉子前面，轮换着用一把大木勺翻搅那一锅黏糊状的东西。耐心地熬，站得腰酸腿麻，终于熬成了糖。这糖用来放在咖啡的代用品，即一种不像样的大麦汁里。这东西加上萝卜糖，倒是香喷喷的。

一个沙哑的声音吓了我一跳："你在做什么？""做糖!""啊！这些法国人，从来都不缺乏想象力！这个是糖？"那声音说着还伴随着一声嘲笑，至今还在我耳边回荡。

妈妈回到厨房里我们身边。德国人在走廊里商量什么。不一会儿，他们沿着来的路向大门口走去，默默的一句话也没说，只有一个人从妈妈面前走过时低声说了一句："算你们走运……"

当我试图回忆那一刻自己的思路时，却出现了抉择的问题，而没有任何逃避的可能：在我们院子里是行刑队，要么遭到逮捕，被关进集中营……要么活下去。对此我们三个都清醒地意识到，然而我没有从父母的表现中发现任何不安……我嘛也知道，因为我听说过在相同情况下的许多故事。我不记得我惊慌失措过。我们当时处于怎样豁达的思想状态，居然在考虑最坏的结果时会保持如此的尊严？我绝不会将它与逆来顺受进行类比，那是所谓命中注定的病态想法造成的。是的，算我们走运。

翌年的 2 月 14 日，运气没有再一次露出微笑吧？

根据村里的习俗，适龄入伍的 20 岁的小伙子，戴着帽徽、手持军旗，在相同年龄的姑娘家门口放一束鲜花或一根树枝。这是相邀去参加姑娘们和小伙子们相聚的晚会。

约会定在 1944 年 2 月 13 日晚，在克拉山那座大农舍的附属建筑里。克拉山里环绕克吕尼的几座山丘之一。我们自然又唱歌又跳舞，但三三两两地相互交谈，都是围绕着小伙子们必须答应参加的强制劳役及对本地区抵抗运动成员进行的破坏活动，议论也很热烈。

半夜时分，我在姐姐玛德莱娜的陪伴下回家。玛德莱娜现在叫克里斯蒂娜，来我们家逗留几天。我的同伴们把聚会延长到了清晨，可是进城时碰上了守在城门口不准人进城的装甲车。盖世太保及其保安队助手们可以逮捕他们而不会遇到任何反抗。

"可是，这些家伙从什么地方来的，都戴蓝白红三色帽徽？他们是挑衅分子吧？来，把他们弄上车带走！"

就这样，我那些参加节日晚会的朋友都被弄上了开往集中营的卡车。

对于最恶劣的卑躬屈膝、最值得称赞的勇敢行为，对于被无耻卑鄙行为推翻的最崇高的感情，对于在面对以后的恐惧之前已经承受的最严重的恐惧，对于命运的嘲笑……对于这一切的全部见证，会分别产生勋章获得者、受害者和变节者。1944年2月14日那天晚上，总是不断地反复提出这个问题："为什么是他或她？为什么不是我？"这个悲惨事件，突然改变了我的人生历程。

克莱尔林子里那条蜿蜒曲折的路一个连一个的拐角，很快就把几辆恐怖的卡车遮住看不见了。那些面对杀人机器的克吕尼人将会怎样呢？那架杀人机器不停地扼杀着安定生活的希望。

我心情沉重地送姐姐去火车站。轨道车把她载到马孔，她再从那里搭火车去巴黎……

第二十一章
在抵抗运动的路上

看吧，弗朗索瓦的道路怎样终于和我的道路会合了。

在车室里选择自己的座位时，克里斯蒂娜能否想象得到，有一位旅客被她的美貌迷住了，也许或尤其是对她那一想起几个钟头前经历的场面就还显得忧郁的目光感到困惑？他和她说话。她吐露实情。他是一个英俊的小伙子，令她放心。他问她的地址，但并不把自己的地址告诉她，原因嘛就不必说了，但很快恢复了交谈。他名叫帕特里斯。他们相互暴露了自己的想法，很快明白他们是同一个阵营的。尽管如此，我们的这位朋友帕特里斯还是有点不够谨慎，因为他向她透露："明天我们联络网的头儿从英国回来。我将把他介绍给你。你会看到，这是一个出色的人。"

我都没感觉到，牌就分发好了。

我的照片在钢琴上：圣日耳曼大街波尔曼斯餐馆的一个晚会，是复活节假期间我在巴黎姐姐家度过那几天之内举行的。1944年的复活节是4月9日……弗朗索瓦就在我对面。

他频送秋波，他在女人面前很善于此道，可是我还没有长成为女人。

说实话，事情开始得并不那么好。他那套引诱术没有行得通。我没有准备好玩这种游戏。他明白，在人际交往中，我这种少女的单纯不适应他那种强烈的魅力攻势。

"喂，达妮埃尔，你觉得怎么样？"在回康帕涅－普雷米埃尔的路上，克里斯蒂娜问我。

"我不知道……"

"不是一见倾心？"

"这是一个男人……"

"当然是一个男人！"

"我不能肯定我在他心里能有多大分量。不过他对我并非无动于衷。可是我看不出在你似乎想要我扮演的角色中，我处于什么位置。"

他与帕特里斯说话隐晦。我记住了他是从阿尔及尔回来的，在那里他见过戴高乐，那次会见进行得并不很顺利。很久以后，当他能够向朋友们透露这件事情或者向许多聚集在一起急于想知道他的抵抗运动成员的经历的人作证时，我才更清楚地明白了这次任务的重要性。1943年11月的一个晚上，他从安茹省出发去伦敦。伦敦的接待委员会首先要求他签字表示效忠于自由法兰西。他拿不定主意，结果"被撂在一间既没有门也没有窗户的房间里"，许久以后他在《我的这部分真相》中这样写道。

他可能与其他一些人接触串通，借到了一架英国飞机，把他送到阿尔及尔。戴高乐将军对这种做法感到不快，向他指出来并作为一种责备。召见开始的时候，气氛有点紧张。弗朗索瓦要在将军的一个侄子的领导之下，使三个战俘组织融合成一个组织。可是弗朗索瓦显得很不热情，这不利于头一次接触的气氛。将军冷淡地结束了会见。

弗朗索瓦不得不又一次在阿尔及尔就地向一些朋友求助。他们把他送到摩洛哥约瑟菲娜·巴克尔家里，等待一班返回英国的飞机。这架飞机载有一位美国将军和一个古怪的德国俘房。

被放在英国的某个地方、自由法兰西部队不喜欢的这个人，不得不自己想办法返回伦敦，又安排自己乘坐一艘鱼雷快艇返回法国。鱼雷快艇在科尔努阿耶搭载他，把他放在距菲尼斯泰尔省海岸几链[1]远的地方，在洛齐莱克和普里迈尔角之间，距贝甘弗利（鼻尖）不远。战后许多年，一份文件向他披露，弗朗索瓦在阿尔及尔逗留的时候，戴高乐的一位亲信向戴高乐建议，把他们控制在手里的这个不怎么信仰戴高乐主义的旅行者派到意大利战线去。弗朗索瓦写道："我永远无法知道，这一次我之所以避免了命运的改变，是由于自由法兰西这位首领的宽容，还是由于我急于回去找国内抵抗运动的同志们……对这次遭遇我留下了这

---

1. 链是计量海洋上距离的长度单位，十分之一海里为一链。——译注

样一种印象：在阿尔及尔专门机构控制的范围内，最好保持沉默。人们认为，抵抗运动和戴高乐主义所包含的并不完全是同一个现实。"

宽容、匆忙、命运也好，全都不是也好，反正弗朗索瓦不应该错过与一位他还不了解的勃艮第姑娘的约会。他将与她一块，抒写他们共同的历史。

耶稣升天节（1944年5月18日）的那个周末，弗朗索瓦令我们意外地突然到克吕尼。他是从夏龙骑自行车来的。战俘运动他的那些朋友，上我们家的住所罗玛丹来找他。我记得有帕特里斯（佩拉）、贝当古、贝尔纳·菲尼夫特、让·缪尼埃……天黑时分，突然有警报！院子里响起脚步声！有人来通知我们：盖世太保的一支车队正向克吕尼开来，可能是冲罗玛丹来的……

必须离开这栋住宅，分散躲到卡多尔·德拉克拉去。我们在那里与爸爸的一个妹妹共同拥有一小块地，种了一些蔬菜，还培育了一个果园。一座放工具的木板小屋，可以让我们那几位秘密抵抗运动成员躲过这场风暴。

妈妈、克里斯蒂娜和我消除有男人存在的一切痕迹，把剃须刀和客人们的衣服藏起来。然后我们重新睡下，无论从有形还是无形的意义上讲，都感到心惊胆战，三个人蜷缩在同一条被子里等待着……感觉到这天晚上盖世太保的功效就像轻泻药一样！就在这时，院子里的沙砾上响起了脚步声，说明有人正在走近……"别害怕！是我，让！我来找你们，带你们去藏起来。"仅九平方米的一间房子、几条被子，在一个美丽的春夜，重新构建世界的历险和友谊。

贝尔纳·菲尼夫特讲述："我来的时候在迪关被抓住了。'脱掉衣服！'那个保安队员命令我……我慢条斯理地，一边执行命令，一边寻思对付的办法，慢吞吞地、非常慢地解上衣的纽扣……简单说吧，我就要脱内裤了。我料想会发生最坏的情况。那个保安队员不知受到什么诱惑分了心，对我说：'总而言之！你见鬼去吧！'于是我就来到这里啦！"

天亮了……什么也没有发生。一位同志来通知我们警报解除了。我们回到了家里。

每当德国人的车队越过克莱尔森林的山口，伤员就越来越多。那个山口是从萨恩河谷去卢瓦尔河谷的必由之路。我找到了游击队。作为一名没有经验但很认真的助理护士，与一个和我年龄相仿的朋友，在布特阿旺山丘的山坡上安顿了我们的栖身之所，在里面治疗伤员。为了逃脱一次针对我的大搜捕，我们奔跑了整整一通宵，才在一座俯瞰格罗斯纳河的大房子里住下来。游击队长让－路易·德洛姆在炸毁维勒弗朗什的阿芙－玛丽亚桥时受了伤。一颗手榴弹的碎片把他的背部炸伤了好几个地方。我们花了好几个晚上，用镊子细心地把那些金属碎片夹出来。

是他一天早上通知我说有人在罗玛丹等我。"有人来看你啦，你是不是对我们隐瞒了你有一个未婚夫？准备一下吧，我要下山去城里，捎上你，你要蜷缩起来，藏在座位之间。不要让人知道你是从这里来的。"

第二天，一位十分体面的姑娘挽着一位英俊先生的胳膊，在城里散步。"你好，密特朗，你在克吕尼干什么？"……拍一下肩头，久别重逢，原来是让－路易在大声喊叫团队的一个伙伴。

我这才发现弗朗索瓦姓密特朗，而不是莫尔朗。

让－路易死于克吕尼北面一个村庄的战斗中。我需要在一个叫做科特桥的村庄竖立他那块纪念碑，来帮助我回忆使他成为我的一部分的许多往事吗？

现在是5月末。今年的圣灵降临节是5月28日。我的假期按学校放假的节奏来确定，这习惯已经有二十年之久。

所以这个圣灵降灵节周末，我渴望"上巴黎"。

我父母特别欣然同意，因为我日夜与一些强壮、勇敢的小伙子住在一栋孤立的大建筑物里，他们不放心，即使他们知道这是为了崇高的事业。那座谷仓改成了我们在地板上睡觉的寝室，夜里有人值班守护，他们仔细地观察着天边，但是他们守护不了我内心的冲动。父母的担心毫无根据，这些一心想着他们的任务的男人对我们的尊重，正是他们的任务使他们聚集到了这两个忠诚的姑娘身边。

总之，父母允许我去姐姐家过几天，让－路易也允许我去，我便搭上了火车。合着车轮在铁轨上滚动的节奏，我哼着一首三拍的曲子，歌词是回忆一位传说中的英雄——其外貌像弗朗索瓦。

他是在巴黎还是在外省？我能见到他吗？

帕特里斯在康帕涅－普雷米埃尔街建立了一个中转站。弗朗索瓦常常在那里出现又走了，回来又逃走。在他两次出现之间，我看见了他。他住在什么地方，在做什么？

"不要问，"有人嘱咐我，"最好什么也不知道。这是抵抗运动成员的规矩，为了我们每个人的安全。"

假期拖长了，我不想回去。无论如何，没有任何理由要我非回去不可。说定了，我又待了几天……

第二十二章
樱桃时节……

1944 年 6 月 1 日下午，全国战俘及被放逐者运动的一次会议，要在巴黎杜潘街 5 号的公寓套房里举行。这套房子的房东是夏尔·迪埃特尔姆，里面住的是玛丽－路易丝·昂泰尔姆，她是玛格丽特·杜拉斯的丈夫罗贝尔的姐姐。该运动行动科负责人让·缪尼埃讲述：他到达的时候，已经有好几个人到了。他注意到在房子中间的一张圆桌子上摆着几张阿尔库尔照相馆的照片，包括弗朗索瓦、克里斯蒂娜、达妮埃尔和帕特里斯（佩拉）的……此外有一封信使他感到惊讶，是由税务科寄给夏尔·迪埃特尔姆的，但地址写的是珀蒂尚十字架街的一个小房间。让和他妻子把一台打字机和"几大箱子弹药和爆炸物"放在那里。

让担心弗朗索瓦迟到，离开套间向塞夫尔街走去，突然瞥见从一辆黑色前驱动汽车里下来两个人，朝他走过来。他也朝他们走去。走在前面的那个叫住他，要他出示证件。让一边回答"当然……"一边伸出拳头撞击那两个人，然后便朝圣普拉西德街跑去。在这条街和舍尔什－米迪街拐角处有一家小旅店，帕特里斯·佩拉和我姐姐克里斯蒂娜·古兹住在二层。让"顾不上礼貌急促地"跑进那个房间，向帕特里斯和克里斯蒂娜说明情况，要克里斯蒂娜给杜潘街的套间打电话。一个男人的声音回答："这里是夏尔，请问你是谁？"三个朋友肯定：盖世太保正在那套房子里设圈套。让换了衣服，脱下他那套海军蓝衣服，向帕特里斯借了一套浅颜色的衣服穿上，用水把头发弄平，又向杜潘街走去。他截住了安德烈·贝当古，又截住费雷奥尔·德·费里，把情况告诉他们。接着，他看见罗贝尔·昂泰尔姆和保尔·菲利普戴着手铐，由刚才被他撞击过的那两个人带着从门里出来。然后，他就负责搬离了珀蒂尚十字架街那个小房间……

就在这时，弗朗索瓦进到杜潘街5号那个小房间下面的邮局。他进去是为了给玛丽－路易丝打电话，这是赴约之前的规矩。一个女人的声音回答："你打错了，先生。"他再打，那个声音——是玛丽－路易丝的声音，恼火地嚷道："别再打了，先生，已经告诉过你打错了。"弗朗索瓦这才肯定那里已经设了陷阱。他给住在圣－贝诺伊街的玛格丽特·杜拉斯打电话，告诉她："起火了。"

弗朗索瓦周围的网收紧了。盖世太保的密探、一个叫戴尔瓦的人，知道他的猎物经常在圣日耳曼大街走动。他于是进行追捕，一只手里拿着一张照片，口袋里装着一副手铐，腰间别着一支手枪，全部装备都准备着视情况而用。显然他只要耐心和专心，就准能抓到弗朗索瓦："如果我与他擦肩而过，我就把手放在他肩头上，给他戴上手铐；如果他离得远，我就向他射一颗子弹，让他动弹不得，然后逮捕他。"他把自己的策略透露给罗贝尔·昂泰尔姆的妻子玛格丽特·杜拉斯。后者在杜潘街的逮捕事件之后，出入于令人生畏的德国人专门警察局，为丈夫提供帮助。自杜潘街的逮捕事件后，她就经常遇到这个阴险的戴尔瓦。

尽管我相信玛格丽特·杜拉斯的良好用意，但是我仍然感到困惑的是，她为了把罗贝尔从不知名的恶魔的魔爪下救出来，竟然采取了与刽子手玩调情牌的策略。关于联络网的成员，她获得了一些有关罗贝尔的熟人的情况。她了解到他只需去当时很时髦的那家照相馆，就能得到我们这一小群人的照片。这份礼物，由一位在阿尔库尔照相馆工作的一位有才华的朋友在几个月前提供，差点使我们在安全方面付出惨重的代价。

6月6日我在里昂参加中学毕业会考时，跟踪者手里所拿的我的漂亮照片，使得我被全国战俘及被放逐者运动抵抗组联络网的一名密探劫持，藏到一个我根本没有理由去的地方。学生古兹所有考卷都没有交，因此不能被录取。

在一些友好的聚会上碰到我的劫持者时，这件往事还使我们感到开心，加强这种锤炼友谊的同谋关系。

弗朗索瓦不得不离开。他送我回克吕尼，到了那里他再筹划自己的未来。在1944年被占领期间，谁敢断定在这里比在别的地方更安全呢？

当我们把小小的行李往车厢格子间的行李架上一放，两个人紧挨着坐下来时，什么都可能发生。危险会来自这位沉默不语的女士，或者来自这个双眉紧锁的小伙子，抑或更可能来自那个两眼一直盯住我们的德国军官？

我甚至觉得那位德国军官在向我抛媚眼，然而他分明看见我正在谈恋爱。

不知道这天我们为什么要取道穆兰回萨恩和卢瓦尔。也许经过夏龙的那条直接的路线，因为一列车队爆炸而遭到了破坏吧……不过我们听到："穆兰到了！准备好证件！检查！"

时间过得太慢了。我们等待着。天气很热。我渴了，口干舌燥，嗓子发紧……"你的证件，小姐！"我递过去……啊，有人送给我一口袋樱桃，我随即听到一个坚定的声音说："放行，这一对儿跟我走！"

我们搞不清楚这位德国军官是什么人，1944 年 6 月的这一天，他让我们摆脱了险境。

第二十三章
解放的战斗

我重新回到我的避风港，我的家，我的父母身边……我总是觉得，在格罗斯纳河谷，没有任何东西能够伤害到我。但是其他一些伤员在等待着我。游击队的医生马祖埃大夫把我带回布特阿旺。

6月6日在里昂中学毕业会考……历史性的日子！1944年6月6日，登陆的日子。现在一切都讲了，拍了电影，作了评论……盟军到了，他们在诺曼底，我们就要获得解放。我们要自由了！

我们冒失地暴露了自己，包围了克吕尼。我们缺乏武器弹药。对抗大大增多，德国人的车队在克莱尔森林山谷遭到有组织的抢劫。终于7月14日，一个阳光灿烂的夏日，一些箱子从天上空投下来，箱子都漆成蓝白红三色，以示对国庆节的庆祝，此情此情令我们眼花缭乱、热泪盈眶。附近的所有游击队员都从蒙特梭煤矿、欧坦山、马济耶山、科尔马丁山跑了下来。

数着这些熟悉的地名，心里感到多么亲切！

那架从这个场面上空飞过的螺旋桨小飞机，我们轻蔑地向它挥手。任何东西都无法降低我们的热情，我们的叫喊盖住了那架特务飞机引擎的轰鸣声，我们演出不怎么精彩的节目嘲笑那架特务飞机。

是不是那飞机上的特务向他的上司描述我们获得的战利品数量巨大，促使了德国部队重新围攻这些地方？

几周之后，8月11日一大早，屏蔽着克吕尼的几座山的山梁上就响起了炮声。我们那位一墙之隔的邻居，一组抵抗运动成员的那位头儿，他是怎么想的呢？我们叫他，他听到警报，天刚亮就已经投入了战斗。他在战斗中送了命，被击倒在通往圣普安的公路边。亲爱的阿尔贝·施密特，每当一年一度的朝圣引导我们去参观位于这个镇上的拉马丁古堡时，我们就想起他。

斯图卡轰炸机轰炸着这座城市和战士们。修道院的四周落了炸弹，弗罗马日塔也未能幸免。我尤其感到难过的，是我外公的小店里面的一切，连续好多个月暴露在外面，让双胞胎降生时取暖的壁炉，也把它的秘密展示在全城和渴望刺激的好奇者面前。

克吕尼的市民心里充满混乱、恐惧和愤怒，都跑进森林里，躲藏到壕沟里、山楂树和大树底下。我家的人分散了，爸爸向克拉斯河跑去，妈妈上了去萨洛尔奈的公路，我出了花园门，朝古堡跑去。

可是这个让·缪尼埃是从什么地方钻出来的？和他一起的有吉奈特及其妻子。在轰炸的间歇中，我们走近了房子。客人们在那里，准备跨上他们的自行车。"我们来找达妮埃尔。"轰炸又开始了。可是我已经蹬着自行车朝另一种命运飞驰而去……

在克吕尼和夏龙之间的公路旁一间谷仓里歇息一会儿。我们喘过气来，便安然睡着了。在萨恩河畔夏龙，几个穿军装的人很不客气地让我们停下："检查！打开你们的箱子！"让打开我的箱子时，露出一件用降落伞布做的女衬衫。他并没有失去冷静，把我的所有衣服一下子全拿起来，平静地说："你看得很清楚，什么也没有啊！""好啦，走吧！"那个警察讥讽地说。

实际上，这里是要检查食品……

终于到了第戎。时间是 8 月 12 日晚上。缪尼埃的父母把我当成自己的闺女一样欢迎。吉奈特和我将留在贝勒奥尔滕斯。肥皂和熨过的衣服散发着香味，令人安心。让要去找弗朗索瓦。他继续向巴黎走，巴黎快解放了……

武装抵抗已经在近几个月部署好了。行动区域已经划分。全国战俘及被放逐者运动的各武装队参加骚扰分散在各地的占领军。巴黎各街区都有许多秘密隐藏处，人人都忙于准备。让负责存放武器和指导训练志愿者。前几个月，他在勃艮第和巴黎之间来回奔走了很多趟。

他乘坐火车，在解放复仇运动的于贝尔·雷夫纳兹等几个同志帮助下，拎着箱子，运送大量补给武器。他把这些武器存放在勒瓦卢瓦－佩雷，他弟弟乔治在那里找到了几个隐藏的地方。但是他也把一些藏在舍尔什－米迪街的一套房子里，这套房子是属于雷茨的，但借给他用的人是费雷奥尔·德·费里。1944 年 3 月份，当全国战俘及被放逐者运动由前面提到过的三个组织合并成立时，让便常驻在巴黎地区了。

现在谁还记得这些武装队参加过解放巴黎呢？他们是由过去的战俘——大部分是逃跑回来的战俘组成的，在巴黎的解放中起了决定性的作用。可是戴高乐主义者和共产党人写的官方历史再次忘却了他们。

让·缪尼埃和雅克·贝内记得：好些武装队组织起来了。"帕特里斯（佩拉）上校"负责协调本地区所有自由武装队。乔治·波尚打进了强制劳役机构的核心。该机构坐落在黎塞留街 100 号，在《每日新闻》的报社楼里办公。一个为巴黎地区伪造证件的机构在奥德翁街运转，是由让·纪尧姆领导的。前全国战俘联盟的自由武装的头儿——让拥有他自己的伪造证件机构。

在行动方面，让在 1944 年 3 月和 4 月部署了对占领军进行骚扰。德国军队的车队和火车不断受到攻击，这些行动的目的是为了获得武器和阻断交通线。让在"罗丹"自由部队里集结了八个单位。这些单位平均拥有五至六名战士。

"彼埃尔队"在首都第一区开展运动；"尚佩雷－勒瓦鲁瓦队"由让的弟弟乔治·缪尼埃领导；"马塞尔·布热队"控制诺让－勒佩洛郊区；第 5 队由西班牙人组成，归艾尔曼德兹上尉指挥……在西北郊，"拿破仑（特里内尔）队"人数更多，行动更自主，在这个地段效果非常好，因为这个地段的铁路自拉扎尔和巴蒂奥尔通往诺曼底。

在解放巴黎的战斗中，在 8 月 15 日动员之后，三个倾向的自由部队合而为一，在首都的许多点协调行动，在这些点从 8 月 19 日起就筑起了街垒。一列德国火车被封锁在卡尔迪内桥隧道里，一列车队被阻断在勒佩勒蒂埃街；圣安托万市郊、黎塞留－德鲁奥十字路口、博布尔街、苏雷斯纳街和布洛涅街，都被前全国战俘联盟（信奉共产主义）所控制，前全国战俘及被放逐者运动的各个队（以米歇尔·凯里欧为代表，后来以菲利普·德夏尔特为代表）在阿勒、市政厅、第 10 区和 17 区区政府进行战斗；一队德国兵受阻在洛莱特圣母院前面停了很长时间；在火车北站、克里希广场、巴尔贝斯街发生了激烈的交火；一些增援部队被派到东南郊，在那里前全国战俘联盟的"布热队"在当地的法国国内武装力量帮助下，进攻了由三百名德国兵占领的汤姆森工厂。那三百名德军后来被美国第 4 步兵师俘虏。

"罗丹"自由部队（让·缪尼埃）的进攻点主要是：美丽城和小环城线铁路（其铁轨消失）……一列被彻底封锁在索尔比埃桥的德国火车、档案馆街的电话中心、圣通日街和夏尔罗街（在那里前来增援的勒克莱克的士兵抓了许多俘虏）的邻近地段。"彼埃尔队"在拉夫里埃尔街法兰西银行前面用燃烧瓶攻击了许多辆虎式坦克。

在尚佩雷－勒瓦鲁瓦地段，乔治·缪尼埃队在第 17 区勒瓦鲁瓦－诺伊镇政府作战，拔掉了诺伊德国宪兵队的旗帜……

我们欢欣鼓舞……帕特里斯——上校帕特里斯带领"自由营"对敌人发动猛烈进攻。

解放的勇士们、国内抵抗运动的成员们还完成了其他许多战斗任务。他们之中有些人成了烈士。烈士的战友们，那些由于别人的牺牲创立了自己的生活和事业的人，将永远怀念他们，怀念这些牺牲的男人和女人，他们的姓名被刻在他们捐躯时的墙壁的牌子上。

为夺取控制权的一切准备工作都做好了，归全国战俘及被放逐者运动的自由战斗队接管的官方建筑物已经确定。从 8 月 19 日起，计划就迅速落实。克里希广场的战俘拘留所当天就被收复了，然后是迈耶贝尔街 3 号的战俘管理总署。弗朗索瓦将把他的办公室安置在这里，前不久在由戴高乐指定的秘书长团里，他被任命为老战士部的秘书长。冯·科尔蒂茨将军违背希特勒的命令，没有炸毁全世界的旅游者无比珍惜的桥梁和名胜古迹。

在勒克莱尔将军的第 2 装甲师和美国第 4 步兵师大反攻的支援下，巴黎起义各方联合行动，解放了巴黎，这样戴高乐将军才能凯旋式地进入首都。从 8 月 25 日这个值得纪念的日子第二天起，帕特里斯·佩拉上校便集合了全国战俘及被放逐者运动的武装志愿者。他们已准备加入解放大军，继续努力进行战争，直到获得全国胜利。

接下来的历史是让·缪尼埃向我们讲述的：

"1944 年 8 月 15 日，弗朗索瓦·密特朗被亚历山大·帕罗迪以戴高乐将军的名义任命为全国战俘及被放逐者运动总书记。

"9 月 3 日，由戴高乐将军挑选的内阁部长们从阿尔及尔抵达。亨利·弗雷奈取代弗朗索瓦·密特朗。

"9 月 8 日，弗朗索瓦·密特朗被选举担任全国战俘及被放逐者运动主席。该运动四名成员被指定进入协商国民议会（为临时议会，其成员是指定的，而不是选举的）。

"9月9日和10日，弗朗索瓦·密特朗把全国战俘及被放逐者运动总部设在巴黎蒂尔西特街3号。"

让作为该运动各武装行动队的负责人，巴黎解放后留在弗朗索瓦·密特朗身边。

9月10日晚，弗朗索瓦·密特朗对他说："我们明天去第戎。"让的妻子吉奈特和弗朗索瓦的未婚妻达妮埃尔·古兹一直待在第戎让的父母家里。他们开车经公路去……

让·缪尼埃作证说："自解放巴黎的战斗开始以来，我们就没有她们的消息，电话和铁路的一切联系都中断了。我通知我弟弟乔治。他带领勒瓦鲁瓦－尚佩雷在进行战斗。他既是一位出色的无线电技术员和机械师，又是一位理想的驾驶员。一个三色圆形标记贴在挡风玻璃上，汽车尾厢里装了好几桶汽油。

"我们9月11日约10点钟离开巴黎。路上车辆很少。我们中速行驶，有时还减速慢行，因为路况不好。到达松贝尔隆即可俯瞰第戎的公路最高处，我们被一支装甲部队，我想是巴顿军队的先头部队拦住了，在路边停下来。指挥这支部队的军官向我们敬礼，问我们去哪里。弗朗索瓦·密特朗自我介绍，说明我们是去第戎。军官告诉我们有一定的危险，因为与拉特尔的军队（正从普罗旺斯上来）联系不上。

"我们一致决定继续赶路，结果顺利地到达了（第戎）莱纳市郊街37号，令我妻子吉奈特和弗朗索瓦的未婚妻大感意外。感情表达结束之后，弗朗索瓦作为政府代表，决定去市政府。

"城里一片欢腾。汽车上的三色标志使人群给我们让路。议事司铎齐尔在市政府。拉特尔·德·塔西尼的部队刚刚解放第戎。"

我也目睹了"第11点钟"的抵抗运动成员所实行的一种野蛮解放令人痛心的情景。

第二十四章
婚礼花束的火绒草

"火绒草！比多尔太太为你的新娘花束和你的头饰找到了火绒草。你听了高兴吗？她从自己收藏的宝物里拿出一块柞蚕丝料子给你做连衣裙，拿出绢网给你做面纱。你将是最美丽的新娘！"克里斯蒂娜兴致勃勃，像玩洋娃娃一样安排小妹的婚礼。

1944 年 10 月 28 日是我生日的前一天。20 岁，我 20 岁了！

一切都准备好了。帕特里斯四处奔走凑齐了一切，甚至为准备午宴找到了一个抵抗运动中当炊事员的朋友。弗朗索瓦全家都出席了，全都是节日的盛装。我父母是头一次与他们见面。

是就像我哥哥十年前一样的非宗教结婚，还是宗教结婚，这对我们而言无关紧要，但弗朗索瓦家强调要在教堂举行婚礼。那就去嘛！为了教堂的婚礼，本堂婚甫先生帮助我准备做圣事："你应该忏悔，孩子。你最近一次忏悔有多长时间了？""很长时间了，我从来没有进过忏悔室！""好！你良心上有什么事吗？""当然有很多事，但我从来没有杀过人，没有偷过东西，说谎嘛可能有过，还有嘴馋的毛病……也许……""好了，我宽恕你。你念两遍《天主经》、三遍《圣母经》……""我不知道……"他递给我一小卷将引导我的经文，这卷经文将留在我的口袋里。我们之间始终保持着亲切的关系，直到他去世。每年好几次，不是为了与我有关的什么喜事，就是祝贺新年，他总要亲手给我写一封短信。

10 月 28 日上午，阳光洒满圣塞韦兰教堂前面的广场。我们的证婚人都有着充满魅力的名字，他们叫做亨利·弗雷奈、让·缪尼埃、帕特里斯·佩拉和克里斯蒂娜。"自由营"的军官们军刀出鞘，在教堂广场前铺就的红地毯两边列队。

我是以观察的目光看这场面的，仿佛是别人在举行婚礼。多么美好啊！妈妈披着她那块浅灰色的绢网头巾，爸爸穿着礼服。

午宴期间，每个人都认识了挨着自己坐的人。我的右边是弗朗索瓦，左边是他姐姐。她也披着头巾，戴了几件首饰，给我留下了一点深刻印象。她对我谈到她的"战争"，谈到德国人被游击队员和抵抗运动成员赶走时她的恐惧，还谈到她与她妹妹逃到远离夏朗德的另一个地区。我明白我们经历的不是同一个战争。

这一天，我进入了我应该去了解的一个家庭，以后我会对这个家庭形成自己的看法。

弗朗索瓦看了看邻座的手表：下午5点钟了！"我该出发啦。"他对我说。他有什么事，比他的婚礼还重要？"你去哪儿？"他不喜欢这类问题，但是不能破坏这样一个日子的愉快气氛。是去马提尼翁大街俱乐部一间会议厅，参加全国战俘及被放逐者运动的一个会议。我穿着新娘连衣裙，头一回参加了弗朗索瓦主持的一次工作会议。

显然，即使我在丈夫的生活里占有一席之地，但我不得不承认，他的大部分时间是用于政治和实现他的信仰。

从此我成了达妮埃尔·密特朗夫人，有一个家要管理了。我们在奥托耶擅自用了德国占领者抛弃的一套房子，住了几个月。租房子的手续正规化之后，我们便住到了布洛涅森林边缘的马雷夏-利约泰街。放眼望去到处都是绿色的布洛涅森林，使人想起克吕尼，大家肯定觉得这有助于我习惯巴黎的生活吧。巴黎生活的丰富多彩有待于我去发现。

这个想法并不对。这个小区见不到人影，又没有街道，冷冷清清，多半令我反感。住在这里我感到无聊。然而我使充满希望的未来理想化。我的所有梦想都充满着盼望一个孩子的快乐。织毛线、梳理毛线团、准备新生婴儿的衣着用品、为他的降生而筹划，我满脑子所考虑全是这些事情。

弗朗索瓦呢？你能想象他是一家妇女杂志社的社长吗？我想没有什么人还记得这件事。那些为他找到这个有报酬的工作的人都去世了。啊，是的！《你的美貌》杂志社的社长！这是一本豪华的时尚杂志。

从第二期起，销售量就开始下降。插在推广诸如恢复青春的润肤霜和最新潮的发式等美容产品的杂志中间的文学手册，并没有博得这本引人入胜的出版物的女性读者的青睐。这位"不会赢利的社长"给大家冷落在一边几个月之后，就被要求辞职了。上流社会一代又一代贵夫人们在最著名的美发沙龙里看到的这份最出色的杂志，他在任内把它彻底搞砸了。

直到今天我还在想，抵抗运动的一位年轻领导人，在必要的时候应该为在占领时期相当主张调和的一份杂志重整旗鼓效劳吗？应该使它免遭也许是没有理由的报复吗？不过，在那个清算冤仇的时期，谁又说得准呢？

弗朗索瓦显然注定不适合完成这类使命，所以很快就摆脱了。何况他特别操心着两件事情：一是战俘运动的前途，二是战争一结束（这为期不远了）就组织战俘归国。他更喜欢给《自由》报写文章……对他来讲更为重要的使命，是赴德国打开被放逐者集中营。因此，他从达豪集中营带回来的除了死人之外，还有他的朋友罗贝尔·昂泰尔姆。

1945 年 5 月 8 日，法国所有的钟一齐鸣响，庆祝反对纳粹的最后胜利。这是春光明媚的一天。所有人都涌到街上，香榭丽舍大街、各大马路、巴士底和国家广场，到处欢声雷动，在首都行驶为数不多的汽车喇叭齐鸣。

我们兴高采烈，我的宝贝也在躁动，去尚蒂伊古堡漫步了一回，这一天结束时心情才比较平静了。乡野间百花争艳，草木葱茏，阳光明媚，展现在眼前的是一派绚烂春光。

对我而言，这是一个没有阴影的幸福时期的最后时刻。小宝贝出生时我病得厉害，几个月后小宝贝夭折了——他是婴儿霍乱流行病的受害者——我经受了长期的苦难。所有这些考验使我彻底厌弃了第一阶段的巴黎生活。

作为一个孤零零的女人、一个痛苦不堪的母亲，我打发着自己的日子，寻求着别的东西，为我的生活寻找一种意义。

为了接近弗朗索瓦，我想象自己是他的速记打字员，就像我经常看见的他那位女速记打字员一样，记录他在集会上或工作会议上发表的演说和讲话。我报名去上文员课。

这也不是一个好主意。"你永远不会成为我的秘书。咱们不要把工作和家庭生活搅到一块儿。"他说。

我放弃了文员课和我的打算。

信步在拉丁区和圣日耳曼－德佩之间溜达的时候，我重新找回了过去在姐姐家度过假期时所溜达的那个巴黎，鲁吉埃和普雷店的一个橱窗吸引了我的注意力。

精装书装订工使用的那套小设备启发了我。我进到店里，买了一套设备和一本学习手册，然后去找手册的作者约定上几节课。

我找到了自己的道路，并将这个职业干了三十五年，成了一名手艺精湛的精装书装订工。

第三部分

第四共和国

第二十五章
将军与移居国外者归国

历史是怎样逐日写成的？

1944 年 8 月 25 日，我把戴高乐留在巴黎市政府的阳台上，让他向巴黎市民和为他开辟了道路的国内广大抵抗运动成员发表演说。

"巴黎！遭受屈辱的巴黎，满目疮痍的巴黎，受尽苦难的巴黎，但解放了的巴黎！是它自己解放的，是它的人民在法国军队的支援下解放的，在整个法国，战斗的法国，唯一的法国，真正的法国，永恒的法国的支持和援助下解放的。好啊！既然控制巴黎的敌人在我们手里投降了，法国就回到了巴黎，回到自己家里。她回来时鲜血淋漓，但矢志不移。她回来了，被巨大的教训擦亮了眼睛，比任何时候都明确自己的义务和权利……"

戴高乐是与他的法兰西共和国临时政府、与从阿尔及尔乘船归来的内阁成员们一起到达的。

第二天，他就对秘书长团表示感谢，因为这些秘书长在重新授予各个部权力之后，起到了起义政府阁员的作用。他仅将他们之中的两个人补充到他的政府里，他们是帕罗迪和弗罗奈，后者取代了弗朗索瓦·密特朗在老战士部的职务。

法兰西共和国临时政府的第一个行动，就是与美国人私下算账，反对成立一个临时联盟政府。这当然是一种好的主动行动，但其理由肯定与国内抵抗运动成员的理由不同。

为了树立其共和国的权威，戴高乐的政府向每个已解放的地区派一位专员，取代维希的地区行政长官，那是过去由米歇尔·德勃雷设立的。抵抗运动的各地方委员会拒不让出用战斗和许多同志的生命夺取的权力。

戴高乐快马加鞭。他建立国家行政学校,向国家提供热情的、靠统治思想出色地造就的仆人。我不作评论。他给予妇女选举权。好啊!他设立社会保险和家庭补助……这可不是为了惹关在牢里的贝当元帅生气。

但作为背景,他在印度支那发动了一场殖民战争,这场战争打了九年,为直到1962年才平息的一场冲突拉开了序幕。

抵抗运动成员们,总的来讲,从第三共和国的错误吸取了教训,以新的思维共同制订了摆脱这场战争的计划。第三共和国的推诿、拖延、改变方向和最终顺从德国的操纵,使"政治人物"产生了厌倦,从而在法国人的思想上导致了真正的混乱,而这些思想混乱的人最后都盲目地信赖贝当元帅。可是德国人和贝当被赶走了,解放的男人们和妇女们都明白为什么进行战斗。他们听见了戴高乐发出的要团结的号召。

我认识的那些人将会坚持团结,创立一个运动。这个运动将集合那些适应形势建立的组织和志同道合的志愿者,使不同的抵抗运动组成联合会。该运动的创立者全都来自于抵抗运动,他们是彼埃尔·布尔丹、弗朗索瓦·密特朗、勒内·普勒文、克洛迪欧·佩蒂……有一段时间还有亨利·弗雷奈,真是奇怪的路线图:还有雅克·博迈尔、雅克·苏斯泰勒,甚至……米歇尔·德勃雷。有些人为从纳粹占领下解放出来和结束使维希政府名誉扫地的附敌政策,多少进行过斗争。

这个运动就是:民主社会抵抗联盟。它的首要目标,按照其主席和创始人马克西蒙·布洛克-马斯卡尔的说法,是"恢复普遍的道德和个人的道德价值观,为持久的民主打好基础"。当然其组织是吸引人的,其成员都自由地发表意见。他们每个人都在运动中走出一条路,而他们的头头便借以为其小集团服务。

一条非洲谚语告诉我们:"不能把好几条鳄鱼放进同一个水洼子里。"当一位戴高乐主义者拉着运动走向保守党的命运,一位共产党人害怕这位戴高乐主义者的影响,在同一位保守党人每次提到"共产党人"一词就咬牙切齿时,当一些社会党人同时说二者都有道理而相互拧断脖子时,民主社会抵抗联盟首先就无法存在下去。

民主社会抵抗联盟的负责人之一亨利·米歇尔注意到:"归根到底,在四年被占领期间,各抵抗运动形成了通过一种思潮表现出来的斗争形式；可是现在这些抵抗运动存在的理由即斗争消失了，然而它们逃脱不了法国政治生活恼人的习惯，虽然这种政治生活被说成始终是团结所必需的，但它们会促使日益严重的分裂。不仅它们脆弱的团结会迅速破灭而进入相互竞争，而且它们的分裂会加剧各政党的分裂。"

从1946年起，制宪会议名单的构成成了决定性的因素。戴高乐的门徒们打着"支持戴高乐将军"的旗号迅速行动，自我推荐；来自各基督教组织的活动分子向人民共和运动靠拢；共产党人则与自己的同志们重新集合起来；其他人则被压缩到最简单的形式，创造不了奇迹。

这就是抵抗运动政治方案的失败。

第二十六章
半圆会场和"异端分子"

1945 年 10 月，在几次选举和一次公民投票中，三个幸免于难的抵抗运动党派——工人国际法国支部、法国共产党和人民共和运动，取得了胜利……所谓"三党联合政府制"，遭到其他抵抗运动成员，包括感情用事的戴高乐主义者或者像弗朗索瓦及其朋友们这些非戴高乐主义者的质疑。首轮自由选举（其中妇女终于获得了选举权）产生的制宪会议，建立了第四共和国。第四共和国的宪法草案在第一次遭到否决之后，于 1946 年 10 月 13 日获得通过。

弗朗索瓦是 1947 年才加入民主社会抵抗联盟的，这时该联盟已明确采取反对"三党联合政府制"和共产主义，而对其主席勒内·普勒文所采取的调解政策则产生了分歧。

公众舆论是否在弗朗索瓦反对联盟中一些人无条件赞成戴高乐主义时发现了他？

"人们开始总是这样，就像过去的一个又一个世纪，人们开始总是想，说恺撒会出错是不允许的，同样不允许说教会的教理会骗人，仅仅三个世纪之前还不允许说一位专制君主会犯错误，甚至在第三共和国时期也不允许说会有信仰自由，因为那个时候还是正统观念……这一切都存在过，如果我对历史观的理解是正确的，那么这恰恰是因为在经历了许多困难、许多斗争之后，例如在 1789 年或 1848 年，可能也在 1871 年，但也在 1940 年？曾经有一些人能够无视既定的权威，无视现成的表达法，无视整个人民的激情和错误，说凡是人都可能犯错误，大家都有权这样说，哪怕要冒坐牢、遭受挫败的危险，甚至要冒在竞选中被打败的危险……异端分子！就是这样一些人，他们认为现代世界的伟大新发现，仍然是自由研究的新发现。"

当会议在家里举行，我就能一边照顾小宝宝或忙家务活儿，一边聆听讨论之前的这类开场白。因此大家看到我为其他人要求说话的权利，还有什么可奇怪的呢？有一位培养后生的父亲、一位行动派的丈夫、一个目标，我知道自己向何处去，即使路上布满陷阱或者策略难以确定。

戴高乐已经对新宪法的内容抱有歧见，不等它颁布，就在1946年1月提出了辞职。在退隐中，他发表了著名的《贝叶演说》，表明他将长期执政。

演说一开始，他就声称当局应该与国家的最高利益保持一致（为什么说"最高"？我想不如说"普通"），应该争取公民信任的赞同（为什么不说"深思熟虑的"呢？）。他建议不要太急躁，要避免"迅速但令人恼火的结局"。他提醒要防止各政党的对抗，这种对抗在我们这里具有基本的性质，总是对一切提出质疑，而通常淡化国家利益。

他怀着多么狡黠的兴趣描绘一种专制的种种好处，然后又对它表示怀疑。在他看来，专制是一种"大冒险"，开始似乎有优势，"与它之前的无政府主义形成明显的对照"。

戴高乐按照自己的意愿预先设想宪法将是什么样，期待立法机构的成员们赋予国家元首立法、行政和司法的权力，希望确立"国家仲裁"，将国家元首置于各党派之上。换句话说，一切权力都掌握在个人手里。

他耐心地等了十三年，才提出他认为适合的东西，实行他"持久的剧变"，他将让自己拥有这样做的手段。

第四共和国的宪法通过了。弗朗索瓦对选举中产生的新政策的批评意见，可不是特别温情脉脉……

"解放了的法国同样还是昏昏欲睡，仿佛1940年至1944年间什么也不曾发生。曾经遭到那么多风暴袭击而从未被撼动的戴高乐，在初次受到残余国会的一点小伤害之后，就晕头转向销声匿迹了。旧政体待在同一座宫殿里，靠同一个铃的指挥制止喧哗，让同一些走廊里又有了许多人，毫无顾忌、毫无困难地重新把同样一些阴谋的线攥在手里。他向在战斗中长大或变老的间歇中的一代人，开辟了制订一部新宪法的平台……不管怎样，这部新宪法令人生疑地实施，又一次证实了面对习俗的力量文本的虚荣。"

"涅夫勒省？你掌握着涅夫勒省进行议会选举的选民名册？为什么是这个省？""因为我是法国最年轻的候选人之一，而所有可以赢得的席位都在重要人物之间分配掉了。我仅剩下在维埃纳省和涅夫勒省之间作出选择了。上一次的公民投票多半是促使我接近涅夫勒省人。"

好吧，咱们展开选举运动吧，同时发现这个地区将成为我们一生中整个关注的中心，成为最牢固的友谊的中心，成为一个立足点。在这里，我们从才智和常识中汲取全部丰富的养料。

与我家所在的索恩－卢瓦尔相邻的莫尔旺，如今还是我最喜爱的地方，虽然弗朗索瓦离开我们已经十余年了。

我们年轻，充满活力，不受约束。我们只有四五个人和在我们把名单交到省政府之前发现的几名候选人。在我们所住的旅馆友好的大堂里，我们制作了一些小广告，连夜贴了出去；我们还画好了路线图，循着这些图可以找到市政府的一间敞厅或一个房间，如果市长表示欢迎的话。

夜里，我们在浓密、神秘的克尔特森林里迷宫般的莫尔旺道路上迷失了方向，不得不放弃森林的保护，而睡在路边的汽车里，两个人紧贴着，冷得直发抖，保护着我已怀孕八个月的大肚子。

三周期间，开始几天可以说空荡荡的演说厅，到竞选后期全都爆满了。弗朗索瓦赢了……

同年12月19日，让－克利斯托夫来到人世。他一开始呼吸，就勾起我对帕斯卡尔——那个驻留在我内心深处的大儿子的全部回忆。这是十分幸福的一天，洒满眼泪和欢笑，是我没能很好控制住的一种严重慌乱不安的反映。

22岁，我22岁了。一切都那么仓促，我还没有来得及弄清楚自己已经是一位年轻母亲，为扮演好自己角色的这种责任感苦恼着，还没有来得及弄清楚自己已经是一个喂奶的妇女。刚过了一个月，我就去爬老战士部那座巨大的楼梯，为了完成落到这个部的部长妻子头上的一项任务。

我既不怎么善于追思一位父亲的亡灵，也不怎么善于主持评审委员会估算对一位父亲的去世应该的补偿，很快就把这个任务托付给了一些知名人士，包括一些高级官员的妻子和这方面的女专家。她们对我的信任感到很得意，我呢则庆幸摆脱了一个无法胜任的角色。对一个家庭悲剧补偿的钱，引起我本能的反感。

我头几次去看望战争造成的创伤的受害者，看望后来一切形式的暴力造成的创伤的受害者，是在 1947 年。引导我接受非暴力，接近达赖喇嘛及其门徒的道路展现在我面前，直到我此生结束。

我让弗朗索瓦以他清醒的头脑，对他在一届接一届的政府连续几度出任部长的这个时期，去认真地进行思考。他引用三段话分析此时的政治形势，使我们身临其境：

"诞生于一次不成功的革命和一次值得怀疑的胜利这种模棱两可之中，第四共和国接受第三共和国的狂躁和怪癖作为遗产；第三共和国在六年前覆亡于破产和耻辱之中。"

"甚少显示出活力，常常战战兢兢，总是小心谨慎，第四共和国用治理手段确保其稳定，让人觉得第二次世界大战后的法国选择了无视自己周围沸腾而混乱的世界。它使自己无法抗拒现代世界的需求。"

"然而，有一个人同时预感到殖民社会的摇摇欲坠和法国可以创造一个独特政治共同体的机遇，这个人就是樊尚·奥里奥尔总统。可是，他没有来得及也没有手段，去击败或说服亚洲和非洲那些把法国拖进或留在镇压和战争中的势力。"

一位将军不在位却自动赋予自己一种伪造的合法性。如果没有他无处不在的影子，情况可能会不一样，"因为这样的缘故，法国的政策如此僵化，从来不会赶在事变之前，也不会为事变作准备。"随着造成危机的问题的出现，政府一个接着一个倒台，而问题通过政府的更换虚假地得到解决。一个问题一届内阁！然而，十二年间，法国从废墟上复兴了，并落实已经由人民阵线提出的措施。

保尔·拉马迪埃（1888～1961）和罗贝尔·舒曼（1886～1963）两届内阁自动退避，把土地让给第三任议长安德烈·玛丽（1897～1974）去耕耘。

从此我跟一位负责新闻的国务秘书住进了总统府。在这届内阁里，弗朗索瓦接替彼埃尔·布尔当，后者在 1948 年一个大风暴的日子里，消失在地中海上。这个"对法国人讲话的法国人"，自被占领期间在伦敦电台建立起来的声望，使得抵抗运动的成员们获悉他死去的噩耗，更是悲恸欲绝。社会民主抵抗联盟失去了一位起决定作用的成员。

密特朗家离开了欧特伊靠近布洛涅森林的房子和它的"新中产阶级"的魅力，住到了卢森堡公园旁边。这座房子曾遭德国军队的破坏，后又让被放逐的妇女们和死于集中营的被放逐者的妻子们成立的一个互助协会擅自占用。房主梵蒂冈以微不足道的租金，将之租给凡是承诺在五年之内将房子修复并把所有房间重新当卧室或餐厅用的人。我发现房子里有十七个莲蓬头，是为希特勒的士兵们安装的，护壁板和地板在严寒的冬季被拆下来烧掉了。

我们热情又敢干。几年间，纪内梅街 4 号的五层就变得与它如今的声誉相称了。可是，我们不得不又搬走，因为我们知道，到了老年退休之后，我们付不起那里的房租。

不过，我们等到 1971 年才又一次得到一套需要修复的被毁坏的房子，住址换成了比耶夫尔街 5 号。

从此我们是一个四口之家了。1949 年 2 月，第二个小男孩吉尔贝使我们这个家庭变得完整了。那是一个礼拜五，是内阁开会的日子。两位等待的父亲在贝尔韦代尔诊所的走廊里踱来踱去。

"密特朗先生，你得到一个漂亮的男孩。"他轻轻地亲了一下妈妈，又动情地看了一眼新生婴儿就走了，离开房间时问过他焦急的朋友几点钟了，对他说："我在你前头去开会，我会说明你迟到的理由。祝你好运。"

最初的黑白电视机出现在几个富有的家庭里。电视画面打开了人们的视野，但大家还想象不到它的影响。眼下嘛，是要选择线路的清晰度。

为此，我与不同清晰度的供应商建立了微妙的关系。各企业施加影响，吹嘘自己的产品并进行利诱，只差没有行贿了。他们这种软磨硬泡的做法使我觉得可笑，我受过严格的教育，主意正，不受诱惑，有着无懈可击的保护层。居然会发生这种情况：当我抱着大包小包的食品从市场回到家时，发现一台电视在我不在家时已安装好，正在播放呢。几个推销员等着我在订购单上签字，而我根本没有订购。"你完全不需要付钱，这是本公司送的一件礼物。""请立刻拿走你们这些东西，我什么也没有订购，我不要！"

第二十七章
非洲之行

在这个时期，得益于从考察刚果－布拉柴维尔开始的漫长旅行，我对撒哈拉以南非洲的认识以及对这个大陆的好奇心都见长。新部长要了解国际联系以及与宗主国联系的状况。

我们按照旅行路线到达利伯维尔。那里的总督说服一艘鲸鱼加工船的船长组织半日捕鱼……那情景真是恐怖，那些特别令人喜爱的庞然大物，可能以为是闹着玩呢，被追逐得精疲力竭之后，竟遭到屠杀。从这天起，我知道我将为保护动物而斗争，它们并非注定是供那些制造死亡的商人猎杀赚钱的。更有甚者，那些已经在船上待了几个月的水手，失去了殷勤待客的意识，差一点强奸了陪同几个"大人物"的两个年轻女人。糟糕透顶的一天！大大加深了我对男人的野蛮的了解。

这次非洲之行接下来的一站是乌班吉－沙里（现在的中非共和国）的首都——班吉。热情接待的传统促使主人组织了一次猎象。

啊！这次兜风很是有趣。我坐旅游车跑了好多公里，在热带丛林灌木地带穿行了几个钟头，才停下来搭帐篷，建立宿营地，使我们得到保护。烤全羊、漆黑的夜色、被寻找配偶的雄狮的吼声惊扰的梦境，使得我们这一夜休息得并不怎么好。清晨5点钟，我们就准备跟随大象的脚印，去追赶当地的著名猎手发现的象群。

我们在高高的野草掩护下，悄无声息地一个紧跟一个前进。纪律让我难以忍受，我便走到旁边去摘一朵野花，落在了队伍后面。他们不得不等我，甚至呼唤我。猴子们焦躁起来，告诉周围的伙伴，出现了可能不怀好意的入侵者。大象来饮水的小河终于展现在我们面前，水是清澈的。没有大象。"幸好！"我大声说。职业猎手们黑色的眸子和部长一行

119

人的失望表情，让我心里热乎乎的！

这水是淡水，我们沐浴了一番，然后兴高采烈地返回营地。一个10岁的小男孩在营地等我们。他对他父亲即我们的向导说，他不得不在一棵树洞里过了一夜，以免被一头寻求报复的狮子当做发泄的对象。那头狮子一直在他周围徘徊。这个孩子能够充分克制自己的恐惧，又了解他所处的环境的规律，他以后会成为怎样的人呢？当时我简直敢拿这非洲大陆人类的财富打赌：也许在内罗毕的世界社会论坛期间他就在我们中间？或许是他儿子吧——为什么不可能？啊！这些非洲人，他们构建着未来的世界政治。

英国和埃及的苏丹——喀土穆及其广阔的自然保护区，是运载我们的小飞机要抵达的地方。

那时人们都不提达尔富尔，几个钟头间我所得到的印象，只有一个女旅游者难以忍受的酷热。从白尼罗河和青尼罗河汇合处到国王谷飞越这条长河的过程中，我们得以认识了一位人种学家。此人非常执著，白天黑夜住在当地，直到生命结束。几小时之间对数千年的一瞥，使我许诺将再来这里。

我们这个商业时代的人们却作出了不同的决定：他们淹没了国王谷，运走了巨型雕像，使尼罗河从此为提高国家经济效益和国内生产总值服务，但肯定不是为了最需要尼罗河的埃及居民。为什么埃及的情况与整个世界不一样呢？

我们用几刻钟就到达了约旦首都安曼。只浏览了一下全貌，便上路去耶路撒冷，这次是坐汽车。以色列的国界将圣城从中间分开。在巴勒斯坦这边，我们参观了各处圣地和大清真寺。雅典娜神像在等着我们。还有帕特农神庙。

我开始思念我的宝宝，所有这些景色经过得太快了。一种失望感掩盖了淡淡的回忆，使之变得模糊不清。我感到疲倦。克吕尼，克吕尼像疲惫不堪的旅行者的梦呈现在眼前。归根到底，我没有见过比格罗斯河谷更美的地方。

考察结束了。在这8月中旬短短的一个礼拜，大家算休了假。没有内阁会议，妈妈照顾着我们的小吉尔贝。

在法国海外部，弗朗索瓦干得挺欢。首先因为这位坐在桌子尽头的部长从来没有看到他提出的文件引起过争论。说到底是因为他注意到自己承担的责任，是制订战略和解决某些问题，而不需要徒劳无益的争论……

因此，弗朗索瓦试图开始实行一项协商政策。向被社会排斥的人伸出手，释放被监禁的人，不把带头闹事者送上重罪法庭……这似乎是使自己成为"反法国行为"的帮凶。戴高乐派政党法兰西人民联盟的当选者们，对"取消法国的存在""放弃我们的殖民地""向斯大林主义的蔓延敞开大门"的这个人，感到怒不可遏。

为了重新夺取政权而鼓动民族主义者小集团，在法国肯定是一个有效的策略。可是，重获政权的野心，难道应为不公平、恶意争讼和以诽谤打击反对派而大开方便之门吗？

布拉柴维尔演说承认"法国完成的文明事业"，但同时排除"在法国集团之外帝国发展变化的任何可能性"。按照戴高乐的说法，这个演说没能骗得了任何人。他说："在各殖民地建立自治政体，即使还很遥远，也应该排除。"

非洲的文明事业必须经历灭绝和分裂吗？尽管进行过反对废除强迫劳动、反对劳动法、反对普选、反对市镇议会、反对负责的地方当局集团、反对单一社团、反对分散权力的任何意图、反对邦联、反对合并、反对独立等方面的斗争，可是冲突还是变得无法避免。如同北非的战争无法避免一样。好啊，戴高乐派议员先生们！

幸好记忆力并非法国人的特性。

正是戴高乐将军通过自己那一派的议员们，嘲笑当局在捍卫法国的殖民地方面表现的无能，然后恬不知耻地完成了由别人在他之前开始的非殖民化。

他让侨民们思想上所抱的希望落进陷阱。

弗朗索瓦常常旅行，在家里接待许多非洲人，在他们成为朋友之前，把他们视为对话者。

第二十八章
弗朗索瓦：妨碍戴高乐派的人

提起彼埃尔·孟代斯 – 弗朗斯政府 1954 年的内政部和 1956 年的司法部，在我记忆中唤起的净是一些令人烦恼和举止粗暴的时刻。

为了消除合法性，耍阴谋、搞暗杀、玩诡计和密谋策划，都是政治上的非道德性所倚仗的武器。

弗朗索瓦是被特别看重的靶子，当然不能幸免。1954 年的"逃跑事件"，预示了 1959 年的"观象台事件"。

从布瓦斯里河到尚帕涅和洛林之间的山窝，天才的法兰西的伟大思想家和组织者，对法国海外部这位年轻部长表示过恼怒吗？这位年轻的部长考虑实行协商的非殖民化，懂得团结非洲的议员，把他们算做党内的成员，而要组建政府必须与该党达成妥协。由戴高乐将军 1947 年就创立的法兰西人民联盟的议员们，不使这个组织中立化决不罢休，而最好的办法就是破坏新近刚上任的民主社会抵抗联盟主席弗朗索瓦·密特朗的名誉。

那时在国民议会的走廊里，经常可以碰到一个叫让·迪德的人。这是一个劣迹昭彰的人。

在维希政权时期，他负责专门追捕在外国的抵抗运动成员的情报局第五室，战后他改变角色，投入了反共斗争。他从 1947 年起就是法兰西人民联盟的成员，成了巴黎警察局长让·拜罗的主要助手。被认为过分支持非殖民化的内政部长，因此也被指控为"秘密共产党人"，从而使这位部长名誉扫地。这就是让·迪德所接受的任务。

想顶住戴高乐派和极右派的误导，似乎不切实际。极右派得到要为奠边府和印度支那失败复仇的那些人的支持。他们成功地让部分支持者们承认，政府有一个成员背叛了。这种暗中的谣言一直困扰着内政部长，直到孟代斯－弗朗斯政府垮台。

警察总工会前总书记让·绍纳克在与历史学家莫里斯·拉吉夫的一次谈话中这样声称：

"从1947年起，在特派员让·迪德的帮助下，权力机构建立了一个影子警察局。它能够有组织地策划破坏活动、建立个人档案、实行暗中监视并进行挑衅。除此之外，还建立了恐吓证人网。整个这套与公民为敌的做法，到1951年让·拜罗担任警察局长后便制度化了。"

"弗朗索瓦，我觉得我们被人跟踪……"驾驶汽车的帕特里斯·佩拉说。"对……"为了证实这一点，帕特里斯朝禁止行驶的方向拐进一条街。那辆可疑车子毫不犹豫地跟着我们违犯交通规则。他们想干什么？吓唬我们？在我们那座楼的大门口朝我们开枪？我们知道什么凶残的暴力行动他们都干得出来。但眼下这还不是他们的意图。与被追捕的猎物比一比看谁沉得住气，似乎肯定使他们更开心。更确切地说，是要证实孟代斯－弗朗斯政府的内政部长叛变了，收到一箭双雕的效果：使内阁总理名誉扫地，又让他的内政部长为警察局长让·拜罗被迫辞职付出代价。让·拜罗是迪德先生的卑鄙勾当的保护者。

从高官、国务秘书让·蒙斯的保险柜里偷走国防委员会的报告，是那样容易。把这些报告复印，通过记者安德·巴拉奈斯转交给共产党。然后向上司报告这一"泄密事件"，而将怀疑引向密特朗……这回可自食其果了。

内阁总理组织的调查查出了结果，骗局在两个月之后被揭穿，但受害人不肯原谅。戴高乐将军的警察手段与他那传奇般正直的声誉不相符。让·迪德被撤销了专员职务，只好到别的地方去为非作歹。

弗朗索瓦这个已届不惑之年的年轻人，不断地使法国人之中那位伟人感到不愉快。他写文章、开辟专栏、披露情况、揭露用心、分析宽宏大量的预告，同时剖析背离被唤醒的希望而坚持执行所产生的种种矛盾。

在非洲向知名人士做扎实的工作，这些知名人士往往遭到排斥或被监禁。他把被监禁者释放出来，好与这些在人民中具有代表性的人物如费利克斯·乌胡哀－博瓦尼等进行对话。可是这样做违背了戴高乐派当选者们的意图。只有福卡尔、总督们及其行政部门的主管官员们才有所谓的能力和权力发布消息。针对这位异己的法国海外部部长的明枪暗箭、谩骂、侮辱和威胁，一直没有间断过。

"共产主义的帮凶""出卖法国殖民地的奸贼""祖国的叛徒"……这位部长在想什么呢？他邀请非洲民主联盟那位年轻医生出席一次官方招待会，岂不是一种挑衅？因为非洲民主联盟内集中了一部分主张更加公正和真正民主的非洲籍议员。费利克斯·乌胡哀－博瓦尼这位科特迪瓦议员，自1950年以来就生活在秘密状态，警方认为他应该对扰乱这一地区的新近一些动乱负责。尽管警方在进行追踪，部长还是安排了一次会晤，以图达成妥协，避免急剧决裂。他敦促法国在法属西非洲实行必要的政治和社会改革，以便释放被监禁的非洲民主联盟领导人。作为抵偿，非洲民主联盟则放弃一切非法活动。在国民议会，非洲民主联盟的议员们离开共产党那一派，放心地加入弗朗索瓦·密特朗的党派民主社会抵抗联盟。

我十分理解，以其军人的尺度设计世界的戴高乐将军，不可能接受一个比他小三十岁的毛头小伙子还将长期与他作对下去。

阴谋策划好了。阴谋的策划者会现身吗？我们即将看到戴高乐派的打手们会干出什么事情。

一天，弗朗索瓦要求费利克斯·乌胡哀－博瓦尼出席在科特迪瓦举行的一次招待会，当时费利克斯是流亡在外而受到追查的。弗朗索瓦听见总督在他身后威胁非洲民主联盟的领导人说："你！你等着并不会失去任何东西！"弗朗索瓦对这句话的语气和所暗含的意思十分生气。"你给我在二十四小时之内离开阿比让！"他这样命令总督。那位总督对此该还记忆犹新吧。

我肯定戴高乐阅读过《法兰西的疆界》这本书。这本书出版于1953年6月，由彼埃尔·孟代斯－弗朗斯本人作序。他从一开始就对作者在寻求解决之道方面，在精神上和政治上表现出的清醒和勇气表示敬意。使自己深受充满幻想的思想熏陶是明智的。承认一个人道主义的法国能够扮演的角色，乃是现代的非洲和统一的欧洲之间的通道，是越来越信奉伊斯兰教的非洲和更加明智、殷勤好客的欧洲之间的纽带。

巴黎也能够促进非洲的转变。这依然是一个由部落集合而成的非洲，但了解欧洲各国人民在一次接一次血腥的战争中所遭受的悲惨经历，也了解欧洲各国人民力求在和平中团结起来。往往被与白人的历史等同起来的基督教的严苛，是否会与他们相抵触呢？"如果说神甫和牧师们在教育、保护和治病中表现出来的顽强和诚意取得了深层的结果，那么必须假以时日，才能改变来自近东的潮流的方向。"弗朗索瓦在20世纪50年代这样写道。

如今情况如何呢？在战后的这些年，十个皈依一神论的泛神论者之中，有七个信奉了伊斯兰教。我们应该研究其中的原因。人们可以接受《古兰经》最细小的要求，因为它重视非洲人的习惯、气候和祖传的风俗。

这是因为气馁而表现出太多的悲观情绪，认为一切都完蛋了。如今该有另外一些人挺身而出，挑战一个贫穷非洲的命运。它在数个世纪间受尽剥削，它的人力和财富遭到掠夺。现在非洲希望并准备生存下去，接受变化的挑战，并且使自己具备这方面的手段。

我十分理解戴高乐将军不可能赞同弗朗索瓦向这些非洲人民表示敬意。这些非洲人民没有想趁我们因为战争而变得软弱的时机，实现他们对共同提出的建议所抱的期待，并且暂时不考虑他们的地位。

当非洲正在展开拯救人类、拯救种族、拯救信仰的伟大决战的时候，当广阔的空间准备接受世界各国人民的全部知识的时候，哪种文明可以在这里一展雄风？那么，另外那个可能的世界也许呈现出轮廓了吧。

他们希望有大胆的计划、迅捷的创举。可是，殖民主义者们仅仅希望修复过时的特权制度。他们在其非洲的土地上听到戴高乐将军的布拉柴维尔演说，将之视为对永恒不变的确认。成为法兰西国家的一部分，意味着属于而且"仅仅属于法兰西国家，在必要的时候实行法兰西国家在主权范围内决定的帝国的结构改革"。

由此产生的法兰西联盟，已由1946年的宪法确认，使他们经受了严峻的考验。从1945年开始的大屠杀，先发生在阿尔及利亚，而后发生在马达加斯加和科特迪瓦，也发生在突尼斯和摩洛哥。东京湾、老挝和柬埔寨所发生的，是多么严重的灾难！这些国家的人口历经灾难而分崩离析。武装力量和恐怖势力也没能获得胜利。可是，罪恶已经铸成，我们法国人对历史难辞其咎。

我记得在塔那那利佛参加过佩德罗神甫的首创行动，就是使被遗弃、被迫在城市垃圾中寻求口粮的居民，摆脱最惨不忍睹的贫困。我去一个住宅建筑工地上找佩德罗神甫，这个建筑工地他能搞起来是得到一个团结运动的支持，也是多亏了那些将受惠的人的劳动和热情。我还有点用处，从当时的总统迪迪埃·拉德西拉卡那里，弄来了这块属于国家、被擅自占用的土地的产权证。

我是以国家元首夫人的身份，应这位总统的邀请来到塔那那利佛的。他在首都殷勤地接待了我，安排我参观了拉那瓦洛娜王后的宫殿和开设在宫殿里的博物馆。我兴致勃勃地观看了所有房间，直到陈列争取独立斗争的照片资料的那间展室。我心里感到难过、不安又羞愧，附在陪同我的朋友耳边说："在这些证据面前，我们作为法国妇女，可没有什么可自豪的。"有人把我的尴尬报告了总统。他对博物馆长的粗心表示歉意，准备给予处分。"千万不要这样，总统先生。相反，我祝贺他把博物馆布置得富有教育意义。法国懂得承担自己的历史，即使这历史有时是不人道的、野蛮的。"

除了相互尊重的方式，难道还有别的方式来构想我们的相互关系和我们的交流吗？要做法兰西联盟其他部分的榜样和楷模，而不要落到我这代人经历过的那种匆匆忙忙普遍放弃的地步。"如果相反，我们想寻求持久团结的现代基础，"弗朗索瓦在1953年写道，"就必须采取断然措施，改革制度法规，对摆在面前的目标加以选择。"准备在尊严中实行非殖民化。

五十年前，很大一部分公众舆论继续进行着商务咖啡馆的讨论，提出一些妨碍其进行理性思维的既愚蠢又乏味的口号，例如："不要丢了面子"，或者"在非洲，人们只尊重棍子"。在当时，是否不可能对这部分公众舆论进行启发呢？舆论难道没有注意到，自战争结束以来，在所有托管国发生了能经受住战火考验的变化？这个舆论是否满足于掌握一些非常简单的资料，能够增强我们那些负责人的幻想就行了？教训是不是没有多少说服力，以致在商务咖啡馆，依然是同一些人在唱着国民阵线的老调？

非洲在寻求自己的未来的同时，也在它勇敢的士兵们返回之后，盼望法国提供人道主义的解决办法。

由于制宪会议的成员们不能满足他的愿望，戴高乐将军的坏脾气发作了，而这使得他在1946年1月退出了政坛。自那时以来，将军可谓度日如年。

第四共和国摇摇晃晃地走自己的路。

总之，在应对社会事变方面，它做得还不算太坏。而法兰西人民联盟千方百计打击和抹黑其他党的议员。戴高乐假装隐退，其实是在准备东山再起，思考制订他自己的宪法。他叮嘱要实现非常广泛的联合。其野心是除共产党之外，让所有政党都加入进来。（我不禁将之与人民运动联盟比较，后者现在也在广泛地网罗成员。）他要的不是一个政党，原因不言自明，既然他的目标就是"反对政党制度"，不过他首先想为自己制订一部宪法，主要是为了消灭"分裂主义分子"，即共产党人。

然而，法兰西人民联盟在认为对自己合适的时候，所联合的却恰恰是共产党人、孟代斯·弗朗斯和民主社会抵抗联盟，给欧洲防务集团制造困难！法兰西人民联盟陷入一个特别爱记仇的米歇尔·德勃雷的诡计和它自己的阴谋之中不能自拔。它于1953年寿终正寝，结束其活动……企图以不断变换的其他名称，像凤凰一样涅槃再生。戴高乐将军在国民议会里没有了被认可的依托，退隐到科隆贝双教堂，等待发生一次变故，以便他巧妙地利用，使自己重返政坛。

第二十九章
阿尔及利亚战争

接着，就是由 1954 年 11 月 1 日的起义引发的阿尔及利亚战争。四年间，政府一届接一届更替，国家陷入一次又一次危机，一次与一次相隔愈来愈近，一次比一次严重。第四共和国面对从其内部操控的一些事变，完全束手无策。

记得 1947 年在奥兰拜访过乔治·达扬。他是弗朗索瓦战前的拉丁区大学同学，观象台大道乌尔西纳兵营的同宿舍伙伴。弗朗索瓦很高兴向他介绍自己年轻的妻子，"马杜"的妹妹。对于"马杜"，这些为重建世界而再次聚首卡普拉德的人，全都记忆犹新。

他们心里所系的是阿尔及利亚的命运。因为，"时至今日，应该承认阿尔及利亚人为了战争而接纳了世界，他们有权要求确认他们的身份。与他们一道，争取让他们自主地管理自己的日常事务，已经刻不容缓。"弗朗索瓦写道。他们会完全信赖地归并入法国。"向所有人提供平等的机会，不论出身贵贱，只要他们是出生在阿尔及利亚的土地上。"这就是目标。可是，这个讲话既没有人听，也没有在日常生活中得到贯彻。

几年以后他说："看到那些把法国据为己有的人，我就感到义愤填膺。为了某些人的巨大利益而歪曲爱国主义，以便维持殖民战争，这是我无法忍受的。多少公司通过对殖民地进行剥削，积聚了巨额财政储备，而让宗主国的纳税人支付 90％的投资……"

"我原本以为，"弗朗索瓦又披露，"殖民社会可以通过暴力以外的其他方式实行变革。凭经验我明白了，暴力存在于这个社会自身之中，暴力左右着它，它与暴力相适应，而要想摆脱这种暴力的圈子，就必须摆脱殖民社会，没有折中的解决办法。"

何苦力图说服一些人和另一些人，推翻传统的政策符合他们的利益？每当这方面的一项措施要被提出来时，他们就本能地抱成团，一致反对任何形式的解放。

1954 年，阿尔及利亚依然构成法国的三个省。彼埃尔·孟代斯－弗朗斯是内阁总理，他的内政部长弗朗索瓦·密特朗必须维持阿尔及利亚领土上的秩序。暴力活动的组织者要受到严惩，煽动者要受到追究。"对骚乱决不能手软，没有任何妥协的余地，"孟代斯坚定地说，"事关保卫国家内部的安宁，保卫共和国的统一和完整，绝不能姑息让步。"

然而两个人都清楚地知道，各国人民对自决权的要求（他们两个都是这种自决权的辩护者），不能通过一方的威胁和谋杀以及由此导致另一方的镇压来实现，而是通过一系列协调的措施来实现。此时，弗朗索瓦担任内政部长才几个月。

信任丧失殆尽，1954 年 11 月 1 日，一个反叛运动支持发动起义和其他一系列恐怖行动。尽管制订了以一体化而不是独立为目标的改革计划，法国的阿尔及利亚的支持者们还是迫不及待地表示了他们的愤怒。阿尔及尔的各报发动猛烈攻击，揭露该计划的荒谬性。

这导致了政府垮台。

"他们想保留一切，结果就要失去一切……啊！这些国民！他们不愧是凡尔赛右派的子孙，凡尔赛宁可喜欢俾斯麦而不喜欢公社社员。他们不愧是超国家维希右派的子孙，维希右派弥补了人民阵线对宗教、家庭和善良风俗的伤害，但是把年轻人送到德国去为希特勒干活儿。这的确是一些自视甚高的国民！他们在过去的战争中，为了少数人的利益，使法国消耗殆尽。这个法国，他们把它当做一个银箱一样爱它，把它贬低为一句竞选口号。"弗朗索瓦愤怒地写道。

他们最终把真诚地相信自己的祖国在北非的法国人拖进了他们的完整主义，而阿尔及利亚人对这些法国人的想法提出质疑，把他们看成是跑到这儿来定居的欧洲人。

这种情况随着戴高乐而故态复萌。要当国民，就要与戴高乐一起。人们趾高气扬，唱着《马赛曲》，但只唱出结尾的叠句，主歌只哼唱"啦啦啦"。1940 年 6 月 18 日的有远见的爱国主义已经变得遥远了。是的，这种国民的爱国主义，即疯狂战争的爱国主义，变成了内战的爱国主义。

来家里午餐或晚餐的政治方面的朋友络绎不绝。我听见他们辨析种种违背常识的谬论。每个人心里都感到愤怒，更多的是丧气。

但请相信我吧，这些先生也对法国女影星碧姬·芭铎的头部姿势和腰的下部感兴趣。弗朗索瓦主持戛纳电影节的开幕式时，我们见过碧姬·芭铎。同样在 1956 年，我们能够通过朗诵童话活跃交谈的气氛。在格蕾丝·凯利与摩纳哥王子兰尼埃的婚礼上，我们参加过朗诵童话。

让我们抛开梦想吧，现实无法回避。战争就在我们的门口。所有建议都立刻遭到法兰西人民联盟的原教旨主义者们的反对，遭到民主社会抵抗联盟的戴高乐主义思潮无休止的争论。形势正变得不可逆转。

"亲人救世主"——我们的将军准备好了！

第四部分
这持续了二十三年……

第三十章
一场很奇怪的火灾

奥斯戈尔房地产代理行的经理给我打电话。"发生了什么事？""昨天夜里你们的别墅发生了火灾，你必须来一趟。"是意外事故还是蓄意纵火？在这个排斥异己、威胁、巧妙策划的阴谋大行其道的时代，谁能说得准呢？"泄密事件"引起了论战，弗朗索瓦成了祖国的叛徒。

1956 年 5 月 20 日，军事法庭的审讯被无线电台配以种种最荒诞的评论进行详细报道，《世界报》《费加罗报》《震旦报》和没有价值的地方报纸也作了报道。这些报纸都要嚼舌头，毒化舆论。

提克西埃－维酿库尔大谈"法国遭到背叛"，定下调子；而弗朗索瓦·莫里亚克则引述雷斯地区红衣主教的话："说到恶意中伤，一切无害的话都对受攻击者有利。"

为什么要激起一位"善良的爱国主义者"、一位忠诚的国民的想象力呢？他经过莺街时可能没有任何坏念头。（市政议会用鸟儿、花儿和昆虫的名字给城市的街道命名，给大自然增添光彩，多么有意思的念头！）可是，为了拯救法国有什么不能做呢？烧掉那座漂亮的小房子当然不在话下，那位可憎的业主正是千夫所指呢！

那座小房子我们建了才几年，当时我放弃了去雷岛度假，因为它对我没有吸引力。情况迫使我们与我们的朋友乔治·博尚合住一套他租的大房子。季节非常美，夏季的友谊非常热烈，我们决定明年再来。

代租行的经理向我们推荐一块地皮，条件特别优厚，如果我们承诺相当快盖房子的话。我们图侥幸，便决定贷款，并且把这件事向一块儿度假的人透露了，他们便传了开去。这个海水浴场的道路两旁只有几栋房子，是属于有钱的朗德人的，他们都拥有数公顷可采伐的松林。

划火柴多么有诱惑力！

这怀疑留在我心里挥之不去，但占上风的是偶然事故造成了火灾的说法。

密特朗夫妇的别墅被焚烧，化成了烟！一阵狂风使堆放在有电表的小屋里的劈柴也烧掉了。也许……我们懒得继续追究，就止步于这种解释。我们按照原样重建了这座别墅，在里面度过了温馨、悠闲的时光。我们的两个男孩子和他们的斗拳狗威士忌，把这里当做游乐和友谊的场所。

处在公众生活和政府生活的熔炉里，思想特别反常和动荡。政治事件一件接一件，被巧妙操纵，以扰乱所有公民的常识。公民们都挺认真，但都被搞得彻底晕头转向、灰心丧气。

当然，毫无疑问的是，得到报应的日子显然已经不远了。

第三十一章
秉承天意的人！

肩负着永远的天职，要拯救法国于灾难之中的人戴高乐将军，已倦于写他的回忆录，倦于准备条件使他"渊深的正统性"最终依法得到承认。但他不需要再等待很长时间，不久机会就来了。

1958 年 5 月 13 日？阿尔及尔的骚乱、上校们精心引导的愤怒、善良而忠诚的尉官们策划的针对共和国的阴谋的最高潮，展现了实现所有希望的可能性！可怜的共和国！面对自己反叛的军队，它甚至没有自卫。

勒内·柯蒂——我忘了告诉你们他是共和国总统——不知道自己在说什么。他担心发生事变，而就在这时，阿尔及尔的政府总部大楼，被反叛的军人和"爱国的"民兵包围了，街上正发生疯狂的骚乱。

"戴高乐保持着沉默。只要还没有成为主宰——绝对的主宰，他就在由主要的打手们承担责任的情况下采取行动。"弗朗索瓦对看不清形势的人这样解释说。

我经历了这个时期，多半是作为一连串纷乱事件的旁观者，而没有卷进什么偶然事件。我承认，我没有去参加 1958 年 5 月 28 日的共和派大游行。我每天在胶水、纸张和皮革的气味中，拆开、缝合、上胶、装订儒勒·罗曼的那套《至诚至善的人们》。我的日子过得很充实。

车间里的工友们议论一届接一届政府刚刚组成，立即又下了台。刚刚宣布一位新内阁总理，立即就被不知道什么人推翻了。传言里提到弗朗索瓦·密特朗的名字，上台的却是彼埃尔·普弗兰林。最后是——戴高乐。

可是，这段时间戴高乐在什么地方呢？人们听不到他的声音。难道他没有任何话要对那些反叛的军人说吗？为什么他不作出反应呢？毫无反应……难道他就没有看法吗？没有任何人谩骂他。他本来能迅速发表意见，痛斥面对各种事件束手无策的政府。他在等待什么呢？等待萨兰[1]的呼吁穿透黑暗？大家竖起耳朵："如果这不是将军，就会是上校们上台。"

爱丽舍宫在躁动不安后作出了选择："咱们支持戴高乐吧！"

啊！当政治道德的所有标准被搞得模糊不清时，为了领土的完整，人们什么不能做呢？

戴高乐成了第四共和国的最后一任内阁总理，组成了政府。皮奈出任财政部长，什么都能干的人德勃雷出任司法部长，顾夫·德·穆维尔出任外交部长。仍然有效的宪法迫使戴高乐作出某些战术性的让步（唉！很少），而这些让步随着几个月后第五共和国宣布建立，很快就废止了。第五共和国是依据戴高乐的宪法建立的。国民议会暂时满足了他的要求，同意他按法令进行治理，允许他进行改革。

勒内·柯蒂在普遍的漠不关心之中，在"最卓越的法国人"面前退避三舍。十二年来耕耘了土地、埋了"地雷"并等待收获法国的灾难果实这个人，终于恢复了秩序。可是他谈论的是什么"危机"呢，如果不是他的支持者们一边擦洗第五共和国的牌子，一边酝酿出危机？5月19日在拉佩鲁兹餐馆举行的一次记者招待会上，他对此所作的说明的最后一句话，在那些已经怀疑他不会在"连续的政变面前后退"的人看来，是轻蔑："我不至于在67岁开始一种独裁者的生涯。"

不久之后，在1958年6月初的一次正式提名辩论中，弗朗索瓦·密特朗向全体议员（和全国）发表了这样的反对意见："1944年9月10日，当戴高乐将军出现在产生于对外战争或抵抗运动战斗之中的协商议会面前时，他身边有两个伙伴，一个叫荣誉，一个叫祖国。他今天的伙伴，也许他没有经过选择，但跟他来到了这里，名字叫做软硬兼施。"

在戴高乐派阵营里，一切好得不能再好。

首先是第五共和国宪法。宪法文本将付诸全民公决，定义都是戴高乐将军作出的。他的权力观早就已经明确，它是以1947年的巴约演说为基础，而那次演说是在穿越沙漠[2]的十二年期间经过千锤百炼的。在他对民主的基础略带"倾向性"的描述中，可以看出他的偏爱所在：

---

1. 萨兰，拉乌尔（Salan，Raoul，1899～1984），法国将军，1958年成为反对第四共和国的右翼军政集团的一员，拥护戴高乐上台，建立第五共和国。——译注
2. 穿越沙漠：典出《圣经》，借喻政权的失落或政治上的孤独。——译注

建设中的拉奇"宫"，1967年。

爱丽舍宫里头一间体面而雅致的办公室和爱犬尼埃尔，1981年。

印度孟加拉邦，1988年。这些孩子现在已成年，建立着我们之间的联系。

圣山与和平山。埃顿·克雷纳克和达妮埃尔在巴西。

在伊拉克库尔德斯坦建设学校，1992年。

法兰西自由基金会
在伊拉克建立的纪念碑（现已毁）。

"这些人首先是我们的兄弟。"副司令马科斯和达妮埃尔在墨西哥恰帕斯州。

"这些妇女首先是我们的姐妹。"达妮埃尔在危地马拉的克萨尔特南戈市。

达妮埃尔·密特朗在达赫克拉——西撒哈拉。

巴西阿莎宁卡部落首领在阿克-亚马逊州。

"阿瓜·德·马科"，2007年，巴西。

1988年获释后，纳尔逊·曼德拉第一次访问巴黎。

2006年马里和尼日尔之行。（© Martine Bigot）

2007年在马里的首都巴马科市：2005年的诺贝尔和平奖得主旺加里·马泰。

西撒哈拉。

"大家想要一个治理的政府呢，"1946年1月1日他向制宪议会发表演说时问道，"还是想要一个拥有绝对权力的议会，由它指派一个按其意愿行事的政府？"他认为第二种主张"根本不符合国家的需要"，因为问题"既繁多又复杂，既紧迫又尖锐"。他想要一个独自（我说独自）担负行政权的政府。"我的观念不是正在消失的体制的拥护者们的观念……"当时他退隐到了科隆贝。

十二年后在制订构建他的个人权力的宪法时，他阐述这同一观念。"国家不可分割的权力通过人民完全授予人民选出来的总统，没有任何权力，无论内阁权力、公民权力、军事权力还是司法权力，不是仅仅由总统授予或保持的……"不投赞成票的人得当心，他们是会倒霉的，正如共和派微不足道的少数几个人，不愿意把他的上台看成别的事情，而只不过是一次毫无新意的政变……这样一个反对派势单力孤，没有什么人听从，但它所仰仗的原则损害戴高乐的原则，所以将军对它的重视与人们感觉到它的影响不相称。对组成这股反对势力的人，他准备给以最恶毒的挖苦，必要的话还要施展他最褊狭的诡计。

弗朗索瓦在全民公决中对第五共和国宪法投了反对票。这种拒绝的理由包含在共和国的敌人所经历的一系列考验之中。是的，他投了反对票。而80％的法国人"以民主方式"合法地把全权给予了爱丽舍宫的这位主人。

第三十二章
我理解你，不过……

　　1959 年 1 月 8 日。啊！爱丽舍宫不再是幻影，而是现实，这座宫！我的宫，而且是军事性的。我终于成了主人，掌握了政权！我，准将夏尔·戴高乐。在我周围，是崇拜我的人，是在整个第四共和国时期，为了我而阻碍可能使第四共和国维持下去的一切政策的人，是建立阿尔及尔无线广播电台的那些人，他们的目的是影响和维护那些支持法属阿尔及利亚留在共和国里的人。奥利维埃·吉夏尔[1]有时就充当这种角色。

　　"首先要使人们放心，我的将军，办法是保持模棱两可，使所有人都相信你。一句'我理解你'是相宜的。避免说出'同化'这个词，而且也不要提'法属阿尔及利亚'这个说法。让每个人按照自己的愿望去理解。这才是了不起的战略家！"

　　通过采取几项针对阿尔及利亚造反者的措施，如"与勇士们实现微妙的和平"，给予民族解放阵线领导人一些恩惠，给予穆斯林妇女选举权，这样你就实行了不软不硬的策略，采取了欺骗手法，让所有人都晕头转向。放在下了毒的蛋糕上的樱桃，是对大约二十五万公顷土地实行再分配；过一些时候，邀请反叛的头目西·萨拉赫来爱丽舍宫"谈谈"，那也将是一次考验。

　　模糊策略运用到了极致！

　　雅克·福卡尔[2]是社会底层无与伦比的人物？没有人能像他那样把

---

1. 奥利维埃·吉夏尔（1920～2004），一位海军军官之子，自 1947 年起就是戴高乐派活动分子，1951～1958 年的戴高乐内阁总理，1968～1976 年多次担任部长。——原注
2. 雅克·科什－福卡尔（1913～1997），1941 年就加入了抵抗运动组织，参加过在外省进行的许多行动。是地下组织特别行动处成员，后成为戴高乐将军的非洲事务顾问，与第五共和国秘密组织关系密切，在 1969 年戴高乐退位之前一直是个"影子人物"，暗中策划针对左派候选人的行动。——原注

军人变成工具，直到把他们引向叛乱。只有一位超级军人能够使他们回归理性。这位超级军人就在那里。

人们正式禁止酷刑，但并不惩戒施刑者；施刑者继续他们的卑劣做法，而不受任何惩戒。

有反对党揭露非人道地将平民拥挤不堪地关在"集中营"里。该反对党便被指责附和"共产党人的阴谋"，让一些坏法国人重新聚到一起。

支吾推诿过后，就是严厉的军事镇压，这是传统的解决方式——这就是"双筒望远镜"行动，造成许多人死亡，但没有解决任何问题。遭受屈辱和贫困的人民受到独立愿望的激励，任何力量都无法阻止其前进。戴高乐即使意识到这一点，他那军人的傲气也会驱使他继续这场不光彩的战争，继续他的酷刑，让无辜的受害者增添新的受害者，使更多士兵为了荣誉而死于枪林弹雨之下。为了荣誉？为了谁的荣誉？

谁敢自夸看到1958年至1961年之间那么多政治谋杀？谁敢自夸能在两个阵营都撒播绝望，在法国青年的思想意识中撒播怀疑情绪？而法国青年为一桩因为不光彩而失败了的事业付出过生命。

这位"伟大领袖"的"翻手为云，覆手为雨"令人困惑。"他们想要独立吗？就给他们吧。说到底，这对我们是合适的：以他们飞速增长的人口，如果他们留在法国里面，我故乡的村庄就会成为科隆贝双清真寺[1]了！"

"有人会责备我没有能够保留法属阿尔及利亚？可是，它从来就不是法国的，它是一块殖民地。"

与阿尔及利亚的法国人决裂变成了现实。居位在阿尔及利亚的法国"黑脚杆子"们揭竿而起，组织了一支秘密军队：秘密军事组织。这支军队也在无业游民之中，在最卑贱的人们之中招募人员。其恐怖行动众所周知，就是进行暗杀，所针对的是"那边"即宗主国的居民。在巴黎街头的游行示威连续不断，遭到戴高乐的巴黎警察局长莫里斯·帕彭的警察的野蛮镇压。

莫里斯·帕彭？你说莫里斯·帕彭？戴高乐的忠实打手，凡尔赛体育宫和拘留中心的那个人？我们的将军难道不知道此人杀人如麻？

正是帕彭在1959年10月某天晚上，在所有人之前通知我，我丈夫

---

1. 戴高乐出生的村庄名为科隆贝双教堂。——译注

刚刚成了一起谋杀案的目标。此人甚至知道操纵者们给弗朗索瓦安排的命运……戴高乐不知道莫里斯·帕彭是何许人吗？

为审判秘密军事组织的头目而于1963年成立的国家安全法庭，赦免了这些人，但继续审判独立主义者，直到1981年它被取消为止。尽管如此，精心组织和夸大的一小撮将军的叛乱，还是动摇了共和国的根基。当然有受骗上当者，他们在监狱里明白了这一点。

谁不记得米歇尔·德勃雷向善良的法国人民发出的那个动人而著名的号召，敦促勇士们迎战"徒步、骑马和乘车"的伞兵！结果是瞎忙一阵。多亏了新入伍的小兵，只消几天这些狂热的鼓动者就回到了正道上。

这是一个阳光明媚只稍许有点不安的春日，是安娜－玛丽和罗兰·迪马的朋友们和证婚人的节日。他们的婚礼是在吉伦特一个由波尔多葡萄园环绕的大镇子里举行的。恰巧在此时，稍微提前一点返回了巴黎。

在重新回忆过去这些对我们的历史产生过影响的事件时，我心里想还有谁也在回忆呢？因为掌权者们害怕，非常害怕看到他们自己的人民对他们提出异议。人一旦掌握了全部权力并想炫耀自己的权势时，就会不择手段地进行镇压。

难道你们忘记了那些死去的和失踪的人，忘记了那些被淹死的人，以及在内政部长罗杰·弗雷的命令下由莫里斯·帕彭的警察在沙罗纳处死的九个游行示威者吗？不管提出异议的人是出于什么动机，他们全都团结一致反对疯狂进行的镇压。

1962年2月8日那个星期四的傍晚，我不在巴士底那一带，因此我不能证明所报道的暴力场面，而让我的一位朋友来讲述他那一天所经历的情形吧："整个巴士底那一带，奥贝康普夫街、第9区区政府、拉雪兹神甫公墓下面和绿路街那一带，到处挤满了群众，帕彭警察局的警察包围了整个地段。几支'特种'警察部队从潘廷门下来了，还有前些时候从阿尔及利亚调来的北非当地士兵。这些北非当地士兵是被调来维持古特道尔－巴贝斯一带的秩序的，那一带几周来连续发生暴力事件……"

（北非当地士兵？他们为什么接受命令采取这种野蛮行动？更适合于他们的岗位不是监视游行队伍吗？有某种东西我搞不明白了……）

"人们看见这些特警穿着宽大的黑色雨衣，戴着头盔，拿着一根长长的玩意儿：警棍。去年10月，屠杀游行反对帕彭颁布的宵禁的阿尔及利亚人，就是这些特警。你们知道，就是把游行示威者扔进塞纳河里的那些特警……

"这一次，非常忠于戴高乐的内政部长罗杰·弗雷和总理米歇尔·德勃雷又给予他们手下的官员完全的自由去'恢复秩序'。于是，帕彭和他的打手全力以赴。

"当游行队伍一次又一次穿过那些狭窄的通道，在被警察包围的地段转了几圈之后，其中大部分便拐进沙罗纳街，向伏尔泰大街走去。我是其中的一员。我们到达了伏尔泰大街沙罗纳地铁站的地方。一些人三三两两地向伏尔泰广场走去，另一些人则朝共和广场和里夏尔－勒努瓦大街走去。就在这时，一帮警察阻断了整个伏尔泰大街，用警棍敲着铺石头和沥青的路面，并朝沙罗纳地铁站这边逼近。有几个示威者成功地穿过了那堵黑乎乎的人墙。记得我当时拉着一位母亲和她的女儿……她女儿连鞋都跑丢了……

"面对警察，人群惊慌失措地涌退回来，有几十个躲进了拐角的小餐馆章兹（当然是酒吧），进入旁边的走廊里，用东西把门都顶住，以防止那些戴头盔的畜生冲进来。其他人跑向地铁站的扶梯……

"不幸的是，巴黎独立运输公司的职员把门都关上了（是按谁的命令，按帕彭的命令还是公司领导的命令关上的?），示威者们掉进了一个陷阱里。铁栅栏弄不断，门锁砸不开。警察们兽性大发，极其狂暴地挥棍猛击，甚至击碎了一些人的头盖骨。他们不满足于使用警棍，还拔下铁栏杆，朝挤在扶梯上的人们的头部和背部投掷过去……巴黎独立运输公司的职员终于来开了门，只见眼前几十个人都已受伤，警察还追到站台上，用警棍继续击打他们。有八个，后来计算有九个人被打死，包括一位少年（是在《人道报》发送部工作的一个小伙子）。大部分是共产党的活动分子或同情分子和工会干部。一位受伤者不久后在医院里死去……

"恐怖气氛笼罩了巴黎。法国人不应该知道一个被民众的愤怒动摇的政权能干出什么勾当。帕彭查禁了所有的左派报纸，出版的《人道报》《解放报》留有大片空白版面。谁都没有权利说帕彭、弗雷、德勃雷和国家元首蓄意让人杀害游行示威者。然而去年4月份，正是这些游行示威者出手给了一小撮叛乱的将军们沉重的打击。'伟大的夏尔'不习惯于倾听人民的声音（他倾听人民的声音是很久以前，解放时期的事了）……第二天就决定进行总罢工。

"在这种情况下一如既往，而且这也是那时的警察的老习惯（所幸时代变了，但还可能故态复萌），暴力行动的受害者会立即变成进行'挑衅'的'罪犯'。沙罗纳这桩屠杀案的处理拖了好几年，责任一直没有真正搞清楚。天底下没什么稀奇的事情。

"然而民众的反应是大规模的。2月13日那个星期二，一百万左派活动分子、工会干部和义愤填膺的正直人，在非常感人的绝对肃穆中，把沙罗纳惨案死者的棺材，一直送到拉雪兹神甫公墓。这些死者就安葬在九十年前被梯也尔和凡尔赛分子枪杀的公社社员们旁边。长长的送葬队伍，举着死者们的巨幅肖像，行进了好几个钟头，一直沉浸在异常的肃穆之中，没有发生任何冲突。戴高乐将军、米歇尔·德勃雷和罗杰·弗雷知道该怎么对付：从此他们都保持沉默了。

"帕彭可笑地统计出这次示威'只有八万人'（原文如此！）。奇怪的是，眼下秘密军事组织会进行更多的谋杀……即使不是针对将军的。"

总统戴高乐将军似乎并没有显得不高兴。在这方面我们没有读到也没有听到任何有关于他的情况。

地球照样转动。似乎与我们无关的别的地方会发生什么事情。如果不是爆炸、凶杀或战争，是什么东西使报纸头版火爆，并充斥无线电波，直到使读者和电视观众感到厌倦了？一起强奸案？啊！一起强奸案！这可以拿去买卖啦，这会激起人民的想象力……

在整个这段时间，人生三分之一的时间，我随第三、第四、现在是第五共和国成长的这段时间，我的同胞们是怎样生活的呢？

如果说对我们中的一些人而言，非殖民化意味着他们的人生历程中的一种变化，那么全体法国人的日常生活并没有因此而被打乱。他们可能忘却了。阿尔及利亚战争吗？只有那些有某位亲人在战场上，因为总是得不到消息而痛苦不安的未婚妻和家庭，才记得有三万五千人死去了。他们的痛苦是否为他们提供了屏障，使他们无须面对这场兄弟骨肉相残的战争的来龙去脉这样一个严酷的问题？他们从来没有听说过，因为这是一场无耻的战争。如果他们现在读到我写的这些话，请他们原谅我扰乱了他们的平静。在阿尔及利亚的战士们的回答和议论，反映了每个人的看法。一位反殖民主义者的看法显然与一位极端民族主义者的看法不尽相同。虽然事实摆在那里，可是他们都固执己见。

失去了昔日的特权而愤愤不平、痛恨交加的那些人，是否仅仅抱着一部分居民的担心：失去了法国法律的保护，他们将成为胜利者报复的目标？

有些人为选择继续当法国人，而逃亡到了宗主国，我无法忘记他们。他们受到怎样的接待呢？被安置在难民营里。大概三十年后，我还是在难民营里见到他们的。应孩子们的请求，我去了蒙彼利埃一带的一个法籍阿尔及利亚人难民营看望他们。他们继续自我介绍是法籍阿尔及利亚人，这让我感到吃惊。他们大部分都出生在这个省。我倾听了他们的全部怨恨：被圈在这里而且被看成外国人。他们的倾诉伴随着一件件证据，变得越来越气势汹汹。他们说我不可能理解。他们说得对吗？也许对吧，不过我力图理解。恢复信任，需要双方作出巨大的努力。阿尔及利亚人中是否有许多人投票支持第五共和国？很有限，我可以肯定。

弗朗索瓦投了反对票，反对个人政权。这个政权把内阁总理当成副手，把内阁其他成员当成勤务兵，严密地监视着它那一小批人，豢养着一批默默无闻却起领导作用的专员，在爱丽舍宫进行指导和控制……

弗朗索瓦逐日地一点一点记述，写成了《持久的政变》[1]。"首先，他（戴高乐）把行政权力完全抓在手里，使政府沦为附属代理人的职能。其次，他把议会隔离在一个禁区之内，夺走它四分之三的立法权限，剥夺它几乎全部制宪权限。而为了把事情做绝，他让极权的宣传对议会极尽讽刺挖苦之能事，说它只会无能为力地惊跳。最后，他摆脱了使他感到厌烦的最后的监督，这种监督有可能妨碍他走向极权主义，这种监督机构就是制宪议会和行政法院……于是，受愚弄的人民面前只站立着一个由其仆人簇拥的君主了。我们已经处于这种情形。"

这部可以巧妙地加以解释的宪法，应该由全体法国人表决，当然也要经过海外属地表决。没有服从命令投赞成票的人得当心，他们要付出倒霉的代价。无视宪法重获独立的几内亚及其领导人塞古·杜尔就是例子。

---

1. 弗朗索瓦·密特朗的短评集，1964 年由布隆出版社出版。弗朗索瓦在该书中揭露了个人政权的危害。——原注

第三十三章
安定的法国的根基

尼韦内省议员弗朗索瓦揭露，戴高乐要求他们通过投票批准的这部宪法，是一部为个人政权和极权政权开方便之门的宪法。可是，尼韦内人没有听懂他所说的理由，反而惩罚了他，不让他连任议员。

这个省在被占领期间有许多抵抗运动成员，不过大多数是共产党人，在这里戴高乐仍然是法国解放的象征，并因此获利。

竞选运动并无恶意，但弗朗索瓦终究失败了。那是1958年11月30日。

弗朗索瓦还有其他几条成功之路。他从事律师职业……我喜欢听他为巴黎那位报贩的案子辩护。那位报贩是鳏夫，因为他真的杀死了他的妻子，而他妻子的确令人无法忍受。弗朗索瓦救了这个可怜而不幸的人一条命。这个人仅仅被判了三十年监禁而对他千恩万谢。

"可是，最终你还是得坐牢，被剥夺自由……""谢谢，律师先生，这样好，这样好，谢谢啦。"

被剥者自由！自由，什么样的自由？是赐予你的自由，还是你作为有思想、会说话的人固有的自由？在印度，我在街头听到一位说书人讲了这样一个故事：

"他曾经是一位有权势的土邦主，经常走出他的宫殿，骑上一匹漂亮的纯血种马去他的领地。他都不知道他的领地的边界在什么地方。他关心地问他的总管：

"'我的子民为什么一个个都愁眉不展？他们想要什么？你去问问他们！''老爷，是你根本无法给予他们的东西，他们想要自由。''你告诉他们，他们自由了，我赐予他们自由。'

"几个月后，有权势的邦主在自己的领地上漫步，注意到他那些自由的子民依然愁眉不展。

"'他们自由了还不满足吗？你去问问他们是什么东西使他们仍然如此满面愁容。''他们拒绝你赐予他们的自由，声称自由要去争取，为此他们必须反对你以获得自由。'"

完全自由的莫尔旺人回心转意，在1959年3月把反对派的弗朗索瓦选进了希农堡市政府，并在几个月后举行的再次选举中把他送进了参议院。

决计不受愚弄的一个反对派成员重返政治舞台，使某些人感到恼怒。必须除掉他！拇指朝下一指，一言为定。于是开始策划……陷阱设置好了。

弗朗索瓦出现在各大报的头版。《法兰西晚报》的标题是：《密特朗-佩斯凯事件》！这位佩斯凯先生是何许人？那是不值得称道的人物之一，他热衷于假装暴露自己人的权谋计划以欺骗他的猎物，并设置陷阱让猎物掉进去。

每一句流言蜚语都成了证据。那么多用心险恶而不是出于理解的评论，其目的是对预审法官施加影响。谁也没有像我所感受过的那样，看到有人千方百计让对手适应不安全和恐慌，诱导他失去判断力。半夜三更常常有人来电话，要我算算我丈夫有几个脑袋，同时问我是否喜欢黑色，它将成为我这个寡妇的衣帽间的色调。围绕在戴高乐将军身边的到底是一些什么人啊？我年轻的时候，是反对无耻纳粹的抵抗运动成员，在我所做的解放梦之中，曾经多少次呼唤过戴高乐这个名字！

为了使弗朗索瓦名誉扫地，那些人从言语到行动无所不用其极，玩弄花招且不择手段。当时我看到弗朗索瓦不知所措地寻找蛛丝马迹，试图弄清楚，究竟是谁策划了这场阴谋。

几个月之间，我们看到昔日的那些所谓朋友一个个背弃了我们，忠实的朋友现在是屈指可数了。我明白，通过战俘运动结成的抵抗运动的联系纽带是割不断的，在最困难的时候建立起来的信任经受得住盘问的考验。多么宽慰啊，当我们知道让·缪尼埃、夏尔和玛德莱娜·穆兰夫妇，以及忠实于在争取自由、正义、和平的战斗中所结成的友谊的一些人，都站在我们一边。此外还有安德烈·贝当古、帕特里斯·佩拉、彼埃尔·德·贝鲁维尔等，虽然更接近保守思想而不是进步思想，但也都支持和维护他们知道一个不可能搞欺骗的人。至于其他人——那些风一刮就跑掉的人（而我们家门口正刮风）、那些慕名而成为朋友的人、那些星期天在巴黎随便结识的朋友，在这些朋友之中，我看到的全是见风使舵的人，听到的都是"我愿意相信他是无辜的，但是……"啊！这个"但是"毁掉了全部真诚、信任和团结一致。我所经历的这次变故恰似对友谊的亵渎。在收拾了房间之后，我终于恢复了平静。

由于这起诋毁名誉的阴谋的受害者本人反复地分析、调查和推断，那些干坏事的家伙在抛出了疑团之后，都放弃了追查，根本没有起诉。阴谋被识破了。四十年后，一些供词证实了这起阴谋。可是，损害是无法弥补的。谁还能够相信谁呢？那些负责保护你的人都包藏祸心，你还能指望谁呢？

我习惯于说，我的成年人生经历可分为 1959 年前和 1959 年后。

弗朗索瓦觉得参议院无聊。他根据事实，就巩固个人政权写文章、发表意见、进行辩论。这些让人们绞尽脑汁通过论战和巧妙撒播的谣言才得以维持的阴谋诡计，时间必将使它们最终暴露于光天化日之下。

在我的艺术装帧师傅亨利·梅尔歇家里，我听到街头巷尾的议论。都不是能使真相大白的那种分析。你怎么能指望情况不是这样呢？电视台关于我们国内的小纠纷的节目，都是由当局严密控制的，把我的同胞们都变成了戴高乐喜欢的唯唯诺诺的顺民。在一个散发着腐臭气味的玻璃缸里，十几人个徒劳地拥挤吵闹的那种感觉，真让人受不了。大家都要闷死了。

我儿子吉尔贝病倒了，耳炎反复发作，最后变成了麻烦的乳突炎。住院、手术、康复，陪他玩纸牌，把白天和晚上的时间全占去了，使我无暇关心当时的选举。

弗朗索瓦和我们的家庭所承受的威胁变得不堪忍受。我试图不介入各种争吵，因为这些争吵毒化了持支持态度的活动分子们之间的关系。持支持态度的活动分子主要来自共和制度大会党。我想对造成潜在的候选人相互对立的舌战漠不关心。在我对论战和无耻的谣言充耳不闻的时候，其他一些声音却传进了我的耳朵。我留意倾听这些声音。

我找到了自己的使命：充当从来没有人倾听的那些人的代言人。

第三十四章
拉奇：力量的较量

1965年夏天正准备进行总统选举。

"观象台事件"造成的精神痛苦一平复，生活便重归平静，假期照旧继续。我们如愿以偿地经历了一个充满阳光和友情的8月份。我丝毫没有想到，弗朗索瓦走遍各高尔夫球场所准备的事变，将结束我对普通生活的向往。

他一副沉思默想的样子，在朗德的一位朋友的陪伴下，冒险地沿着森林里不知通向什么地方的小路走去，最终来到一片松树采伐地。"我认识朗德地区森林里的枸骨叶冬青，那时它们使森林显得很稠密。没有任何东西比夏季下午6点钟穿过橡树林的阳光，能让我更透彻地体验到精神和物质。"他在森林里发现了那一片令人遐想的林间空地和那座可能成为别墅的房子。

我很喜欢夏天在奥瑟戈尔度过的那几个月。然而，那座建在沙地上的轻型别墅，只有在炎热季节，当周围那些住宅开着窗户表明有生命存在的时候，才能居住。假期！这座别墅不能满足我的愿望：我向往的是一座能让我的儿孙们居住的别墅，一座有一些事情可以讲述、墙壁会倾诉别人经历过的往事的别墅。它的墙壁像保守秘密似的，保守着爱情、争吵、婴儿的哭叫、少男少女的快乐，使我们无意识地沉浸其中。

就这样顺着若隐若现的小路信步走去时，弗朗索瓦发现了那座房子。一座葱绿的沙丘为它挡住了海风，这是一座被遗弃的采松脂工人的住所，像这里大部分没人住的房子一样，已经爬满荆藤，快要倒塌了。弗朗索瓦对身边的伙伴说：

"这片林间空地好让人赏心悦目！你看它在金色的夕阳映照下，多么令人神往，真想留下来谛听、遐想，使这座被遗弃的房子恢复生机。

你如果弄清了这个地方幸运的业主是谁，请告诉他我想得到它。"

这话只不过是随便说说，并不指望得到答复。然而。那位业主是个深谋远虑的人，听到这个消息十分惊喜。

"你对我说的是那个叫拉奇的地方，那个偏僻的去处吧？可是，那所房子值不了多少钱啦，我不能卖，除非你那位朋友同时买下以它为中心的几公顷松林。"他提出至少买三公顷松林。为什么不买呢？就这样拉奇进入了我们的生活。

那是 1965 年 8 月份。公证人登记了房产的买卖，至于有关松林即地产买卖，他表示歉意，说要推迟到业主的几个侄子度假回来，由他们联署才成。

"没关系，我年底再来。"弗朗索瓦说。

事情没有这么简单，如果偏见和偏执卷进来了的话。这年 9 月份，想参加总统竞选的人，必须考虑现任总统连任的可能性来决定是否报名。他们有一个傲慢的对手。毫无疑问，我们的戴高乐将军在第一轮就会重新当选。希望首轮无人超过半数，肯定会失望！

"密特朗这个流氓，永远休想得到我禁不住想卖给他的那片松林。"

一座以自己的墙壁为界限的房子，没有任何出入的通道。这种局面可不容易应付。

不要紧，我们会有一条通道可以出入，并且会去勘察周围那些地方的。凭着耐心和时间，善良的邻里让岁月年复一年地过去了，戴高乐将军的这位狂热崇拜者直到年事很高时才承认，他的这位伟人有一个比密特朗还可恨的敌人，吉斯卡尔的背叛是不能原谅的。因此，这位业主临死时叫他的侄儿们了结我们之间的这场争讼。真是好事多磨。

这个 9 月初，我享受着沙滩游戏、阳光浴和上世纪 60 年代的青年人热闹非凡的晚会的快乐，正感到趣味盎然呢，弗朗索瓦却决定回家。几次具有决定意义的会见之后，他宣布参加总统竞选。

啊，不！一切又要重新开始了。站在反对戴高乐的第一线，他又要成为所有羞辱、攻击、谩骂、谗害、侮辱的目标。我把心里所能想到的话全都喊了出来，企图阻止这种命运落到这位候选人头上，同时阻止这种命运落到他的家人头上。在他们的伟大领袖受到挑战时，疯狂的戴高乐主义者们肯定也会把这位候选人的家人作为攻击的目标。

不久，我理智地让担忧的心情平静下来。其实我心里暗喜，当我听到弗朗索瓦在小范围内这样宣称："对戴高乐主义，应该用思想而不是阴谋诡计、用希望而不是不可告人的想法去与之对抗……我认为资本主义各受害阶层的人心所向，从现在开始必能找到一种表达我国政治现实的方式。"

是怎样的活力激励他不怕疲劳，从不气馁，激励他写下这样的话："一种文明不仅应该受到维护，它还必须不断创新，因为野蛮在不断地破坏，而当野蛮也假装进行建设时，它就是最危险可怕的。"

听着他讲这些话，我知道我为什么是"左派的女儿"。

"思想""人心所向""资本主义的受害者"！以上这些词语如今正奠定着法兰西自由基金会受到捍卫的事业的基础。

由于深受诸如"市镇如同学校，乃是民主的母细胞"（1965年的演说：《政治》）一类提法的影响，所以从上世纪30年代之后我自然而然地支持"卡拉科莱斯"这类墨西哥市镇。它们受到联邦军队的侵犯，军队所犯罪行引起的反响传到我们这里。新总统登上权力宝座之后，将军队撤出三十个市镇。拥护新总统的萨巴塔派宣布这些市镇自治，因为他们认为是把军人权力交给平民集体的时候了。"军队的作用应该是捍卫和保护，而不是统治。"副总司令马科斯宣称。

我对这句话的理解，与1871年巴黎公社社员们的理解一样。

当恰帕斯州的市镇也获得自治权时，我们鼓掌欢呼。这是为捍卫受到威胁的地方自由的一种新的抵抗和斗争形式。可参与的民主迈出了第一步。

可是在欧洲、在我们这里、在法国，谁会知道威胁地方自由是怎么回事？"你们难道忘记了什么叫地方自由？"弗朗索瓦对前来听他演说的选民们说，"地方自由是过去古老的自由的继承者：当人们为了进行自卫，动不动就起来反对领主的专制和战争时，他们就把自己关在他们的镇子里，并且在这些镇子里组织起来。市镇就是这样形成的。"

1965年，弗朗索瓦通过一次次会议确立了自由的信念：一个休戚与共的世界已指日可待。会议厅里难以抑制的激情带着巨大的信赖，爆发成雷鸣般的掌声，震撼着他所反对的政权的基础。

我禁不住感到害怕。回击如此激烈，难保一直躲在阴暗角落里的杀手不会产生扣动扳机的念头。戴高乐将军定了调子："在一个家庭里，主妇想要一台吸尘器、一台冰箱、一架缝纫机，可能的话还要一辆汽车。这个嘛，就是行动。同时，她希望她的丈夫不要到处去寻欢作乐，男孩子们不要把脚架到餐桌上，女孩子们不要深夜才归来。这个嘛，就是秩序。家庭主妇要的是进步，而不要混乱。对法国而言的确也是如此。"（1965 年 12 月夏尔·戴高乐与米歇尔·德鲁瓦的电视谈话）

11 月 4 日在里昂有成千上万人集会。我站在与会者的前排，全场鸦雀无声，我听到了每个人聆听的话。每句话都坚定了我这样的想法："当左派"意味着某些事情。这意味着勇敢地负起责任，领会土地的教训，接受公平分配的生活资源，热爱本国人民和各国人民。"这是一些很老的话，说得可能已经叫人厌倦的话，"演说者承认道，"可是我不怕使用它们，我说起来并不脸红，因为我想，只要还有人敢说，一个社会理想就是要建立一个大家友善相处的社会；只要还有人敢说，在各大洲之间始终存在共同希望的纽带。总之，只要还有人敢说这些富有浪漫色彩的话，那就证明左派是忠实于它自己的。"

听众之中每个人都屏息静听，心头激情澎湃，而这样的激情使每个人都感觉到与旁边的人心贴得更近了，并且意识到此时此刻他们共同积聚的力量足以改变世界。我也是这样。参加一次会议，我重温了左派的历史，重温了 1848 年大革命、巴黎公社和人民阵线的历史……尤其是数十年乃至上百年间，左派反对保守政体的斗争。从我们所听到的对立面的演说所引起的反响，我明白了，右派谈论安全和秩序，是希望司法确保秩序，它想要的是没有思想、乖乖听话的人民，没有信念的人民。

一个这样的人民，终于扮演了今天副总司令马科斯不情愿看到的那样一个左派，一个声名狼藉、迷恋新自由主义的左派。这不是我冒险参加的那些大型集会上所遇到的人民。参加那些大型集会的人头脑里都抱着另一个信念，即共同生活的信念。

我这一代人为数不多的幸存者的行列，十分凄凉地变得越来越稀疏了！重温我们的往事显得像是在讲述老战士们的故事。可是，儿辈们、孙辈们，"密特朗这一代人"的儿孙们是否听到了一些回声？

我看见他们开辟道路。这条道路把他们带到法国本土的疆界以外，远离内部的纷争。

"我对你们说左派存在……"弗朗索瓦又说，"它应该发动一场斗争，把从北到南、从东到西已经觉悟到我们正经历着法国国内政治最重要的一种现象的所有人团结起来。"

索邦大学那一带发生了什么事？大学生们起哄闹事？巴黎新警察局长莫里斯·格里莫显示出强硬，恢复了拉丁区的秩序。几个共和国保安部队的士兵被拖进了帕彭学校，即恢复了平静。这算不上愤怒的青年人起了决定性作用，他们认清了甚少考虑他们的要求的政策的习惯性做法。

那是5月份……在拉丁区筑起了街垒，放火烧汽车，投掷莫洛托夫燃烧瓶和石块……以叫喊、唱歌、谩骂和涂鸦，幽默地表示愤怒。共和国保安部队遭到支持大学生们的公众舆论的抨击（被称为"共和国保安队/纳粹党卫队"）。至于我，则毫无保留地支持这一切，哪怕有人拿圣米歇尔大街两旁的梧桐树出气。但那些破坏文物的人的行为，我不会效仿。对面的警察又是发射催泪弹，又是用警棍抽打，造成许多人受伤，但没有人死亡。

"六八年的精神"，实际上是对极端自由主义反抗的滑稽模仿，这其中再现了大凡革命运动（如1848年大革命、巴黎公社、解放战争）所特有的某种勇敢的传统，但也包含有导致大部分革命失败的各种因素——"狂欢节的假面具"，正如戴高乐所说的。难道人民只有到街头狂呼乱叫，发表难听的演说，频繁举行不会产生任何结果的大规模集会，才具有"创造性"吗？

"六八年的精神"不能简单地归结为这个……它也催生了传媒、风俗和社会关系中的自由……即使所取得的成效常常是短暂的。正是从这方面看，1968年5月的运动近似比它早几年产生的美国的嬉皮士运动，并且在欧洲产生了反响。即使它与在布拉格、柏林、华沙或罗马发生的事情没有关联，但它们之间绝非仅有同时代性。

政治方面是最被遗忘的。弗朗索瓦站在位于卢森堡公园另一面即我们家的住宅敞开的窗口，听一声声爆炸。尽管他明白运动的理由，但他看得很清楚，几年来深入开展的全部工作，即将毁于失败。

左派疑虑重重，犹豫不决，内部分化。"革命者们"在左派面前趾前气扬。保守的戴高乐主义右派惊慌失措。"在戴高乐总统任内，他们怎么会这样呢？"在煽动根深蒂固的憎恨之前，镇压的欲望十分强烈。

左派是否"放过了一次机会"？它能够抓住这次机会吗？对此大家看法不一致。尽管合法政权短暂的空缺让人们产生了幻想：戴高乐恐慌至极，跑到位于德国巴登-巴登的雅克·巴苏（法国将军）家寻求庇护去了，希望在那里找到军事支持——火上浇油的办法。

一百万戴高乐的支持者和反动派胆小鬼在香榭丽舍大街游行，并在随后的议会选举中全体投票，这样便一切都"解决"了。他们终于放心了：他们掌握了"主要的东西"和处于戒备状态的警察局。广播和电视（即法国广播电视局）重新变得"正统"了。

　　弗朗索瓦拒绝加入在夏勒蒂体育场台子上露面的政治领袖们（孟代斯·弗朗斯、罗卡尔等）的行列。他是这样评价"造反者们"的："我并非不知道，他们之中有一些真诚的人，他们拒绝当今社会的因循守旧，故步自封，他们之中有一些忠诚的人，他们具有牺牲精神和值得钦佩的忘我精神。但是，那些以自己的名义使这场假革命的意义'理论化'的人，则不属于这种情况。有人谈论这些人和我之间的误会。可是并没有什么误会，原因很简单：我只需听他们讲话，就知道他们来自何处、代表什么。总之，这是一些公证人坏子。我想象他们是 45 岁戴眼镜的人。我看到了他们的微不足道。"

　　不管怎样，法共很快就放弃了……5 月底，它促成了秩序的恢复：法共的领导人与蓬皮杜政府的几个成员在巴黎的大学街举行了会晤。而后，地平线上出现了苏联对捷克斯洛伐克的干涉……

第三十五章
左派联盟的动人故事

1971 年 6 月份在左派的历史上值得一提，因为举行了埃比奈代表大会。是由工人国际法国支部（即法国社会党）筹办的。

在寻求现代性的过程中，这个党不久前已经开始了它的"革命，"把它的名称换成了"社会党"这样一个美好的名字……它向左开放的愿望——由社会选择所决定，诸位很清楚——当然使它获得了极大的勇气。其他一些左派组织也出席了代表大会。在与会者中，我们看到有共和制度大会党的一些成员单位，它们包括一些俱乐部，如雅各宾俱乐部、民主与大学俱乐部以及其他几个思想运动组织。重新加入它们之中的还来自"基督教潮流"的一些活动分子。

与会代表共九百五十七名，其中八百名来自前国际工人法国支部，以支持某一提案分成组，可按识别的字母辨别出它们；九十七个组是属于共和制度大会党的，下定决心要宣扬他们的观点。还有左派各不同协会的成员。

自图尔代表大会以来，国际工人法国支部的领导人由于憎恨共产党，坚持与之脱离干系，越来越向别处尤其向中间看……而使社会党的活动分子感到失望，因为他们希望自己是新世界的担当者。

他们不是听到过他们的前辈提起图尔代表大会闭幕辞的结尾吗？而此次莱昂·布鲁姆对全体与会代表说："我对你们说这个，因为这可能是最后一次我向你们之中的许多人讲话了，也因为这是非说不可的。一部分人和另一部人即使分手了，咱们还是社会党人。无论如何，我们还是兄弟，一次无情的争吵可能把兄弟分开，但这是家庭内部的争吵，一个家庭还是可能重新团聚的。"

埃比奈代表大会的头一天——6月11日，气氛并不令人愉快。每份提案里都包含有力量较量的言论。在致了欢迎辞和介绍了筹办此次会议所采取的措施之后，有关方向问题的辩论一直进行到晚上。

第二天的情况我感到难以叙述，因为整个一天都消耗在以什么方式任命领导委员会成员的讨论上面。

小的对抗还是挺激烈的，甚至面对无法回避的挑战：制定和执行一项使我们团结起来的社会党的政策，而我还没有接受——到了我这种年龄——现在突出的是个性，而不是它所承载并为它所代表的群体的信念所体现的思想。

总之，在我看来重要的是理解我们为什么来到这里，来到埃比奈。真的是为了实现团结吗？怎么实现呢？

我在那里，在一个代表团——我想是尼夫勒省代表团的桌子旁。我听了许多人的发言，觉得所有人都同意要在本组织内相互团结。决定支持某一项或另一项提案，在我看来只不过是将一个逗号换个位置，或者更喜欢某个标记，抑或是想知道社会党是否会加入社会党国际……这毫无疑问挺重要，不过还……还显示出了一种确定性：他们都希望团结。那么谁来回答我这个"左派之女"的问题：什么样的团结？

还有一个发言，最后一个发言。

他是这样开头的："我的发言是围绕以下三点构思的：首先，我们为什么来到这里？其次，我们团结起来干什么？最后，应该怎样干？""我们是社会党人，"弗朗索瓦表示，"我们围绕着所有解放形式来组织社会。左右其他一切形式的首要形式，当然是摆脱经济结构中的人剥削人而获得解放，这种解放会通过文化的解放而得以充分实现。"

他还对我们谈到，从少数人不择手段地利用公共财产的状态下获得解放。

我认真地追循他的思路，听见他指明了对手："真正的敌人，我要说唯一的敌人，因为一切都涉足这个敌人：从经济结构最初破裂的层面而言，真正的敌人是控制着要害部门的人，是盘踞在这个层面的人，是必须被赶走的人，也就是垄断集团！引申而言，意味着金钱的全部力量，这个金钱，它能腐蚀、能收买、能压垮一切、能夺人性命、能让人破产，甚至能使人丧尽天良！"

哎哟！我这才缓过气来。难怪当我们聚集在家庭餐桌旁时，他不让我们谈金钱问题。

他继续演说："在政治上进行统治的人，只不过是这些垄断集团的执行者。"

这就是为什么我们成了社会党人。

这一切铭刻在我的心灵深处，像乘法口诀、我自己的名字和我自己的地址一样忘不掉。

好啊，我们在这里，是社会党的活动分子聚集一堂，我们要让我们的政治组织实实在在存在下去。为了实现左派的团结。与谁团结呢？

在辩论中，他们对一切都表示赞同，但是忽略了一个会改变一切的细节即争吵的焦点：共产党。有些人希望开始意识形态的对话，一直对到地老天荒！

另外有些人说，在走得更远之前，应该想一想……想什么呢？

共产党人？

"在与他们一块吃德国战俘集中营里的黑圆面包和大麦稀粥之前，我对他们并不了解。在抵抗运动中我发现了他们，我们成了朋友，犹如在同一个家里睡觉并相互观察的狗和猫。"

我用两页文字表达了两个男人同样的信念。这两个男人就我哥哥罗杰和我丈夫弗朗索瓦，他们深刻地影响了我的理解力。

通过浏览历史，不难明白，一切已经说过了……而且尝试过了。

独到之处在于当时机有利于援引法律依据，说明必须作出反应的意图时，便有分寸地给以提醒。在资本主义的镇压和破坏力量强大的时候，迫切需要根据1789年的《人权与公民权宣言》的价值观，提出不同的策略。法国社会党人是人权和公民权宣言的真正继承者。

发言者按照自己的逻辑强调说："为了取得胜利，我提出团结的名单，就必须告诉全法国人为什么要这样做。没有竞选纲领，就没有竞选联盟。"他着重指出，"没有多数派契约，就没有共同的多数派。没有政府契约，就没有左派政府。"

第三个问题的答案是明摆着的：没有共产党人，就没有左派的团结。

对那些不信服的人，他说："不赞成与既定政治秩序、与资本主义社会决裂的人，这种人，我说他们不能加入社会党。"

弗朗索瓦来到尼韦内省代表们的桌子旁，站在我身边。

表决开始了。报出一个又一个数字。各协会以字母表排列为序：Ain，Aisne，Allier……那些小团体对于制订与共产党人的共同纲领的想法，不是很感兴趣。力量对比对它们不利，各人只看到自家门口的那点东西。一个大联合会扭转趋势，但随后曲线恢复下行，令人担心……

"弗朗索瓦，没有赢啊……如果你输了呢?"

"咳! 输就输嘛!"他以恼火的口气回答，明显流露出不安。

我不再说什么，而是反复计票，直到北方联合会重新带来了希望。投票结束。得票比率：左派联盟加上共产党为51.26%；"意识形态争论"派为48.73%。要与自己的兄弟为敌的对立面没有出现。

进入了另一个阶段，充满跌宕起伏，因为合作者总是不令人放心。

第三十六章
比耶夫尔街

　　我从来没有忽视，总有一天，我们必须离开这套房子，因为对接近退休年龄的一对夫妇而言，它变得开销太大了。

　　所以你知道，为什么我的脚步总是不可避免地把我引到莫贝尔广场那一带的塞纳河畔。阿尔贝师傅街、比耶夫尔街和贝尔纳丹街，对我而言不再有什么秘密。我知道那个因行巫术而受到追究的茨冈女人被烧毁的货摊在什么地方，还有那座漂亮而已破败不堪的布兰维里埃大厦——那是著名的腐化堕落的温床，是私下为人堕胎的收生婆的出没之地。据说比耶夫尔街22号是圣米歇尔学院的一部分，安放在18号的那座小雕像就是证明。波舒哀似乎曾经走过我很熟悉的一架楼梯。神秘莫测的是一个地窖里有一口井，里面藏着巨大的财宝，这真是全方位刺激最缺乏想象力的人。我推开所有的门，参观了所有可能出售的房子。我看中的是一座处于坍塌状态的楼房，直到二层都被乞丐们擅自占据，楼梯仅仅被栏杆挂住，不想摔断脖子的人是根本不敢爬的。

　　这并非我的意图，不过我想弄清楚是什么如此吸引我，居然愿意冒险。是那里！我想象着我未来的卧室安置在那个角落，那里栖止着一个微醉或者不如说烂醉的男人，一抹仲夏的阳光暖和着他的一双赤脚……

　　当我得知这座楼房要拆除时，我的一切幻想全部破灭了。据说，重建一个现代化小区的计划已经上了轨道。

　　这种失望使我中止了找房子，直到几个月后一天午餐时，餐桌边坐在我身旁的一位女同事问我：

　　"我听说你在寻找一套可以买的房子。"

　　"是的，但并不急。好长时间以来，弗朗索瓦和我都意识到纪内梅街的房租太贵了，打算离开这个小区。"

"我管理一家住宅销售代理行，刚刚弄到手一座私人公馆。"

"如果是帕莱公馆，你就是买了一座要拆除的楼房。"

"不会拆除，巴黎市府放弃了保护这个巴黎历史见证遗产的计划。"

这就成啦！卖掉豪斯戈尔那套房子，再贷一笔款子，每月的还款额不超过我们放弃的那套房子的租金。我一门心思翻新比耶夫尔 22 号那套房子。

我放弃了一套与我的愿望不相称的房子。在那里我是生活在封闭的空间，悬挂在五层，要努力想象，才会感觉到双脚是踏在地面上。那套房子两边是几间著名的沙龙，它的门前有一个俯瞰卢森堡公园的阳台，挡住我家所有房间的视线。而我们全家人迫于生活的需要，不得不住在这套房子里，心理失去平衡，无助于我力求创立的生活艺术。我非常高兴离开这套房子，去重新发现比耶夫尔街那座房子和它荒芜的大花园。春天，每当我推开花园的大栅栏门，那茂盛的郁金香，被花园里的风刮得满园乱蓬蓬的，使我心头充满难以言状的快乐。或者使我想起克吕尼我父母的那座小楼，还有拉奇让我幻想家庭未来的那座别墅。

妈妈不久前离开了我们。我曾把我的卧室留给她，卧室的墙壁自然地按时尚的要求贴的是诺比利彩色糊墙纸。我不想忘记我们在那里获得的幸福和快乐。可是，每当我想起纪内梅街的那套房子时，呈现在记忆里的，必然总是夜晚的电话，吉尔贝受耳疾折磨的痛苦哭泣和妈妈的过世。

弗朗索瓦常常不在家，使我对那个地方完全失去了兴趣。

乔迁到比耶夫尔街是分好几次进行的。我们过于急切地想住进新居，所以装修好一个房间就搬进一间。1973 年那个夏天是一个充满激情的夏天。

有一个院子，我们自己在院子里种上一棵树。弗朗索瓦表示更喜欢一棵木兰。再种上几株蔷薇和一株杜鹃。从花坛里蹿出一株常春藤，作为对安娜－卡特琳的欢迎，如果它几年间就能爬到五层楼窗口的话。因为安娜－卡特琳住在五层。她是抵抗运动中一个朋友的女儿，在我们的冒险经历中，我们一直带着她。

安娜－卡特琳，能和你一块儿分享这些欣喜的时刻，对我来讲是一种幸福。

一种不太寻常的生活，其回忆的片断与总统竞选运动的节奏合不上拍。我们日复一日地走向 1974 年的总统选举。

每天时间的安排都预定着那个日子的到来。与普通法国人的会见按照高度紧张的节奏一次接着一次。各个省会、各个中等城市，还包括各个区的一些大村庄，法国的地图对参选者的助手们而言，不再有什么秘密。

弗朗索瓦也写作。《握在手中的玫瑰》刚刚出版。

我很喜欢，参加了几次仪式。这些仪式将坚定我几年后采取的立场。

"全世界的人口过快地增长，科学地计划生产和日益减少的资源的消耗的能力，攸关人类的存亡。选择就在于此。是操心的时候了。"（《握在手中的玫瑰》，1973 年）

提前了三十年！你还否认误导的力量吗？

在 20 世纪 70 年代，在制订《共同纲领》的时候，就已鼓动作出反应。这种鼓动我可能阅读和聆听过多次。

第三十七章
一个大有希望的共同纲领

一年，花了一年时间，"合约"才得以签署。1972年6月27日一经宣布，各种评论连篇累牍。

雅克·福韦在第二天6月28日的《世界报》上撰文认为："二者必居其一：要么由于选举未取得胜利或者有一个盟友表现不忠，所签署的合约毫无效果，而一次如此性质和如此规模的尝试，不可能立即重新进行；要么这个纲领成为掌权的左派的纲领，法国政治将因此而深刻改变。"

不要扫了《世界报》这位大社论作者的兴，啊，是的！法国政治正因此而深刻改变，因为这正是要达到的目标。

可雷蒙·阿隆认为："社会党人（利用这个《共同纲领》）暂时将法国分裂成了两个阵营，即社会党与共产党人为一个阵营，所有其他人为另一个阵营。"

如今，即2007年，人们声称社会选择变得明朗了，所说的其实是同一回事。一方面，左派能够在共同纲领的原则中认识自己；另一方面右派听到其主子的声音，将之视为能使自己掌握全部权力的唯一思想。

这个共同纲领向法国人提出了什么呢？

它确定了保障公众自由的准则，消除了对经济要害部门的垄断，准备在企业里由工人进行监督，分散作出行政和政治决定的权力，回答有关工资、劳动时间、退休金和男女同工同酬等最紧迫的基本要求。

还有更好的：它致力于阐明一种文明模式的轮廓，在这种模式中，个人将获得履行其职责的手段。

个人是否应该准备承担使其变成积极公民的职责？这太雄心勃勃？

也许吧，我就可能对弗朗索瓦说：这为时太早，法国人中不准备迈出这一步的人还太多。

怎么样呢？这个共同纲领，我记住了其中的一个主要条款，是关于废除《紧急状态法》的。因为这条法律为专断独行开了方便之门。

当我写下"左派联盟"时，我知道有成千上万的人像我一样，感到激动、兴奋、热情奔放，大家同心同德，共同去迎接……迎接什么？迎接重逢的快乐。是的，我们又可以一块儿梦想了。人民中的左派！

最近十年来的前进、后退以及为了装装样子，为了阻碍事情取得进展而以高明的策略设置的障碍，这些我都很了解，因为都是经历过来的。在比耶夫尔街的早餐，乔治·马歇经常在餐桌旁占有一个座位，仿佛他找回了诚挚的友谊而怡然自得。他为人随和，爱开玩笑，与人串通做好事，还把我当做一个正直的女同伴充当证人。他身后的大门关上时，他真诚而体面地挥挥手转身离去。行啊，我可以相信他的真诚，直到他回到自己的办公室。回到办公室里，他应该向主管者汇报会晤的情况。回到办公室里他还是真诚的，但一到街上他就得到苏联驻巴黎大使的指示和叮嘱。

到了20世纪后三分之一叶，他就不需要这些蠢话了。在第二次世界大战的余波之下，作为瓜分世界合乎逻辑的结果，一场冷战悄然展开，使得分成两个对抗集团之间的关系极端化。美苏两个大国相互猜忌、相互戒备，双方都拥有核恐怖手段，使得彼此保持警惕以挫败对方的挑衅。分别属于两个集团的各国，原则上则要自己确立自己的地位，解决各自的历史遗留问题。法国在二十五年间一直面对"非殖民化"的问题，尽管如此，它还得面对受到共产党人鼓励的所谓独立主义分子，处境十分尴尬，因为在美国警惕的目光下，不得不对这些独立主义分子加以控制。

由于属于两个集团之中的一个，所以西欧事实上便处于美国人的阵营之中，尽管它既不抱幻想，也不驯服。至于中等国家和小国，活动的余地则愈来愈小……

巧妙地控制在一定程度的经济战，就再有效不过了。

在分界线的两边，对两个大国的一个或另一个而言，你既可以是好的，也可以是坏的；既可以是敌人，也可以是朋友；既可以是歹徒也可以是伙伴；既可以被奉若神明，也可以被视为恶魔。

写下这最后一行文字时，我觉得，当你的形象是通过别人的目光反射的，你就很难做到自决。这个问题，我留待以后再思考吧。

在这期间，主张应有所差别的人不得不作了很大努力，才使这些差别得到承认。一旦可能，美国主子便仗恃其美元实力，迫使其被保护者们实行严酷的统治。其中当然有中美洲、越南、智利和巴西，但也有佛朗哥的西班牙和上校们的希腊，都不得不学会与酷刑"顾问们"和"死亡大队"一起生活。在对面也一样：1953 年的柏林、1956 年的布达佩斯、1968 年的布拉格……都遭受了粗暴的入侵，其中坦克只不过是在媒体上最容易看得见的东西的一部分。还有在意大利和西班牙发生的一桩桩暗杀呢？

为我们的自由而在抵抗运动中丧生的我的所有同志！1965 年至 1980 年间法国的历史应该在这种背景下加以理解。法国像世界其他部分一样，不再是在平静的大洋上高卢人争夺的一座小岛。这一点，那个年代的政治家们，首先是弗朗索瓦·密特朗，都知道得很清楚。

因此，以为自己掌握着自己的命运，声称在自己的禁地驾驭着自己国内政治的人，真是幸福的笨伯。他们的目光超不过小业主，甚至超不过小小的报务员。大战刚结束时和第五共和国头几年戴高乐主义的幻想，都破灭了……

明智者必然知道，勇于担当，具有强烈信念，不予接受，也不为之卖力。

密特朗要在第五共和国的框架内实现民主的变革，实施社会党的纲领这样一种战略，必须通过左派联盟。20 世纪 60 年代中期，特别是 1965 年戴高乐将军进行了决选投票之后，另一个人耕耘过这同一块土地。法共总书记瓦尔戴克·罗歇以"先进的民主"为名，阐述了一个近似的主题，鼓吹把对戴高乐和"个人政权"说"不"的势力，包括活动分子及其党派团结起来。"这不是社会主义，但这会为社会主义开辟道路。"达成一致是可能的。

不幸的是，1969 年一个麻烦的大脑病变——据所发表的公报称它是良性的——迫使瓦尔戴克·罗歇在莫斯科住院治疗。他直到临终一直没有再开口说话。

该党第二号人物乔治·马歇作风生硬，傲慢严厉，以下等人自居，还只不过是组织部书记。这组织部相当于党内的"内政部"，负责"政治治安"，即干部方面的工作，就是说他所担任的职务，在当时就是确保在苏联体制下的权力。

人们知道，有着浓重布雷斯口音的瓦尔戴克·罗歇，虽然说话冠冕堂皇，而有人又对他的智力恶意地提出质疑，但他曾有好几回勇敢地反对他的克里姆林宫主子。1968 年，他宣布赞成民众联合，考虑造反的学生们的要求和工人们的要求……而马歇则表示支持强硬路线，拒绝学生们的要求。（请回忆一下他对"德国无政府主义者"丹尼尔·科恩－邦迪的揭露吧。这个科恩－邦迪不合情理而又很合情理地成了一句口号的缘由："我们都是德国的犹太人。"）

此外，在捷克斯洛伐克遭到苏联坦克入侵之际，还是瓦尔戴克·罗歇表示"不赞同"，而马歇则表示支持莫里斯·多列士的遗孀让内特·韦尔梅施。她因为表示不同意罗歇的意见，而在法共的强烈要求下辞职。

总之，瓦尔戴克·罗歇没有遵循勃列日涅夫的强硬路线。

弗朗索瓦就是想与这个人商谈。这就是永远得不到原谅的大逆不道……不过，法共的逐渐解体使得瓦尔戴克·罗歇的继任者无法再施加压力，阻止事情的进程。

由于瓦尔戴克·罗歇"病了"，需要选一个代替他的人。1972 年 12 月在圣旺举行的法共第二十次代表大会做了这件事。代表们已经提出了以"开放"著称的共产党人罗兰·勒鲁瓦，可是在苏联"观察员"们的干预下，"当选"的是罗歇。当然这并非我自己见证的，而是当时我的一些共产党活动分子朋友所见证的。

法共第十九次代表大会的场地已经清理好了。马歇的支持者们——鉴于"干部"任命的方式，其人数越来越多——要了政治局内开放派核心人物罗杰·加罗迪的命。加罗迪成了空论家们名副其实的憎恨的目标。他犯了什么罪呢？他要求取消"无产阶级专政"，结束"民主集中制"，总之他要求内部有更多民主，将文化、作家和艺术家们从僵化的统治经济下解放出来。他甚至提出可以存在"人道的共产主义"的思想。

加罗迪在主持吵吵闹闹的会议时，试图进行解释，他的同志阿拉贡抛弃了他，同时对他表示祝福，但过后便后悔莫及。1972 年底加罗迪失踪了，他的杂志《法兰西文学》也消失了。不久，阿拉贡无耻地获得了列宁奖……他最忠实的仰慕者们对他的出尔反尔也难以忍受。

弗朗索瓦继续走他的路，保持着沉默，但没少思考，保持着自己确定的航向。

在埃比奈代表大会一年之后，1972 年 6 月份，社会党和法共两大左派政党签署了一份组成联合政府的协议。这样，一旦选举取得胜利，法国人将知道应该遵循什么。报纸上发表了照片，人们看到：弗朗索瓦·密特朗，左边是彼埃尔·莫鲁瓦、加斯东·德费尔和让－彼埃尔·谢韦内芒……对面是开心的马歇以及罗兰·勒鲁瓦和埃蒂安·法荣。罗贝尔·法布尔的左翼激进派不久也加入了他们的行列。

在模仿 1936 年的人民阵线营造的热烈气氛中，的确也带有活动分子们的热情。评论十分活跃。支持联合的头脑最清醒的共产党人明白，马歇及其一班人接受这个"共同纲领"，怀有几乎与纯粹的教义背道而驰的坚定意图，就是要使这个共同纲领归于失败，证明它根本无法"实施"。社会党人则显得抱有更多幻想（？）。

马歇和他一班人花五年时间毁掉了瓦尔戴克·罗歇编织成的东西。

展开了猫捉老鼠的游戏。结果受损的是作恶最多的一方。它失去了美丽的皮毛。马歇侧向克里姆林宫的耳朵，使他根本听不到活动分子们和同情者们深切的愿望：他们真诚地希望组成左派联盟。

马歇成了法共总书记这件事，使得"共同纲领"的合作者日子不好过。从市、区立法选举以及 1974 年总统选举时共产党报刊所采取的论战语调，这一点立刻就可以看出来。手法并不新颖：拿自己的罪责谴责别人。"哼！这些社会党徒，他们呼吁投共产党候选人的对手们的票。从而破坏左派联盟。"他们谴责的就是社会党人。在各支部和区分部，他们就是这样解释接二连三失败的。值得指出的是，马歇当着给他盛汤的记者们的面，猛烈抨击，大肆谩骂。大家想必还记得他那句："住嘴，阿尔－卡巴什！"[1]这句话使他显得比居伊·吕克斯或纳瓦罗还更有个性。平心而论，在选举上这句话对他并没有什么助益，因为共产党候选人所获得的选票总是减少。这件事情，照他的说法，只有一个原因：就是社会党徒们所使的阴招……

我一直认为，无论什么组织，诚意是建立对其信任的基础。是乔治·马歇造成了共产党人的失望，他们对这位领袖不可理解的变卦感到莫名其妙。

他们对莫斯科干涉法国国内政治感到厌倦了，便把票投给别的政党。法国社会党人在埃比奈代表大会上一心想进行"意识形态讨论"，他们可能明白了，想要与克格勃进行讨论是徒劳的。

"莫斯科的眼睛"之说并非神话。法国共产党人想赢得自由。关于这个党所受到的资助，我听到过许多说法，但是我不会冒险转述我无法核实的消息。咱们就到此为止吧。

如果为了得到莫斯科的津贴，而按照苏联的意志坚持"理想"共产主义的定义，即不坚持民主地制订路线的共产主义，而是坚持这样的共产主义：在基本的马克思主义的大话、刻板的语言和陈词滥调的掩盖之下，实行的是思想恐怖和警察镇压。这无疑有悖于法国人民的常识。除了齐奥塞斯库的罗马尼亚，也不要民主德国（东柏林）模式……在这些靠酷刑和古拉格劳改营支撑的模式中，与其他左派政党客观联合的任何形式，从教义的观点讲，都应该排除。只要回顾一下像最高审判官的历史，就能看出这种风尚的危害。

你们明白了，1977 年左派联合的破裂，说明在 1968 年和以后又有所发展的"危机"之中苏联人所感受到的"意识形态衰弱"之后，苏联（政权）机器重新控制了西方各国共产党。

苏斯洛夫（勃列日涅夫的"思想家"）之类的理论家及其东欧的盟友们，显然不能容忍布拉格之春诞生的"富有人情味的社会主义"所带来的小小希望。他们毫不犹豫地用红军的坦克将它扼杀了。然而，正是在旧大陆的中心地带，展现了建立一个独立于两大集团之外的欧洲的前景和可能性。法国人的愤怒以各种形式表现出来……

---

1. 即在法国国际电视台供联的记者艾尔－卡巴什。马歇把头一个字母说错了。——原注

可是，法国对莫斯科施加了什么压力呢？的确，1968 年戴高乐总统自己已经有一些忧心的事了。

我们感受过另一种把希望窒息在萌芽状态的做法。法国左派就是这种做法的受害者，即使它在瓜分世界中处于受保护的地位。

莫斯科所希望的左派联盟的破裂，正是捷克斯洛伐克事件和对波兰格但斯克造反进行镇压之后，所实行的无休止的正常化的一种温和形式。在这里我们仅提及捷克斯洛伐克和波兰格但斯克两个事件。这与德国和意大利的"沉睡的年代"的镇压是同时发生的——请不要忘记为阻止共产党人和基督教民主同盟的建立而暗杀阿尔多·莫罗的事件。反常的是，戴高乐派的恐怖主义，在为其镇压寻找借口之时，也遂了那些阴谋家和意大利新法西斯主义分子的愿。这些阴谋家和意大利新法西斯主义分子支持基辛格那样的美国人，支持智利一类的政变。

这类纯粹而强硬自称为左派的人，最终投了萨科齐的票，为的是扮演教训提供者的角色。他们以为躲过了看到智利圣地亚哥（或阿根廷）事件重演的危险。他们难道如此没有记性，居然忘记了当 1973 年智利人逃到法国来避难时，极左派的人、温和派以及其他人都处在同一条船上。

现在我仿佛还看见那两个来自对立派别的智利社会党人，来到比耶夫尔街我们家的院子里，在距他们自己的国家数千公里以外的地方，背对着背或者互相揪头发，而不能明智地考虑一下他们的处境，共同准备对抗独裁者皮诺切特。真叫人失望！

弗朗索瓦坚定不移地塑造着左派联盟。

在法国，从政府共同纲领的角度看，首先有 1973 年议会选举的失败：戴高乐派的保卫共和国联盟维持不变，许多人依然留在阿兰·佩雷菲特领导的"紧跟戴高乐的党"之中。在戴高乐将军把一项参议院改革的提议付诸全民公决失败之后，于 1969 年当选为总统的乔治·蓬皮杜于 1974 年 4 月初去世。

在政府共同纲领从产生到破裂中间，有 1974 年的总统选举。我听见你们说："啊，心灵的垄断！"这恰恰是吉斯卡尔·德斯坦所期望的。他的竞选策略是建立在这位对手的个性的基础上，而不忽略政治意图。半数以上的法国人满足于比较竞选者们的年龄，他们会不会与善良的老百姓打成一片，会不会弹奏手风琴、踢足球、在体育场的更衣室里光着上半身。"这肯定是一位好总统！"人们说德斯坦是一位智力超群的优秀财政技术专家。他介绍自己美满的家庭。我嘛，并不对他提出质疑，提出来又有什么用呢？他很少谈论自己意图，他的社会观怎样？那些对他的民望感到满意的人，想必要在得到教训以后才能认清他的政策吧。

与 1965 年发生的情况相反，这一次弗朗索瓦没有得到共产党人的热情支持……苏联肆无忌惮地进行了惊人的干涉，苏联大使公然拜访了吉斯卡尔·德斯坦。为了平息希望摆脱莫斯科监护的共产党人的担心，这位大使才最终约会了弗朗索瓦。

在第一轮投票结束后，有 32.6% 的选民使弗朗索瓦在第二轮开始时处于第二的位置。他始终充满自信，知道其他右派候选人的票会充实他的得票率。

说到这里，关于第三位候选人我还只字未提。他有着民望的王牌，所以从一开始就全速前进。此人就是波尔多市市长、不妥协的戴高乐主义者及活跃、矫健、迷人的沙邦－戴尔马。他是那样迫不及待地想领先，乔治·蓬皮杜逝世的消息一宣布，他就一头扎进了竞选之中。他的选民中有些人憎恨背叛了戴高乐的德斯坦，另一些人害怕共产党人，最后分别把票投给了两个决赛者。

第二轮吉斯卡尔·德斯坦的对手，是支持率达 43.6% 的密特朗。但是起决定作用的并不是克利维纳的 0.37% 。

面对自己的对手阐述的政府共同纲领，吉斯卡尔·德斯坦便冒险谈论安全问题。我真想提醒他，安全是更公平的社会政策的产物。他并没有对我们说他想在这方面做些什么。他承诺丝毫不改变戴高乐的体制，也不改变戴高乐的防务政策。

他停留在保守主义的道路上。人们心中有数。然而他第一轮的策略企图表明，他是能够"毫无风险地保持连续性"的"未来的人"。我明白，他把自己塑造成希望个人政权的特权消失的那些人所梦想的年轻、英俊的总统。

啊！瓦尔戴克·罗歇的那个时代结束了。当然，社会党的候选人没有左派的对手，可是他的主要对手不是那么容易对付的。人们甚至听到伊夫利－维特利这边有些共产党人呼吁，在第二轮投德斯坦的票。这个弗朗索瓦·密特朗要足够坚强才行。他的一部分合作者指责他政治上有许多弱点，而他的对手把他说成是一个老啰唆鬼。尽管受到这些攻击，他还是非常接近了取得胜利，只差几千票，而凑巧的是，那几千票是来自多姆－托姆的。吉斯卡尔·德斯坦当选为总统，但是很悬，仅以 50.67% 对 49.33% 的微弱优势胜出。

第三十八章
会见卡斯特罗

1974 年总统选举之后，弗朗索瓦应菲德尔·卡斯特罗的邀请赴古巴访问。我陪同他前往。

是的，我被古巴的革命成就征服了。

是的，我愉快地从一所大学跑到另一所大学，高兴地看到青年人自豪地学习，为扫除老百姓之中的文盲出力……是的，我高兴地看到农民们重获并耕种土地。

是的，剥夺了美国公司的所有权并不令我反感。尤其因为电话电报公司是一家服务代理公司，属于公共管理范畴。

是的，我为迈阿密反对卡斯特罗的古巴人破坏稳定的图谋遭到挫败而喝彩。他们是受中央情报局操纵的。也许他们明白了古巴人民为他们的革命而自豪，不赞成这类涣散斗志的阴谋活动？猪湾的沮丧加深了逃亡者们的仇恨，而增加了人民的感激之情，因为人民获得了收入、福利和基本的服务，享受免费教育和医疗，享受住房、食物、交通和休闲的补贴。

超出一切容忍限度的，是这个革命在拉丁美洲各国所引起的兴趣。

作为美国企业被没收的回答，美国断绝了与古巴的外交关系，从1962 年开始实行禁运，至今仍然生效。凡是不服从、遵守禁运令者则受到粗暴的讹诈，直到 1996 年《赫尔姆斯－伯顿法》使禁运合法化，使与古巴的一切贸易变得非常困难。尤其是柏林墙倒塌之后，这个小岛更加陷入孤立，在各国之中受到最沉重的打击。

随之而来的紧缩政策，使古巴人的生活变得异常艰难。发生了逃难潮。我拜访了我们资助的合作者们。我们资助他们办一间托儿所、一家生物技术研究机构、一所国际电影学校和一个残障儿童中心。晚上，我们在法国大使馆会见了卡斯特罗，我还记得他那丢掉了幻想的表情。

"让他们走吧，既然我们无法再养活他们。我不挽留他们。"

"对声称是逃避你们的专制制度的那些人，你怎么回答？"

"请他们让我们生活，不要再来扼杀我们的经济，不要再通过恶意的侵入来骚扰我们。"

我问他为什么还维持死刑。"我们自从掌权以来一直处于战争状态，而老百姓不明白，我们是为了对付来我们国家杀人的那些人，才不放弃死刑的。"

我没有被他的回答说服，但能理解他的理由，不过还是提醒他说，弗朗索瓦承诺过要取消死刑，而大部分法国人赞成保留，然而还是投了他的票。

"关于你们的监狱关押政治犯不绝于耳的谴责呢？我的社会党朋友们（总之那些自称为社会党人的朋友，直到另一种社会选择的言论使他们为实现另一种选择而掌了权）谴责我喜爱你的不造反的人民。"

"你如果参观古巴的监狱，你会看到里面只关押着刑事法庭判处的囚犯。"

"那么，为什么阻止大赦国际按它向你们所要求的那样进行调查呢？"

"因为这个组织的代表散发的四百人的名单没有根据，我们的监狱里不存在这些囚犯。"

"你们让他们消失了？"

"你会在他们的家里找到他们。"

菲德尔·卡斯特罗建议法兰西自由基金会组织一个观察团并继续说：

"所有的门都将向你们敞开，你们爱找什么人谈话就找什么人谈，不会有别人在场。"

"总之，菲德尔，你知道，一涉及古巴，就再也没有人相信我，也没有人相信我的基金会。有人说我是你们无条件的拥护者之一，当然这话还包含着种种暗示……不过，我可以向你推荐几个组织，它们不会被怀疑对你们政府抱有任何感情，由它们来组成一个观察团。"

"好啊！"

因此 1996 年，休曼·赖特·沃奇（美国非政府组织）、无国界医生组织、国际人权联合会和法兰西自由基金会发表了一份公告。我希望你们阅读这份公告。它的发表似乎没有引起媒体的兴趣。

哦，我忘了告诉你们，我曾邀请大赦国际加入我们的行列。

但我的邀请遭到了拒绝。

卡斯特罗知道，他的人民在法国有许多朋友，弗朗索瓦就是其中之一。不过，他们也知道，法国只是欧洲的一小部分，法国对古巴人的兴趣，在世界经济专制的大钱包里没有多大分量。

等我到了古巴，我将汲取该国人民所能提供的全部力量。

所有这些怯生生地出现的民主国家（阿根廷、智利、秘鲁、厄瓜多尔、委内瑞拉、尼加拉瓜、萨尔瓦多、危地马拉），有可能给人民言论自由，这会阻碍那些人的目标的实现。他们企图维持足够的贫困程度和足够的蒙昧，以排除各国人民对另一种生活的任何觉悟的朦胧愿望。在民主的环境下，在人民守护果实的警惕的目光下，强横、掠夺、剥削的自由会受到更多限制。

谁知道，如果有一天一个国家的老百姓竟敢通过全民公决，强制例如水之类的跨国公司滚蛋，或者要求考虑货币的地位，那会怎么样呢？也许大家还没有想到，但这并非不可能。

弗朗索瓦头脑之清醒令我心碎，有一次我读到："我思想上从来不认为，无论在什么事情上，一个人能够取代一国人民的行动，他个人的忠诚会比人民的意志更有力、更正确。"

第三十九章
左派联盟的破裂

选举的难关渡过了，弗朗索瓦出了局。共产党政治局松了口气，恬不知耻地建议重新把共同纲领提上议事日程。

"为什么不呢？"社会党人说，"没有任何妨害。"在弗朗索瓦·密特朗和支持他的人看来，一个纲领总是一份应时的文件，是可以修改、改变和完善的。是与僵化的、不变的、强硬地强加给无能为力的老百姓的教条完全相反的东西。

在补缺选举和地方选举期间，人们目睹左派的两个主要对手之间调子越升越高。左翼激进派（左翼激进派运动）和罗贝尔·法布尔插手进来，试图进行斡旋……

一切开始于 5 月份弗朗索瓦·密特朗与莱蒙·巴尔（吉斯卡尔·德斯坦的总理）之间的一次辩论。共产党人不同意社会党把共同纲领提出的各项措施进行编号。5 月 17 日召开了一次"高峰"会议，提出对纲领实行更新。成立了由每个党派出的五名代表组成的工作小组……

7 月份这件事情变得复杂起来。在一次记者招待会上，弗朗索瓦·密特朗提出就"威慑力量"进行全民公决的可能性。他反对共产党人主张的"全方位"战略。例如乔治·马歇问："如果法国遭到美国和联邦德国的侵略，社会党人将采取什么态度？"这个问题是荒谬的……

对于喜欢引人发笑的句子的人而言，"莉莉雅娜，收拾行李！"这句话，一定保留在记忆里。因为担心社会党人的态度，必须紧急赶回巴黎。（他没说"社会叛徒"，但心里说得那样响，方圆几法里都听得见。）的确，共产党人看起来越来越拖拖拉拉了。在开了十五次没有成

172

果的会之后，7月29日，委员会散会时还是没有达成协议。谈判在碰到"威慑力量"问题之后，现在又在国有化问题上卡了壳。

现在评论提出了受勃列日涅夫的苏联操纵的法共缺乏诚意的态度。因此，甚至在决裂之前，就在法国十三座大城市召开了"解释"会议。一些"愤怒的工人代表团"来到社会党总部前……而法共和总工会声称与它们毫无关系。

非共产党的谈判者同意让人们举行《人道报》的纪念活动（在那时，这意味着还能举行大规模的民众集会）。纪念活动结束后，9月21日星期三和9月22日星期四，会谈进行了很长时间，直到最后一天夜里。23日凌晨综合的希望化为乌有。再也没有治国纲领。评论者们强调指出，"社会党领导人相信，法共甚至在谈判开始前就决定中止谈判了。"蒂埃里·普菲斯特在《世界报》上撰文，认为"无可挽回的事情"发生了。给你们讲述这些丑恶的小事，我真感到伤心。这些丑事不会给任何人脸上增添光彩，无论是精心炮制这些事情的人、沉迷于此道的人，还是想从中捞取好处的人。对双方亦如此。即使在顺心的时候，任何胜利能消除一切怨恨，但不信任和欺诈无处不在，必须随时摧毁它们的陷阱，而由它们驱动的诡计多端的调和，使我远离这些微不足道的吸引力，而去接近老百姓，接近他们的日常生活。我的道路变得光明。

在20世纪70年代结束之时，我知道自己该向何处去，我作了社会选择。我宁愿要拒绝人剥削人的社会，而不要有利于少数人将增长的利润据为己有的社会。

然而我知道，对于现在还统治着我们的体制而言，当被我们赋予责任而民主地进行治理的人和团体，却仰仗世界上无法无天的金钱权力和武装力量时，这些支配我们行为的基本准则就丧失殆尽了。

于是，我想重拾几年前我曾经想写的一篇文章。几年前的那一天，我因为看到世界会变好的希望日渐渺茫而恼怒。

够了，够了，为个人野心服务的虚伪，够了！个人野心与你承担为之服务的大众利益，毫无共同之处。我们托付你们的，是要你们在社会各阶层之间建立和谐的关系，营造保护整个老百姓整体利益的环境。你们不能利用我们去达到权力的意图，而为其他利益服务。

你们要执行我们投票赞成的治国纲领。

在社会党里，大家怀着更大的希望，已经在传阅为 1981 年的总统大选而拟订的一百一十项提案的草案。那些选择要以另一种方式生活的人，那些抓住了"一个向世界—— 一个由不同人、不同文化、不同传统，由森林、天空、大地和水，总之由活生生的人组成的世界，而不是由可以利用的小卒子和没有判断力的消费者组成的世界——开放的法国"这条信息的人，可能会阅读这份草案，而且肯定会进行讨论。

其中首先突出了对生命的尊重。看到鼓动者决心要废除死刑，我丝毫不感到吃惊。

我为了写作的需要而重新发现那篇初稿时，心里想这个人的思想的确有着连贯性，他自第二次世界大战末期以来，一直追寻着在战俘营生活的冲击下所产生的思想轨迹、战俘们之间友谊的轨迹和没有得到满足的对自由的渴求的轨迹。

各国人民的自决权，他作为法国海外部部长所领导的非殖民化，试图建立保障公众自由的法规的共同纲领，消灭垄断势力，分散行政和政治决策的权力，也就是使公民负起责任，所有这些提案都将遭到仍然坚不可摧的资本主义的阻遏，但终将留下自己的印记。

当他在埃比奈抨击腐蚀的金钱主宰时，无论话是说得较多还是说得较少……啊，我真想再次大发议论，可是你们会认为我对被错误理解的金钱危害抱固定的看法。

1980 年时还没有这种机会，但是我想逐一地访问各国人民之中金融和经济独裁的受害者这种癖好，为我提供了我如今正加以阐述的论据，因为我拥有了大量的武器，能够将我的一些箭射向金融和经济独裁了。

然而，当钱只起简单的交换工具的作用时，我也是很喜爱钱的，就像用耧耙收集地上的落叶和枯草。黄昏时分我将耧耙放进工具间时，要求它生出一些小耧耙供第二天使用。这不是它的天职。在我的逻辑思维里，按照我们的祖辈在创造钱的时候赋予它的职能，钱是一种交换工具。我要揭露那种邪门歪道，即要钱在银行的保险柜里生钱，轻率地以高利率进行投机，以图获得本来不属于它的财富。可是，我这是操之过急。

还是回到当时，即弗朗索瓦谋求上台当共和国总统，拟订一百一十项提案的时候吧。

如果我们不是如此急切地想最终了解这位候选人所祈求的和平，那么我们听到宣布一种和平的意愿也就满足了。对和平而言，致力于"裁军和集体安全"从而导致拒绝核扩散的第六号提案，比候选人德斯坦向我们宣称确保在防务方面的连续性更有价值。为什么这样说？只需睁开眼睛、竖起耳朵就明白了。小屏幕上的整个电视新闻都在播送一场惨无人道的战争中最惨烈的场面，妇女和儿童四处逃命，背一弓就在野蛮的扫射中倒下了。最惨不忍睹的场面都让电视观众看了。怎能不作出反应呢？

第一、第二、第四号提案要求撤走在阿富汗的苏联军队，谴责美国向拉丁美洲的独裁政权提供军事和财政援助。它们将受到法国的谴责，可是如果美国人自己不干预他们的政府，怎能阻止美国继续这样做呢？我们总是可以支持各国人民反对压迫他们的政权。

当我阅读到《为建立世界经济新秩序的南北对话》时，弗朗索瓦应该清楚地知道，现在的经济秩序几乎不考虑对话，而更多的是为了可以理解的利益自问自答。

那么，"一个独立的欧洲之中一个强大的法国"，照我的理解，一个独立的欧洲之中一个典范的法国，它当然不曾存在，一直不存在。到时候使法国从经济的桎梏下解放出来的，将不是国家元首。这种桎梏是他们为其目的巧妙地维持的。

第四十章
够　了！

　　我的选择，你想必明白了，是属于社会规律方面的。社会规律产生希望的原动力。要建设一个没有贫困强加给我们的被剥夺者的世界，这原动力是不可缺少的。

　　够了，世界上的干涉。正是干涉强迫人们接受无法无天的国家元首，或者接受听命于维系国家元首独裁统治的世界经济体系的军人。

　　够了，派出武装部队，去扼杀各国人民，使他们处于极端的物质和精神贫困，逼得他们大批逃难或揭竿起义而遭血腥镇压。

　　够了，成百万地贪污（我这是往少里说），丧尽天良，无视老百姓和老百姓的廉正。我所说的老百姓，是我会见过并倾听过的那些人。回想起他们的证言和所笔录的他们的悲惨处境，我便怒火中烧，禁不住要向四面八方高喊："够了！够了！"

　　这"够了"与萨帕塔（墨西哥革命领袖）主义者的"ya basta"和拉丁美洲人的"nunca más"[1]汇合在一起。你们将看到，这来自四面八方的我们共同发出的声音，最终将传到那些不愿意听见的人们的耳朵里。

　　相信我吧，我们已经取得了进展。而且我们的人越来越多。

　　够了，为证明自己的存在和强行发号施令，而施行的暴力和进行的战争。

　　够了，所谓的安全理由，仅指出街头的恐怖分子，而避免承认任意宰割世界的国家恐怖主义。

---

1. ya basta 和 nunca más 分别为西班牙语和葡萄牙语，意思相当于法语的＂assez＂即＂够了＂。——译注

够了，操纵、阴谋和警察的诡计，其目的是使洞察一切、太碍手碍脚的反对派名誉扫地。

几年后，当弗朗索瓦提到对国家政权必要的抗衡势力时，我清楚地看到自己处于什么地位。

我对和平的梦想显然会使我远离一切武力造反，哪怕我能够理解造反的理由——当造反者还能够明白，暴力不会带来任何好处时。我们始终主张对话。可是，对面的国家恐怖主义现在还远远不能保持理智。

1980年初，我还没有想到，围绕草拟一百一十项提案所进行的讨论，会为我作为国际团结组织活动分子所开展的人道主义行动带来希望。

"为萨尔瓦多和阿富汗的孩子们提供作业本和铅笔"的运动，你们之中记得的人会很多。

几个星期以来，我们这些女人和男人已经费尽口舌，让人们听到我关于这些小学生成为强国间战争受害者的论据。

奇迹！弗朗索瓦的候选人资格一宣布，媒体却给予了他妻子一定的关注。

"你在做什么呢，密特朗夫人？"

"我在准备小广告和教育广告栏，唤起我的同胞们关心萨尔瓦多和阿富汗百姓的处境。

"我们通过演说，揭露各大国，不管是东方的还是西方的，毫不犹豫地破坏一个国家居民的稳定，对他们实行恐怖统治，摧毁他们祖传的文化，以满足这些大国的权力野心。它们不仅屠杀生灵，而且首先是掠夺这个国家的财富。

"我们首先收集作业本和铅笔，提供给那些运转困难的学校。"

媒体报道了这件事，一位著名记者甚至建议我就这次行动在电视节目里插一个广告，录制一盘歌曲。这超过了我们的期望。

不过，我脑海里掠过一些想法：如果弗朗索瓦当选……

我已经在考虑对波兰护士们的援助计划，考虑药品运送者们历险的结果。

随着我的手指在电脑键盘上移动，我想对你们讲述的，是我们所代表的一些无足轻重的小组织的使者们这次令人难以置信的历险。

够了，够了，内战和国际战争。极度的疯狂促使世界上各大国点燃或保持仇恨之火，把事情弄得不可收拾，而终将使它们自己成为受害者。

我一直赞赏没有军队的哥斯达黎加。奥斯卡·阿利亚斯坚持这样的做法：把军事预算转拨给国民教育预算。我欣然认为，他所获得的诺贝尔和平奖是对他的这一创举的奖赏。

我同时思忖，为什么这个小国不能自成一派。

的确，诺贝尔和平奖也颁发给了一些本人是将军的国家元首。

你们研究一下这其中的逻辑吧。

这一百一十项提案是一种预告方式，预告一幅欧洲面貌图的颜色，不过还没有准备绘成玫瑰色，那肯定是太深了，是会破坏和谐的。

当1981年7月1日，国民议会通过为建设一个社会发展样板而需要采取的最初措施时，发生了什么事情？唔，这些措施不会太扰乱世界经济。总而言之，如果社会党人的政府花钱把残障人的补贴提高20%，把家庭补贴提高25%，把住房资助提高25%，那是它的事情。提高各行业的最低工资，将最基本的必需品生产增值税税率重新降到零，有关这些，国际货币基金组织很少考虑。哦，对巨额财富征税吗，睁大眼睛看吧：跨国公司全都抗拒。

够了，够了，厚颜无耻！

在这方面，人们看得很清楚，是谁选择减轻老板们的负担，提高储蓄银行的报酬率。这要由你们来选择。

第五部分

我们发生了什么事

第四十一章
1981 年 5 月 10 日

我们投了票。闪光灯噼啪响。像 1946 年以来的每次选举一样，不管目标是什么，我们总是一块儿投票。登记号码：六百四十五号。"投了票"这句话在市政府的大堂里回荡。弗朗索瓦自担任市长以来，就退隐在他那间简朴的小小办公室里，守护着那么多回忆。

我坐在尼奇·德·圣法尔喷水池的石栏上待了一会儿。池子里欢快的喷泉令我心醉神迷，驱散了涌进我头脑里的种种奇怪的想法。

照习惯，我去老莫尔旺宾馆的两位老板、我们的朋友让和吉奈特·谢夫里埃那里。

这一天，照例围绕在餐馆大厅里的大餐桌旁用过午餐之后，我便与我姐姐躲进了一个小房间。自下午开始以来，我们就玩拼字游戏，试图消磨时间，更好掩饰盼望的心情。这种心情使得周围的人和不同寻常地来与我们待在一起的活动分子们分外焦躁不安。我们默默地沉浸在各自不可言传的思绪里，眼睛盯住那些现出一个个字母的白色小方纸片，听得见整个房子的脉搏跳动。只要有一点消息，这脉搏就急速地狂跳起来，喧嚣之声波涛般越过墙壁，穿过广场，扩散到全城，到处回荡着欢呼声和尖啸的汽笛声。

挂钟的秒针还要在钟面上走好几圈。弗朗索瓦来到我们身边有一会儿了。我姐姐克里斯蒂娜准备把她刚刚拼成的那个词的七个字母放在游戏盘上面，但她突然中断了她的动作……

晚上 8 时。电视屏幕被横向的道道覆盖，然后呈现出一张脸。弗朗索瓦！弗朗索瓦的肖像占据了整个屏幕伴随着如下公告：

"弗朗索瓦·密特朗当选共和国总统。"

我愣住了，几乎没有感觉到弗朗索瓦用手紧紧地抓住我的胳膊，附在我耳边喃喃地说："我们发生了什么事，我的达奴？"

我姐姐焦虑不安起来，我听见她咕噜道：

"这回我失去了她。"

莫尔旺地区的人、从相邻一些省跑来的活动分子，其中一些来自很偏远的地方，在全城以足球迷们那样的节奏高喊着："我们赢啦！我们赢啦！""密特朗，总统！"这喊声传到城外，在山间回荡，最后消失在森林里。

当我遇到一些人的目光，觉得他们以"异样"的神情看着我时，我感受到了最初的拘束。总不至于因为我丈夫换了办公室，我们就不是原来的样子了吧。

我注意到有些人在几个钟头前还叫他弗朗索瓦，现在却清清嗓子，左一声"总统先生"，右一声"总统先生"了。

可是，在晚上7点59分至8点01分之间，究竟发生了什么事呢？得啦！未来的日子，我有的是时间来回应这种不安。

眼下嘛，弗朗索瓦拉着我走到宾馆俯视广场的阳台上，呈现在眼前的是欢乐、热情、欢呼、拥抱。下了楼到了朋友们之间，我在欢腾和拥挤中度过了几个钟头，设法避开记者们的推搡和摄影机的镜头。14岁的时候我就学会了自我保护，最好的办法是待在包围弗朗索瓦的人潮之外。

（我可以向你讲述，在乌拉圭正式访问期间，礼宾官员找不到两位第一夫人了。她们观看着拥挤的队伍经过，两个人单独站在人行道上。我挺喜欢玛丽亚·桑齐内蒂，她像我一样有点爱开玩笑。这种处境令我们非常开心。"现在我们去看电影，或者去海边的露天座喝一杯怎么样？"她悄声对我说，"我们怕是消受不了这份闲情逸致啦，看，我们已经被发现了。"）

5月10日那天晚上，弗朗索瓦向他的选民们表示感谢。他在市政府向全法国人发表讲话：

"这次胜利，首先是青年力量的胜利、劳工力量的胜利、创造力量的胜利、复兴力量的胜利。所有这些力量在全国凝聚成为争取和平、就业、自由而奋进的劲头……这次胜利也是充满理想的普通活动分子们的胜利……活动分子们就是我们的人民……我没有别的奢望，只想不辜负他们的信任。今天晚上世间有数亿人知道，法兰西准备对他们讲他们从它这里学会了的爱的语言。"

以上是我们所记住的这天晚上发生的主要事情。

然后是返回巴黎。记者们的汽车和摩托车、电视摄像师和拥戴者们组成一支兴奋异常的队伍。

就要到收费站了，一队骑摩托车的人在前面开路。收费站？咱们不缴费了吗？这不正常。我指出来，可谁也没有听见我的话。

巴黎。圣日耳曼大街尽是黑压压的人。比耶夫尔街根本停靠不了，尽管有安全人员维持秩序，但面对那么多人友好的表示，他们控制不了局面。这条街的支持委员会来到院子里：亚美尼亚修鞋匠、捡废纸的卡比勒、越南餐馆老板和其他许多人。他们都高兴得不得了。弗朗索瓦感谢他们。"我们都很想投你一票，可是我们没有选民证。"

从卧室的窗口，我听见笑声、歌声、鞭炮声、欢呼声震荡在整个小区和塞纳河对岸直到巴士底。我准备去欢庆的人群之中，可是到了关闭的门洞里，几个安全人员叫住了我："您可不能出去，总统夫人，我们的任务就是保护您。"这天晚上第二个问号。今天晚上我就不坚持了，可是应该给我讲明白"我的安全问题"。

没有去成巴士底，我也就没有淋那场暴雨。这场暴雨丝毫没有浇灭人们的热情。我也没有看到焰火，没有和群众一起哼唱艺术家们演唱的歌曲。

人们曾经对我讲述，人们还在对我讲述：

"从那个12岁即将上五年级的孩子，到那个惯于捉水蛇的老活动分子，全家人在地毯上围坐成一圈，面对电视机……不一会儿，啊，就在主持人已经拉长脸（我不记得是哪几个主持人，也不记是哪个频道了），打赌就开始了：'这应该是好兆头！'一个说。'不，不是好兆头……'另一个说。'他们没有权利在晚上8点之前就……'在我们家总有一个人想控制大家的热情，仿佛热情会带来不幸。终于，话说到这儿，晚上8时就到了。

"首先是一声喊叫。是从最小的到最大的一起喊叫的。我们什么也看不见了，除了电视屏幕和那一再呈现在屏幕上的图像……然后有人开了香槟酒，同时听见有人说，这是咱们家乡的酒——是咱们那儿的——布里的酒。接着，面对老莫尔旺宾馆的电视图像，大家热泪盈眶，那图像是：弗朗索瓦·密特朗和夫人达妮埃尔向群众致意……

"在巴黎，场面壮观。我不记得那天是天晴还是下雨。自解放以来，我没有见过如此欢乐的场面。1968年的场面与此次不同。那时大家冒着某种危险，进行对抗，聚在一起准备战斗……'十年磨一剑，足够啦！'

"其实，这一剑磨了十三年，无畏、复仇的十三年。十三年之后，这一回我们知道一切行将改变，一切都永远不会和以前一样了——以前，就是1958年和阿尔及利亚的战争之后，那些新贵们抢走了我们的二十三年。我们之间不会别样地称呼他们：蓬皮杜、佩雷菲特、罗杰·弗雷、帕斯卡、米歇尔·德鲁瓦、克里斯蒂安·福舍等，当然不能忘了最刻毒、最黄色的米歇尔·德勃雷。而这全部的欢乐都多亏了一个人——一个坚韧不拔的乡下人，当1965年他从那些被认定的'败将'之中脱颖而出时，我们就一直跟随着他，并且看出他就是带来另一种社会希望的人。

"和弗朗索瓦·密特朗一起，一切都将改变：股市的行情、货币、工作、人与人的关系。1968年6月战战兢兢地取得的一切胜利相形逊色。（就是给他们推荐一位莽汉，他们也会选举他的。）

"这一次，即使事情只持续到夏天，我们也把自己视为'左派民众'。左派民众，就像无套裤汉时代、巴黎公社社员时代、带薪休假者时代、抗德游击队员时代……活该，那些忧心忡忡的人，这种观念使他们冷笑或恶心，就像1871年的凡尔赛分子或者1944年的贝当元帅分子。这一次，狂喜也流露在姑娘们的目光里，流露在男人们的步伐里，流露在让孩子们骑在肩头上的那种方式里。我们胜利了……

"欢庆持续了十余天。遗憾的是，到处听到的是太多录制的音乐。扩音设备已经取代了乐器。杰克·朗以为还在南锡参加会演呢！人群占据圣日耳曼大街好几个钟头。人们走来走去，有时还朝索邦大学和卢森堡公园那边走去。大家听到端木松和杜都尔发表演说——他们差一点就要加入社会党了。记得我当时的出版商说他要参加约纳省的党代会，而不知道很久以后他要接替'绿啄木鸟组织'的一位成员。洪流势不可当……"

整个夜里比耶夫尔街都挤满了人。

我困乏了。

明天将是不同的一天了。

十一天期间，一个小小的支部忙于筹备授职那天的庆典；十一天期间，我继续推动"为萨尔瓦多和阿富汗的孩子们捐献铅笔和作业本"的运动。

我尽量不去想我跨进爱丽舍宫的门洞那个星期将是什么样。每天只需忙每天的事情。到时候我自会发现应该发现的情况。克里斯蒂娜寸步不离开我。在她眼里，我始终是她满腔热情并忧心忡忡地保护的小妹妹。这一天，她再也不知道她在我的生活中将处于什么地位，而我没有意识到。

"法兰西第一夫人"这个称号开始令我起鸡皮疙瘩。现在它还粘在我的皮肤上，我明白它遮挡一切显示出我的个性和存在理由的东西。每当我到了街上、商店里、苏斯通或克吕尼的市场，总有人向我友好地打招呼："您好，密特朗夫人，我非常赞赏您通过您的基金会为受压迫的人们所做的事情。"可是如果继续和他们交谈，问哪些行动是他们特别感兴趣的，我就发现很少有人了解这些行动的目标和所捍卫的事业。

法兰西前第一夫人无疑会淡化达妮埃尔·密特朗以女公民的身份，本着对人类和地球环境负责任的态度所从事的一切工作，淡化她的政治承诺和她在世界行动之中所开展的工作。这个世界行动旨在保护人类的未来免遭目前的自杀性政策之害。我应该迁就既成事实。媒体要求我参与有关法国或其他国家的第一夫人们的节目。当我拒绝接受这种自我暴露的做法时，可想而知针对我的人格所使用的形容就很不客气了。

有什么关系。

我希望提出来的，就是你们在前面这些页里所读到的，它想必使你们明了了我们，即左派的女人和男人，对自由、人和人民的权利、正义和团结的想法。

我们之中的一个人，有预见力的思想家所进行的教育工作，一步一步引导着左派联合的进程，直到取得政权。他的耐心、他的决心、他挫败各种阴谋诡计的能力，还有他忍受背叛和不道德行为的能力，尤其是痛苦地忍受一些伙伴不忠的能力。1981 年 5 月 10 日，登上法兰西的权力顶峰之后，他是否向自己提出了这个问题：在一个对社会党人的成功惊愕不已的世界上，他究竟有多少被认可的活动余地？

苏联坦克开到了协和广场的恐怖广告，未能吓阻人们在第二轮把票投给可憎的社会党—共产党人。戴高乐将军的女婿、荣誉勋位管理会那位总管呢？他应该授予新总统最高荣誉最高级别的徽章，却宣称他宁可辞职也不会做这件（有辱法兰西的）事。又多了十万票！这正是感觉受到侮辱的许多法国人投的票。荣誉勋位管理会总管的宣称无疑巩固了弗朗索瓦的胜利。

　　"消极的人"不得不在这个"旧派的人"[1]面前退出来。这个"旧派的人"耐心地会见，倾听法国深刻的忧虑，同时确定法国在世界格局中的地位，力求摆脱压抑我们的体制或者至少与之抗衡。

---

1. 1981 年 5 月 5 日弗朗索瓦·密特朗与吉斯卡尔·德斯坦进行电视辩论。德斯坦称密特朗为"旧派的人"，密特朗回敬称德斯坦为"消极的人"。——原注

第四十二章
先贤祠和玫瑰花

天亮了，少云。这是 5 月 21 日。

你们可能盼望我向你们透露我今天早晨睁开眼睛时的感受。这个我不记得了。庭院里回荡着门洞里传来的交谈声。

在比耶夫尔街的卧室里，我从电视屏幕上观看弗朗索瓦正式进入爱丽舍宫的情形，像所有法国人一样等待着前总统在门洞里握过手之后离去。我注视着前总统长时间地穿越主要的院子，神情虽然沮丧但带几分高傲，像许多法国人一样，我并不赞赏那些伴随着他直到他消失的口哨声和嘘声。两天前，我在电视里看了他的告别演说，对他那副可怜的样子感到惊讶。

我穿上一件带直条、上身像衬衣的紧身连衣裙，上了一辆以后就归我乘坐了的汽车，到爱丽舍宫。

在宴会大厅里举行的这第一次官方午宴的客人们，我不知道是按什么标准邀请的。主要都是由礼宾司邀请的。总统个人的客人个个受宠若惊，这回可真正有了地位。

对我来讲，不，这并不是一次发现。我 23 岁时，就陪同当时的老战士部部长弗朗索瓦出席过几次盛宴。那是受凡桑·奥利奥尔[1]总统及夫人的邀请。那时必须穿无尾常礼服和长晚礼服。我姐姐很高兴与女子时装店联系，给我借了一套晚礼服。不能说我是一个惹人注目的人。要不是一天晚上一位接待员问谁是我父亲。"古兹先生……""可是在被邀请的部长们的名单里我没见到这个名字。""是没有，因为你应该找我丈夫的名字：弗朗索瓦·密特朗。"

---

1. 法兰西第四共和国第一任总统。——译注

在勒内·柯蒂[1]任总统期间，我成了爱丽舍宫的一名常客，就是坐在总统对面，坐在后来成为二十三世约翰教皇的教廷大使和我忘掉了一切的一位美国高级军事要人之间，也不再受宠若惊。一些夫人的去世使我晋升到一流女姓要人的行列。

总之，我了解此"宫"，立刻注意到此地保护得非常好，没有改变。不过，今后所有隐藏在紧闭的门户之后的秘密，我都能够了解啦。在等待去先贤祠的时候，我仅仅探看了一下底层的政府客厅。我姐姐、我的知己、我的同伙、我的……总之我的姐姐，努力想象我在这个环境中会怎么样，不时幽默地评论几句，引起开心的大笑。

正式的仪式是这样进行的：

5月21日9点20分，弗朗索瓦离开比耶夫尔街。据报告讲，他9点32分到达爱丽舍宫，受到其前任的迎接。他的前任两天前已在电视里发表了告别讲话……应邀的客人们都到了，参加权力交接仪式。二百人汇聚一堂。弗朗索瓦·密特朗与瓦莱里·吉斯卡尔·德斯坦交谈了四十五分钟……而后的仪式是由制宪议会议长罗杰·弗雷宣布选举结果。弗朗索瓦·密特朗担任法兰西共和国第二十一任总统。接下来，是就职演说……

上午快结束时，弗朗索瓦·密特朗赴凯旋门，献上一束红玫瑰，与应邀前来的人一一握手，在显得很激动的彼埃尔·孟代斯·弗朗斯面前停了停，在凯旋门贵宾签名簿上签名。

午宴不拘礼仪，出席的都是朋友和应邀的客人。然后又回到官方程序，安排访问巴黎市政府。一行人下午5点20分抵达。新总统受到巴黎市长雅克·希拉克的欢迎。这一天雅克·希拉克是第三次和弗朗索瓦·密特朗握手了……在正厅里致欢迎辞和答辞。接着两个人在相邻的房间里进行私下交谈。

下午快结束时，弗朗索瓦·密特朗离开市政府，又登车上路，穿过塞纳河，进入圣米歇尔大街，再拐进苏弗洛街，停下来，下了车，穿过人群徒步朝街的上头走去。

他手里捧着一束玫瑰，进了先贤祠……

---

1. 法兰西第四共和国最后一任总统。——译注

以达尼埃·巴朗博伊姆为团长的巴黎乐团演奏《欢乐颂》……弗朗索瓦单独一人进到地下室，在让·饶勒斯、让·穆兰和维克多·舍尔歇等人墓前默祷。

参加自上午开始的仪式的，有许多外国要人和文学艺术界名流，如葡萄牙总统马里奥·索尔斯、希腊作曲家米基斯·狄奥多拉基斯、智利的阿连德夫人、西德总理维利·勃兰特……

民众的庆祝活动没有停止，直到晚上还冒雨继续进行。经历过"1958年5月13日政变的那一代人"还记得：大家都喜欢在先贤祠的表现。新总统手捧玫瑰，走向他所选定的伟人们。大家都承认，这个礼仪过去那些"大笨蛋"都想象不到。除了继续马尔罗式的说大话——用微弱的、受到启发式的嗓音说大话。更有甚者，在谈到大仲马时，竟至把他的天才和肤色混为一谈。在街上，民众的脚都打湿了。回首看到另一位，被击败的那一位关上办公室的门，形单影只地离去时，大家不免有一丝"负疚"之感。他忘了带走自己的手风琴。从本质上讲，大家都不是那种人，会在他从办公室出来时往他身上吐唾沫。我们这里，大家都喜欢这样做……而这并非始于这一刻。理成平头的妇女嘴里叼着香烟，歪戴着贝雷帽，气势汹汹地端着冲锋枪，烦躁不安地走来走去：这不是我们的派头。另一个人以那样灰溜溜的方式离去，令我们感到沮丧。但是人们并不怀念他。就在这时，大家听见一位女士，一位女阴谋家跑着闯进凯道赛（外交部），宣称文化是当务之急——这是我们已经知道的——应该开放所有博物馆。"在卢浮宫，"她说，"米洛的维纳斯正向你们张开手臂哩。"我们承认，这一天的庆典结束了……

先贤祠的仪式全都讲述过了。一切都复制成了图像并加了评述。开始下雨的时候，我看见雨滴顺着弗朗索瓦镇静的脸往下流，一股对他的强烈的爱，使我的心随着贝多芬《第九交响曲》奔放的节奏而跳动。最后几小节消失在暴风雨之中。我的这一天结束了。我拿定主意之后便走到弗朗索瓦身旁，附在他耳边说："我和我姐姐一起回家了。"

第四十三章
总统夫人的函件

一个个礼拜又一个个礼拜期间，比耶夫尔街 22 号的便道总是撒满红玫瑰。我每天早上离家，去安排我那位于总统左翼走廊尽头的办公室的工作。

那是一个漂亮典雅的房间，墙壁贴的是缎纹布墙衣，同样的布制作的厚重的窗帘，用华丽的束带固定住，漏进微弱的日光。一大束绚丽的花点缀着假壁炉台。几把路易十五时代的扶手椅，摆在同一式样的办公桌对面，使人更多地是想进行上流社会的交谈，而不是拆阅寄给我的信件。

唯一的一个古老的橱柜，抽屉全是空空的，让我的想象力没有受到任何遗迹的玷污。一个女人羞怯地自我介绍："我是秘书，叫做夏莉叶……""你好，小姐，欢迎你。我想请你对我说说，你是如何处理吉斯卡尔·德斯坦夫人的信函的，让我好考虑我能做些什么。""大部分都转给了相关的行政部门……至于少数特别让人感动的信件，要呈交给总统夫人，我的任务是要在回信中附上一张五百法郎的支票。""好，我会考虑的……你如果愿意留下来和我们在一起，我会把我的意图告诉你。"

我从来没有对你们谈过爱莱娜·维内。她给弗朗索瓦当过多年秘书。作为忠实的朋友，她经历过我家所遭受的最痛的时期，直到 1961 年。这一年她被内政部召回，并被玛丽-克莱尔·帕普盖取代，后者在这个岗位上工作到弗朗索瓦去世。爱莱娜尽管离开了，我们政治方面和家庭方面的所有重大事情，她还总是参加的……

"爱莱娜，你愿意帮助我筹备我的秘书处吗？如果你愿意，我们可以一块儿阅读寄给总统夫人的信件，以便确定我的任务。"

190

几个月期间，分拣、归类之类的工作，必须有不同方面的多名专门助手，如社会方面的、财税问题和司法问题方面的等；而回函则是要对寄发人的做法加以指导，使他们熟悉情况，保护好他们要寄发的函件。

啊！当与行政部门的关系变成了聋子对话时，有时也需要我出面干预。这时我就扮演愤愤不平者的角色。

在争取人权和世界各国人民的权利方面，我的朋友安娜·拉穆什成了一位绕不过去的谈判对手，因为她觉得她肩负着我托付给她的重大责任。我们有无穷无尽的回忆可以分享，将来我们会请圣彼得作证，继续共同分享。

头几个月，寄给"总统夫人达妮埃尔·密特朗"的函件之多，超过了总统府所有顾问所收到的函件的总量。

我说的不是寄给总统府的各种要求、请愿书、申诉书等。这些函件由位于塞纳河对岸阿尔玛的一个指定机构处理。

从这些原始信息，产生出一些分析、报告。

我想我们在总统府的底层工作得很出色。我的秘书处最终占用了整个底层。

请想象一下吧，无论如何地方总显得逼仄一些。一天我指着走廊尽头一扇总是关闭着的门问道："这个房间有人用吗？"有人回答我："这是'戴高乐夫人的小教堂'。"

"这样说来有十三年没有用啦？"

啊！我的"小机灵鬼"悄声给我出这个坏主意："紧挨着我的秘书处的一个大房间，真是意外收获！当心哪！达妮埃尔，你休想！这是大不敬，大不敬！"我最好别再打这个主意。

我所熟悉的一个在俗教徒的教训，我没有记住吗？那时他就目睹把迪南中学的小教堂改成了体育馆？

我开始进行编目。爱莱娜终于留了下来，和我一起领导秘书班子。秘书们阅读、研究各种申诉，按照错综复杂的行政部门，把我的信函分门别类，记录下一些证据，让我从中获得一些信息，提出自己的看法，希望能让掌权者们共同分享。

弗朗索瓦已经提到的"建设性的抗衡势力"的概念，在我眼里具有了某种意义。几年间，我每天都阅读一摞一摞的函件，并在所有复函上签名。一个又一个月期间，我纠正、指出我要本着什么精神，与向我提出诉求的男人和女人们保持关系。进行解释而不以教训者自居，不炫耀特权，并不总是容易的事。

对这个秘书班子我永远感激不尽。我觉得她们工作出色。

下午将近5点钟是小憩时间。爱丽舍宫大花园是一个散步的场所，我们几乎每天在这里相会。我瞥见了弗朗索瓦。他正要溜达第一圈。我赶到他身边，让我的步伐合上他的步伐。我们默默地走着。过了一会儿……"你一副思索的样子，有什么犯难的事吗？""我刚刚遭到别人的拒绝，心里很不是滋味。我感到很难让人理解自己。我邀请了几个著名的人道主义社团的代表，向他们表示愿为他们效劳，如果他们觉得用得着我的话。我估计他们想歪了，担心你在背后操纵我，以图重新掌控社团活动。我明白他们不接受我。""这有什么大不了的？你如果在社团方面继续发挥作用，你就成立自己的社团，这样你就和他们平起平坐了嘛。"

几天之后，"6月21日社团"将自己的章程报送内政部备案。为什么叫"6月21日"？因为这是我们在花园里交谈的日子。这个社团的使命就是捍卫人权和各国人民的自决权。我趁势让"携手合作"社团开展工作，致力于推荐由于缺乏担保而事业受阻的创作者们。

我不谈第三个社团。这是我造成的。这个社团收集已经报废、经过修复能再使用的设备，运到第三世界国家去发放。如今这种事在我都不可想象。这可不是对这些国家值得尊重的人民的善举。

此后，我学会了了解各国人民，让"法兰西自由基金会"配合他们的规划。我又在世界社会论坛上遇到他们，再也不会想到拿经过马虎修理的设备施舍给他们。那些设备往往不合乎他们的需要。

在我们这个热衷于捍卫自身特殊经济利益的欧洲，法国人及其邻国的人都"屈从于国家理由、政党控制和种族狂热，倾覆于奴役之中"。

这话说了几十年，可是我没有听到反响。过了二十年，当我与聚集在危地马拉的所有美洲印第安人，响应女活动分子丽哥贝塔·曼楚的号召一块游行时，才觉得必须下决心予以重视。这些美洲印第安人，他们选择了以另一种方式生活！

我回到巴黎说："弗朗索瓦，我还从来没有听到过有人就民主发表比本来应该的还更清楚的演说。我觉得有了美洲印第安人的帮助，我们将重新找到民主价值观的基础，如果人类重新沿着理性之路前进的话。"

"你说的也许有道理，但为时过早。资本主义制度下的人还没有准备接受。"

我有耐心，与我的拉丁美洲新朋友们保持着接触。

我对在位的各国总统以同样的热情说同样的话，我的法国第一夫人身份允许我这样做。可是毫无结果，他们都把我当成一个有幻觉的人。

例如在智利，我对社会党总统谈马普切人。这个印第安部族的人邀请我去访问，为世界上砍伐森林的做法给他们造成的不可逆转的伤害作证。我对总统描述了我所见到的情况：被迫迁徙的家庭，被毁掉的村庄，起来造反而遭到拷打、最终被关进监牢的男人，还没有干涸但受到了污染的水……我所得到的回答是："您为什么去那个地区，那里原始、落后的部族不好好投票？"我算明白了，我得不到这些友好的主人的任何帮助。他们曾经勇敢地反抗独裁者皮诺切特，但对我的讲述充耳不闻。显然，在他们看来，我被马普切人蒙骗了。

我又足足等了十来年才发现他们：路易·克洛迪奥、欧热尼奥·米歇尔、卡杜。他们都是巴西富矿之州图米纳斯吉拉斯人。他们在印第安人朋友们的陪同下，翻越过一座座山冈，跨越过一条条溪涧，与这里的大自然融为了一体，时时欣赏着大自然的财富。大地的教训和居民们集体的记忆，使他们对大自然赐予的财富抱着小心谨慎而又敬重有加的态度。

他们所进行的高级调研不会使他们拘泥于一格，不会使他们放弃自己的抱负：对庞大的、多余的发展规划，对铁矿开采的激增，对大型森林企业增加赢利的雄心提出质疑。他们感到忧虑，决心抵抗追求不切实际的利润的歪风。

"这不是我们希望留给后世的遗产。某些人所积累的金钱与财富，根本不能代表已成不毛之地的土地丧失的、被毁掉的遗产的价值。"

解毒处方：向联合国教科文组织申请，把整个埃斯皮尼亚苏山地区作为自然保护区。此事已办成。

现在，受威胁最严重的地区成了受法律保护的国家公园，这就排除了开办一个铁矿的威胁。

其次，塔布莱鲁瀑布保护协会的成员们并非只抓一点不及其余。他们非常了解情况，不会放过任何东西。

可是，集中在少数人即创造所谓国内生产总值的那些人手中的钱，是与实际经济没有任何关系的一种财富，因为这种财富不会投入实际经济，由此便产生了日益严重的不平等。实际上，经济是由雇佣劳动者们维持的，他们使"工具钱"流通，而"工具钱"只占财富的不到10%。

正是从这个意义上讲，埃斯皮尼亚苏山地区成了"虚拟的钱"可能创造利润的样板……

一位企业家在那里发现了铁矿。然而这个地区列入了国家保护区。他很难违反保护自然生态的严格规定，因此投资的想法仍处于规划之中。然而，他出售自己的"想法"——他将之估算成可观的数字：五十亿美元。他找到了一些买主，他们在变化的市场上发行股票。这就使梅纳斯吉拉斯州的国内生产总值人为地上升了……而这也就使得不存在的规划变得确实可靠。拥有这些矿山的当地居民没什么好说的。如果规划得到落实，这将是一个热衷于赚钱的人的阴谋诡计。铁矿得以开采是再正常不过的事，当地居民不能反对这个规划。但是利润应该归他们。如果铁矿开采了，而它已经整个儿卖给了外国人，外国人不顾当地经济，把采矿所赚的钱汇到国外去了。这样当地居民至少有充分的理由去找他们的政府算账。

我每次跨越大西洋，一定要去这个地区。站在和平山或圣山的一堵峭壁上面，我与当地的伙伴们眺望太阳渐渐落到地平线下。降临的夜色把我们的梦想带到明天；明天，理性的希望终将触动人们的思想。想到这里，我们安心了。

第四十四章
人类世界的启蒙

礼宾司忙得不亦乐乎。威尔士亲王婚礼的请柬已送来几个星期，总统夫人似乎没放在心上。我收到各种各样的大量建议。要准备多少套衣服：出席头天晚上的招待会穿的，出席威斯敏斯教堂的仪式穿的，还要一套晚上的……帽子必不可少，不要忘掉了手套，还有要行屈膝礼，还有……还有……我把一切推给我姐姐，对她说："这个你设法帮我解决吧，到我应该试穿的时候，你再告诉我吧。"

啊！我穿一身带本色花的裙套装，戴一顶同样料子的宽边遮阳女帽，显得多么漂亮！可是谁也没有注意到我……这倒是挺好。我从来不曾渴求过明星的荣耀。从今以后有一个社会党人当总统的邻国了，在大为吃惊地发现这一点之后一个月多一点，惊骇的气氛无论如何还没有完全消散。王宫——倒是挺殷勤的——和它的常客们，都还没有准备接纳这对讨厌的小鸭子。虽然女王的家系始自圣通日一个小贵族的分支，弗朗索瓦的祖先也出自于这个分支。啊！先生们、女士们，世界真小！

我以极大的好奇心和应有的认真态度所经历的这初次正式出国访问，并没有扰乱我的生活。一切我都忘到了脑后。现在想谈谈这个话题，不得不寻找档案里保存的照片。

我有别的事情要对你们讲述。

头一次访问美国，我有机会会见了里根及其妻子南希。我谦卑地承认，这次访问给我留下的回忆，对我的行动指南具有决定性的意义。再现南北战争最初一场战斗的一出轻歌剧风格的戏，并不特别令我着迷。得了，我不想装出对接待感到腻烦。舞台的再现很美，布景动人。

我一回国，我姐姐克里斯蒂娜就催我："讲一讲吧！"她连珠炮似的向我提问题："你觉得里根怎么样？""他爱讲故事。他年轻时刚结了婚头一次来法国时，我就知道他所遭遇的一切，当海关职员让他打开南希装满小裤衩的旅行箱时，他的尴尬……"

八年间，多少次每当讲到这件事我总是开心地哈哈大笑。

南希过分重视安全问题。在一次正式访问期间，她为我举行了一次女士午宴。离席时，我告诉她，我这就去一艘停泊在锚地的法国船上，她表示不能理解。

"可是，节目单上没有这项活动啊！""是没有，不过今天早上船长邀请我去船上参观并向水手们致意。""不行！航道没有设信号标志，你不能这样去冒险。""为什么不行？难道我还要怕美国人吗？""你丈夫不曾成为暗杀的对象吧？""我想他成为过……再说他打过仗、受过伤。我信得过你的同胞们，我这就去港口。"

我有机会以法兰西自由基金会的名义走遍美国，去发现代替货币的经验，支持主张废除死刑的人，到联合国为各国人民包括库尔德人和古巴人的权利辩护。我甚至在美国建立了达妮埃尔·密特朗基金会。它本来很适宜募集资金，可是美国的富人们不看好它。他们不太喜欢我的演说。

然而是他们，知识界的这些美国人在 1991 年给我颁发了著名的IPS[1]勋章。一次盛大的晚宴使慷慨的赞助者和为晚宴付款的同道聚到了一起。出席者都是与这次晚宴的盛誉相称的人，他们被安排坐的餐桌都有十至十二个座位。我事先撰写了一篇答谢词。是基金会维护人权和维护各国人民权利的行动，使我获此殊荣。

出于礼貌，我让陪同我的法国大使看了这篇答谢词。

"总统夫人，我祝贺您。此文无疑甚佳，不过有关古巴那部分，我得提醒您，这一段最好不要讲。""难道古巴人被排除在《人权宣言》之外吗？难道他们与该宣言的第二条无关吗？宣言第二条说：'每个人不分种族、肤色、性别、语言、宗教、政见或源于国家和社会的任何其他见解，不分财产、出身和任何其他身份，均无一例外地享受一切人权和一切自由。'罗斯福夫人的笔，难道不是与法国法学家勒内·卡森的

---

1. 即 Inter－Press Service，国际新闻通讯社协会的简称。——译注

笔蘸了同样的墨水而写道：'不因国家的政治、法律和国际地位而有任何区别'？受到这份维护自由，首先是维护言论自由的普世宣言之启迪的伟大民主国家的国民，难道不应该听一听有关古巴人民处境的真相吗？我想你低估了该国人民思想的开放程度。我不会从我的讲稿中删除一行文字。"

尤其这次获奖被认为是对能提供隐蔽信息的非政府组织的鼓励。

啊！我们的大使言之有理。当我揭露库尔德人的苦难时，掌声震动了整个宴会厅。相反，我一提到那个可诅咒的小岛时，就见四张餐桌的客人起身离席而去。我不想对你们讲我心里想做的动作，我的父母在他们的坟墓里也许会训诫我……唔！我丝毫不觉得受到了冒犯。这种场面，几年前美籍法语作家艾莉·维耶瑟尔对我施行另一次报复时，我就已经领教过了。

你向他们挑衅，就是反美。你们，啊！我说你们且慢。什么叫做"反美"？美国人吗，在别的地方，在他们忙于日常事务之时，我也碰到他们。我与他们一道反抗压迫四分之三人类的不公平制度。我在西雅图再次看见他们反对拿生命做交易的世界贸易组织。与他们一道，我们使世界社会论坛的水政策研究班气氛活跃。我研究过纽约州伊萨卡的互助经济的经验。把美国人解读为利用自己的形象对全世界进行剥削的一种全能管理，不是热爱美国人；把美国人等同于使武力服务于不值得称道的野心的一项政策，不是敬重美国人。

第四十五章
所谓坎昆演说

1981年，各国元首高峰会议定于10月份在墨西哥的坎昆举行。

"您陪同总统去吗?"礼宾司的官员问道。"不知道，容我想一想吧。"

三个月两次重要出国访问：英国和美国……这需要紧张的准备，要占去我很多时间，而这些时间要从我认为更有益的任务中挤出来。

弗朗索瓦徒然地对我说我太认真了，没有必要温习美国历史，记住南北战争中英雄们的事迹。总共才去两天，从一个讲坛到另一个讲坛，不过是在正式宴会上露露面而已。可我就是听不进去。

有人告诉我，当你要去旅行时，你就得想办法知道最起码的必要情况，以便对地方和那里的居民作出评价。我收集了一套《我知道什么?》，一本本仔细阅读，都不知道自己身居何处了。

于是，我给自己规定：高峰会我不去。

可是，坎昆高峰会之前的墨西哥正式访问呢?啊，对!我要去。

我怎么能放弃去革命广场和三文化广场与墨西哥人民相会呢?

向所有自由战士致敬，而法国通过弗朗索瓦的声音，向他们发出希望的信息，这将坚定我对自己的使命所抱的信念。

"向妇女们、男人们，向所有'英雄的孩子们'致敬。"

"向卑贱者、移民、在自己的国土上被放逐的人们，向这些渴望生活、渴望自由地生活的人致敬。"

群众兴奋不已，群情激动。

"向受压制、受迫害、受摧残的人们，向这些渴望生活、渴望自由地生活的人致敬。"

人群中一片嘈杂声，愈来愈响。

"向被监禁、失踪和被暗杀的人，向这些渴望生活、渴望自由地生活的人致敬。"

掌声和欢呼声湮没了整个广场。

"向受到粗暴对待的教士、被关押的工会干部、靠卖自己的血活命的失业者、被赶回森林的印第安人、无权的工人、无地的农民、手无寸铁的反抗者，向这些渴望生活、渴望自由地生活的人致敬……"

欢呼声达到极点，变成了狂呼。

我站在讲坛上，感觉到自己的心奔向了这些百姓，我会见过他们、倾听过他们，因而很了解他们。在墨西哥和在别的地方，遭受剥削、压迫和杀戮的百姓都是一样的。

这时我忘记了弗朗索瓦患有严重的坐骨神经痛，几天来一直折磨着他。可是，激情澎湃的墨西哥人使他也激情爆发，忘记了一切疼痛。傍晚回到宾馆，请来的许多医生对治疗方法意见不一，没有一个知道如何止住疼痛。

在弗朗索瓦去坎昆参加首脑会议时，我受到一位女士的悉心照顾。这位女士对自己国家资源的了解令我着迷，她就是卡斯塔奈达夫人。

大家都认识她，敬仰她的博学。她懂得引导我深入印第安人社会，深入他们的文化、生活艺术、宏伟的寺庙，仿佛我就是他们之中的一员。当我重新发现了他们所设想的那种民主，即本来应是的那种民主时，我对他们所抱的兴趣，也许与她不无关系吧。

也许是受到这位女士的启示，几年后我受黎戈贝尔塔·芒楚的邀请，赴危地马拉的凯察尔特南戈参加美洲印第安人的大游行。

那是 1992 年……也许我与埃沃·莫拉莱斯或者埃顿·克勒纳克同时参加了那次游行。这两个人如今是法兰西自由基金会在保护水资源和维护财富新标志方面的优先合作者。

在危地马拉总统夫人为欢迎我而举行的午宴上，我试图将我的热情传递给她周围那些"政要名流"。那些人似乎都在认真地倾听我，但对我的演说根本没听懂。"她在对我们谈论谁?"然而，我向你们肯定，1992 年表明我对未来的看法进入了一个新阶段；此前我一直把未来看得特别阴暗。

我们的任务的规模把我卷进了一个领域：这是美国政府的审查政策深深介入的一个领域。

第四十六章
在尼加拉瓜的会见

　　在去法兰西自由基金会出资的一个工地途中，我遇到的那个年轻的尼加拉瓜妇女承认吗？她是怎样获得弗朗索瓦拯救的？那是在 1979 年革命之后……一项发展教育、医疗卫生和实行土地改革的政策，获得了充足的预算。一位年轻的尼加拉瓜妇女高兴地告诉我们："革命前在索莫查的独裁统治下，我们什么也不能参与。仅仅五年时间，发生许多变化，而且还在继续发生变化。我在埃斯特利北部山区的一个农业合作社里工作，与另外七个妇女和十五个男人种一块地。这块地过去是一个从没露过面的地主的咖啡种植园。革命后，在这片土地上干活的家庭成了业主。它们使生产多样化，引进了小麦、四季豆、甘薯、白菜，同时还饲养奶牛。过去我们不得不租一小片土地，种我们能种的东西，把收成的一半上交给地主！现在我们干得也很辛苦，不过是为我们自己干了。"

　　尼加拉瓜婴儿死亡率的降低得到了世界卫生组织的奖赏，却无幸博得"美国皇帝"龙颜大悦："我们指责尼加拉瓜，因为它遵循一种我们不能容忍的发展模式。俄国人肯定来到了那里，我们美国人处于正当防卫的地位，以确保根除我们一不当心就会扩散的隐患。显然存在一个敌人，存在与整个阴谋有关的一方，它蔑视我们。我们必须采取必要的严厉措施。"

　　我记下的这段文字是我在一份报告里阅读到的，没有说明出处，本是不应该引用的，在这里我认错，由于没有更好的办法，姑妄为之。不过，这段文字与我在某些情况下旁听到的那么多次谈话相吻合，那些谈话我不能加入，但我自己能复述出来。禁运、武装康特拉人、支持忠于索莫查的人，这就是恐怖政策。认为对现状不满的人，从本质上讲可能并不是"苏联人"，也不是恐怖分子，而是这样些人：他们坚持要开发自己的资源，满足自己的需要，信赖一个被认为是致力于为他们谋幸福的政府。这种看法就是不明智吗？

当我们冒险走到被康特拉人破坏的土地上，去会见我们所支持的一个农业合作社的主承包人时，是否应该自认为是这样呢？

1989 年我重访尼加拉瓜，捎回了达尼埃·奥尔特加给弗朗索瓦的口信。我知道，这个恳求的口信表达了尼加拉瓜人民的希望，即希望欧洲的支持能取代当时已经停止的苏联援助，使他们的经济能够保持最低限度的发展。我还记得与一位大学生在他的学校里的交谈。他与他的一个同学分享他的奖学金，以便使两个人都能继续学业。"为了帮助奥尔特加。"他说。

达尼埃·奥尔特加强调了三次，要我务必把他的信转交弗朗索瓦，使我感觉到自己肩负着这个国家的人民寄予法国的希望。我作了非常详细的说明，又一再敦促，重复一些人和另一些人的论据。

"我将在下一次欧洲首脑会议上提出这个建议，"弗朗索瓦回答我说，"不过我知道不会有人附和我。为了法国我会做它能够允许我做的事情，但是没有任何人会与美国的政策唱反调。欧洲的决策机构不会更倾向支持一个反对美国的政府。"

于是，奥尔特加被一个乖乖听话、足够新自由主义的政府所取代。这个政府不会反对实施压倒整个中美洲的庞大的"普韦布洛·巴拿马自由贸易计划"。资源将遭到跨国公司和它们所催生的政权的掠夺。

第四十七章
大 版 图

写到这里，我想该向你们谈一谈我在互联网上已经进行了几年的研究中发现的一份文件。

当我向周围的人，在一次辩论中向一些政治方面的朋友，提出下面这个问题时，他们都显得茫然："你们知道'大版图'的定义吗？不错，我说的是'大版图'，它是在第二次世界大战期间想象和形成的。"

正当我这一代的男人和女人，我这一代的有生力量反对在欧洲建立纳粹帝国时，在美国，由对外关系委员会和国务院组成的一个名为"战争与和平"的研究小组，却在构思"大版图"计划。

这刺激了我强烈的好奇心。有人告诉我，大版图计划应该覆盖保障美国经济需要的所有地区。照一位计划制订者的说法，即覆盖"必不可少的世界战略空间"，以确保控制世界，找到新的土地，容易得到原料，同时剥削当地"奴隶般的廉价"劳动力。发扬殖民地思想也能使美国人工厂里生产出的产品销售出去。

当时动不动就要求保守机密，谁能自夸知道更多情况呢？这是最高机密！可不能引起对这个伟大而慷慨的国家隐蔽的用心的怀疑！它曾经毫不犹豫地牺牲自己的士兵，将欧洲从把它置于血与火之中的独裁者手里解放出来。而就在这期间，一组人正在炮制一份直到1948年五角大楼才阅读到的文件。

这份文件的无耻令人吃惊。其内容勾画出了美国政府的计划："我们拥有世界上将近60%的财富，而只有世界6.3%的人口。由于这种情况，我们不可避免地会成为嫉妒和不满的对象。我们近期内的真正任务，是构想出一种关系的方式，保证我们能保持这种不对称。我们不要抱有幻想，奢望我们可以成为人类的利他主义者和施恩者。我们应该停止谈论诸如人权、提高生活水平、民主化等一类空泛而不现实的目标。我们按照纯粹实力的概念行事的日子不远了。我们越少受理想主义口号的束缚就越好。"

行啦，你不是要唤醒对我们的救星的意图的怀疑，而破坏我们巨大的幸福吧？大西洋彼岸一些家庭为了解放我们而失去了他们的孩子，我们对他们所作出的牺牲和所遭受的痛苦表示敬意，对在诺曼底海滩登陆的美国士兵永怀至爱和感激之情。我们欧洲的女孩和男孩，渴望触摸尼龙长袜，穿我们在美军"剩余物资"中发现的圣诞礼物般的牛仔裤和军服，嚼能显示尚武气概和无拘无束的口香糖，我们唯有感激，感激涕零。谁想把乔治·凯南大使1948年提交给五角大楼的报告放在我们眼前，我们肯定不看好他。

这是本着时代的精神，至少在华盛顿是这样……

不应该忘记，在战争快结束时，罗斯福政府的财政部长、银行家亨利·莫根索考虑对纳粹德国进行惩罚，给艾森豪威尔将军发了一个指示，是这样说的：

"必须让德国人感觉到，德国无情的战争手段和纳粹的疯狂抵抗，摧毁了德国经济，带来不可避免的混乱和痛苦，他们应该对自己的行为负责，无法逃避其后果。德国被占领不是为了获得解放，而是作为敌国，它必须被解除武装，必须非纳粹化，必须分散权力。在占领者和被占领者之间决不能讲友爱。它主要的工业将受到控制或者被取消。"

再说，莫根索计划的部分内容在德黑兰会议之后的雅尔塔会议上进行过讨论：将东普鲁士和上西里西亚割让给波兰，将萨尔和莱茵河左岸一部分割让给法国；彻底拆除德国的矿业和工业基础设施；使德国变成一个纯粹的农业国；将鲁尔盆地置于国际控制之下，以防德国准备新的战争；建立三个德国；作为惩罚，让部分德国劳动力到国外从事强迫劳动……最后但不是最差的——由随军餐车提供的"唯一的一种菜肴"，在数十年之间强迫全部人民吃……

随着时间的推移，另一些事变不可避免。人们不免要问：为什么要这么多军备，为什么要花数十亿美元来保护自己？为了防止谁？为了进攻吗？使一些国家的人民深陷穷困？核武器和太空盾牌？对付谁？纯实力报告的语言？靠武器？或者毋宁说靠恐怖手段？你以外交语言谈论的就是这些吗，凯南大使先生？

掩饰意图的假象，操控人们思想的伪善手段，是否为实现你们的野心准备了有利的条件？

我不需要阅读拉斯·舒尔茨和爱德华·赫尔曼的考察报告就知道，美国的援助和提供给商业界的机会是相辅而行的，管他什么人权和各国人民的生活水平呢，只要生意兴旺发达就成。

在欧洲东部，我们也受到一个强国非常现实的威胁，而这个强国并不更尊重人权。在这种情况下，我们生活在一个什么世界上呢？一种咄咄逼人的外交，为另一种恐怖提供了一个好借口……

当金钱强权左右着你的时候，一切手段都在考虑之列，以便强加自己的规则，建立自己的版图。

深受这项甚少顾及生命的世界政策之害的一些国家的人民向我预告危险时，我远没有想到，这项政策纯粹就是要使其他国家完全从属于美国的国家利益。根据它们的理解程度，世界上的各国政府被称为友好的和无赖的或"流氓国家"，因为它们不服从强权，与"开明国家"相对立，而开明国家的主权被认为是最宝贵的财富。

举个例子。你们是否记得，里根总统在十分生动地讲述他的法国之行时，是怎样把利比亚定为一个"流氓国家"的？因为利比亚支持尼加拉瓜军队抵抗由美国训练的武装力量，从而侵犯了美洲的领土。利比亚，该挨炸。于是乎，1986年，利比亚的总统和首都挨了一顿"警告性的"轰炸。

怎么样？马歇尔计划万岁，世界银行、国际货币基金组织，这些为不可告人的"大版图"计划而建立的机构万岁？随后建立的还有世界贸易组织，其乐队指挥就是万能的美元。所有大的代理机构在财政上都依附于它，再也没有什么话可说。

在我回顾这一切的时候，一个矮个子总统的形象浮现在我眼前，穿着一件过大的上衣，扑进小布什的怀里……

随之产生的一切就合乎逻辑了：依然停留在崇拜金犊的人性，把商人们安置在圣殿里，让他们蜂拥而上去抢夺金子。美元作为参照货币确保声誉。对于"谁是这样一位先生呢？"这个问题，大家听到的回答是：这位先生的"分量相当于许多美元"。

"哦！这应该是一位很体面、很有影响力的先生，肯定无疑……"

正是这种人性在这样教育着自己的孩子们："你是最漂亮的，我的儿子！你最强壮！你肯定是班里的第一名！你将给我们增光，上国立行政学校、综合工科学校、高等商业学校等名牌学校……你将建立你的跨国公司，吃掉所有竞争对手。你将成为富翁，我的儿子，你将有权有势，你准能成功！"

现行体制下的孩子们吗？凡是能赚钱的东西，他们都渴望买进卖出……一味地说空话的广告业是绝好的未来职业。商人们靠别人的劳动发财，而不按别人所付出的努力合理地给予报酬。他们也靠他们掠夺、霸占的财富发财。他们这样做当然是真诚的，因为他们所受的教育就是如此：获取利润。他们两眼盯住股市，盯住四十个证券经纪人公司或者其他的道·琼斯指数……

"一代人在头脑清醒的一瞬间，看清了危险的性质，知道他们如果甘愿融入体制之中，体制将把他们碾碎。"

弗朗索瓦是否知道这份透露出美国政府帝国主义野心的文件？

现在更明白了，他在 20 世纪 60 年代就谈论过的这种体制，是按照这样的逻辑设想和落实的：其结构、工具和人都是按照控制世界的目的安排的，以期建立一个极权。

我不认为我的法兰西自由基金会，会因为我迟到的发现而受到损害。

董事会的成员们像每一个明智的人一样，知道即使在最优越的社会里，也不会一切顺利。他们承认，没有人会无所顾忌地指定其角色的世界政策，并不是为各国人民的普遍福祉设想的。不过由此而认为，我们这个世界的命运，是由一小批美国精英想象出来的，不会遭到战争的杀戮和毁灭，这种说法也不合他们之中某些人的心意。

我把自己的发现告诉大家，说明必须把基金会的行动引向建设"另一个可能的世界"，这也就阐明了我的战略，使之接近于变革的世界主义运动。

在董事会的会议桌上，我遇到一些反对意见。"多亏他们解放了我们，长眠在我们公墓里的美国士兵，不应该听到对事实的这种解读。你不能忘记这一点，也不能重写历史。"可是，怎么会把 1944 年 6 月 6 日从我的记忆里抹去呢？它可以成为一本书的题材，书中情不自禁地没完没了讲述听到《如泣如诉的小提琴声》时，那种难以描述的激动心情。每个人感受到这种激情时，就像获得了解脱，看到了飞向所有希望的信号。我中断的中学毕业会考！一切都无关紧要了，因为我们就可以"生活，自由地生活"了。

不，我绝不会说"登陆"那一天不是那一年最美好的日子，不是我二十载人生岁月中最美好的日子。

将法国人从纳粹统治下解放出来！拯救民主！他们是为了拯救民主而在诺曼底登陆的。许多人献出了生命。可是他们同样知道，他们不认识的一个研究小组头脑里有着别的目标，大笔一挥就抹去了民主的准则。

因此，今天我们让子孙后代获得自由，去建立另一个可能的世界，就是向这些为和平和民主而牺牲的年轻人表示敬意。我知道，现行秩序和某些人追求舒适，无助于阻止往机器里塞沙粒，使机器避免不幸的命运。

我这一天的讲话引起了混乱……会议结束了。只有在下次董事会上，我才能让大家深深地赞同我的信念，根据在世界社会论坛上阐明的主题，推进我们的工作。

第四十八章
瓜分世界

我将有机会证明，每当我们要对各国人民的诉求作出回应时，我们总是与美国的这种国家利益政策发生对抗。我说到的国家利益，并不一定是关乎美国人民的利益，就像我们尽力理解的那样，而更多的是操纵、控制、掌握和影响世界经济的那些人的利益。而所谓世界经济是受华盛顿特许的统一思想启示的世界经济。

他们如此自信而得意扬扬，甚至没有邀请我们的救星、伟大的将军参加雅尔塔会议！不可饶恕！斯大林的谈判对手只有罗斯福和丘吉尔……德国的命运是在法国被排除在外的瓜分中决定的。

雅尔塔会议并不是在雅尔塔，而是在它附近的利瓦迪亚举行的。它成了一件荒唐的事，尤其是在法国，由于戴高乐没有受邀与会而心里充满恼恨……人们像平时一样，跟着戴高乐将军拿这次会议说事，这就忽略了两个错误，即地点和决定。

会议是在 1945 年 2 月 4 日至 11 日举行的，至少应该讨论三个问题：加速结束战争；在希特勒即将失败之后，决定德国的命运——从而也决定波兰的命运；确保同盟国胜利之后的世界稳定。

"瓜分"世界并不是像我多年间所相信的那样在雅尔塔决定的，而是 1943 年 11 月 28 日至 12 月 1 日在德黑兰决定的。也是在德黑兰决定了盟军在法国海岸登陆。

像德黑兰会议一样，雅尔塔会议的参加者仅三人——"三巨头"——苏联的斯大林、美国的罗斯福和联合王国的丘吉尔。三巨头之一的罗斯福两个月之后就离开了人世，而被杜鲁门所取代。7 月份，在西线战事结束后，丘吉尔被忘恩负义的英国选民击败，由工党的艾德礼取代。同样是 7 月份，在波茨坦，德国事务就由两位替代者、两位对事情不甚熟悉的新人来处理。他们被战争和战后真正的胜利者约瑟夫·斯大林玩弄于股掌之间。不过，一个重大事件限制了苏联人的野心：美国拥有了原子弹——这种"极端"武器正在内华达州的沙漠里进行试验。

如果说军事上和经济上的分量，使美国很快获得了这里所提到的优势，那么在德黑兰关于划分"势力范围"的激烈争论，则是在斯大林和丘吉尔之间进行的。讨论到巴尔干问题时，争论达到顶点。斯大林要把他的势力延伸到包括希腊在内的整个巴尔干地区。丘吉尔长期主张在这个地区采取攻势，从侧翼包抄红军，尽量限制它的推进，所以在希腊问题上寸步不让。

罗斯福对"瓜分世界"的想法不怎么感兴趣，而更多的是主张把民主国家团结起来。对他而言，就像上一次大战之后对威尔逊而言一样，要紧的是建立一个国际组织，负责防止和限制冲突。他没有考虑别的事情，只考虑一旦取得胜利，就立即从欧洲撤回美国军队的问题。斯大林自然赞同，从美军撤走之中，他看到了切实的领土扩展的可能性（见《俄国坦克开到莱茵河》）。

关于《雅尔塔协定》，我记得的，简单地讲就是 1945 年 4 月份在旧金山召开了一次会议，其目的是创立联合国；波兰向西移，一直移到奥德河 – 尼斯河一线。承认被解放的波兰的亲苏政府，这就意味着放弃在伦敦的波兰流亡政府。

因此，这时并不存在"瓜分世界"的问题。戴高乐为了解释法国的失势，并荒唐地否认在各国的协调一致中法国的衰微，而提到的"瓜分世界"，那是在好多年月之后，当冷战爆发时才成为现实的。

面对公然宣称美洲属于美国人、东欧属于苏联人这种毫不掩饰的蛮横态度，法国还有什么好说呢？当然美国人凭着武力——原子弹已经是一种现实的存在，使苏联人保持着距离。西欧则成了经济的战场。最初的胜利：结束黄金作为参照货币而使货币制度解体，这是跨国公司设计的战略，由美元操纵股市，加入自由贸易区，其结果众所周知。总之，一个伟大的"友好"国家的帝国主义野心。正因为如此，弗朗索瓦在其第一个总统任期之初便说：

"当人们看到共同市场可以如此这般地任由外来的强国征服而毁掉

它的根本，我就要说欧洲没有权利进一步接受屈从于外来的命令。"

那么，你们还要问我为什么投票反对《欧洲宪法草案》吗？

为了使这种武器的炫耀，全都是一类比另一类先进的武器的炫耀成为正当，尤其是使庞大的军事预算成为正当，就必须找出一个具有威胁性的敌人，一个可畏的竞争对手，一个被称为无赖的国家，对美国《大版图》计划的进展插一杠子的任何国家，把它确定为目标。

1989 年之前的那些年，最大的无赖国家被确定为苏联，而与苏联保持关系的任何国家的人民都被视为异端。

面对那些觉得这还不明显或者还没有明白过来的人，我们散播恐怖气氛，挥舞着一天天精心研制、通过传媒和各种通信方式巧妙宣传的最尖端的武器。

面对几乎愚昧无知的人，面对抱着被传媒格式化的先入之见的人，恐怖可谓是最好的盟友！恐怖文明容易拿来作为威慑，为制造谣言、流言蜚语和所谓"可靠消息"提供养料。恰如对巴汝奇[1]的羊群而言，最强者的保护就是庇护所。而最强者就是美国，一个如此完美无缺的民主国家！

---

1. 文艺复兴时期法国作家拉伯雷所著讽刺小说《巨人传》中人物庞大固埃的机智而胆小的伙伴。——译注

第四十九章
给抗衡势力位置

我只需要倾听逃离自己国家的智利人的话就明白，美国政府准备教训在左派政党联盟——人民联盟的旗帜下当选的萨尔瓦多·阿连德总统。他谈论国有化，这是不能接受的。莫非他要狂妄地剥夺美国铜矿公司的所有权？如此不识时务的想法，非整一整不可。事情由中央情报局负责。

经济封锁，此乃为扼杀一国人民而特别爱使用的武器。其次就是在资产阶级和劳动阶层内部搞破坏活动。政变在策划之中。总统将被暗杀。秉承天意的人就在那里，在阿连德身边，是阿连德本人任命他为三军首脑的，在社会党人的一次访问期间，把他作为自己最忠实的保护者，完全信任地介绍给弗朗索瓦。此人就是皮诺切特。

1973年9月11日，智利的历史换了抄写者。捉刀人是美国。

当成千上万的智利人躲避屠杀来到法国时，许多法国人向他们敞开了自家的大门。密特朗家并未甘居最后。晚上，同住的一家人全都聚在一起，一桩桩暴行的证言，使得大家义愤填膺，只可惜手中没有权力而无能为力。"这是干涉，干涉！"世界道德秩序的卫道士们会这样喊叫。如果这些人就是那些在幕后操纵屠杀的人，有什么好奇怪的！我不想回忆那些酷刑，那些失踪者和被处决的人，这一切激起了被恐怖吓傻了的女人们和男人们的愤慨。人们一致谴责这种暴行。可是在欧洲，那些合法地拥有手段对这一进程进行干涉和施加影响的人，也仅仅流于义愤。他们表现得非常谨慎。然而在法国驻圣地亚哥大使馆，一个女人——大使的妻子芒东夫人，却让自己的人道主义发声，不遵循外交规定，拯救了许多生命。

我们不介入美国人的地盘。

"我们"是谁？肯定是政府。但是我们，人民，我们组织起来。没有钱，没有报纸，没有外交中继站，只有一些声音不断地涌进议会、内阁、大使馆的走廊。但愿这些以财政经济之名，以社会选择之名所犯下的罪行，让权势者们睡得着觉。给抗衡势力位置！

1981年之前的那些年，我是源于社会党的非政府组织国际团结协会的会员。

使我们与智利国家监狱里的囚犯以及在监狱里遭受强奸和酷刑的妇女们取得联系的网络，仅仅在多年之后民主得以恢复的时候才撤销。我像珍藏珍贵的纪念品一样，保存着这些不幸的女人以极大的想象和默契写在香烟盒纸上寄给我的信。

我永远不会忘记1981年之后那一夜，我在总统府叫醒弗朗索瓦的私人医生，告诉他三个中毒的囚犯会死去，如果第二天他们得不到在法国专门使用的那种进食泵的救助。"如果明天早上起飞去智利的飞机里没有这种泵，我们就会对他们的死亡问心有愧。"我无须告诉你，我们一些人和另一些人怎样都做到了不问心有愧。当我再遇到纪耶莫，看到他那条气管切口术留下的疤痕，我的心跳加快了。

他在监狱里用捡来的罐头盒做的白铁皮风信鸡，我把它挂在比耶夫尔家里的床头，表明我与受皮诺切特和美国政府虐待的所有受难者所建立的联系。

这类事不胜枚举。又如女囚犯们装饰的那把椅子，进到比耶夫尔街我家餐厅的人，都会把大衣或纱巾搭在它的靠背上。那是在黑暗的年代过后，她们的合作社开业之际我去会见她们时，她们送给我的礼物……你们不知道雅尔兰老爹那间很简陋的小屋吧？他是被北方特警所组建的死亡大队暗杀的。

还有，还有……我喜欢对你们讲述，中央监狱的囚犯通过他们自己挖的一条暗道，在皮诺切特倒台后越狱逃了出来。你们之中大多数人本来还要等待好多年才会被判决。你们像我一样会寻思，民主已经恢复，他们还被关在监狱里干什么？这正是我义愤地向阿尔文总统问的问题，他刚刚民主地当选为总统。

"总统先生，为了使你处于现在所处的位置而冒过生命危险和失去了自由的人，怎么可能现在还在狱卒们手里呢？"总统回答我说："因为司法权依然掌握在军人手里。"

我完全可以把我曾拟定的一篇社论的题目重新拿来使用：《民主，

这就叫民主?》。

越狱，对，越狱，那条暗道将派上用场。一个、两个、三个，维克多·迪亚兹后面跟着佩德罗·马林，他人太胖，把暗道堵住了。那些"自动释放"出狱的人只有一条出路：离开智利去阿根廷。逃离的网建立好了，该我们显身手了。

我们今天能够会见维克多·迪亚兹及其家人，回忆那些无畏的时刻，完全是多亏了当时的相互串通。如今能重提这一切，真是一种幸福。

为了向读者吐露或者不如说转达这段回忆，我向当时的几个男的或女的交谈者求助，以便使这段回忆更加扎实可靠。对我而言，这是求助于安娜的时机。安娜？是的，安娜·拉穆什，许多受皮诺切特迫害的智利人都在某一天遇到过的安娜·拉穆什。

各国人民之间建立的这种经久不衰的联系，正是为实现另一个世界，一个不需要武器而获得尊重的世界的力量和财富所在。

当然，我作出了自己的选择。我永远不会站在这种人一边，他们像约翰·肯尼迪一样叫嚷什么："像萨尔瓦多政府那种军人和文职联合政府，在遏制共产主义在拉丁美洲的推进方面，才是最有效的政府。"他们这样说，而且言出行随，为屠杀了数万人的死亡大队辩护。这些在争取进步联盟的范围成立的死亡大队，也许是"纲领"显而易见的最后结果。

萨尔瓦多唯一对付的反对派，是否即将以民主的方式赢得1972年和1977年的大选呢？

军队介入，中止这两次选举，建立一个军事独裁政权。抵抗运动形成，尊重各国人民的自由和自决的信徒们与各方面的力量相联合，包括一些《圣经》研究小组、合作社、工会以及能为另一项更符合本国人民希望的政策打下基础的其他运动。

得到的回答是恐怖手段！恐怖手段！大主教罗梅洛大人被野蛮地暗杀，圣萨尔瓦多大学遭到破坏，许多大学生被杀害，在严刑拷打出版物的管理者之后，又炸毁了所有编辑部，从而彻头彻尾地建立起了审查制度。

这一切，正是在美国总统吉米·卡特的政府支持下发生的。

我承认，认识到20世纪那些年美国政策的本质，使我感到很痛苦，因为美国政策的本质是残酷镇压、大规模屠杀、破坏人民运动、反对尊重人权，同时扩大军事援助，使内战达到最激烈的程度。

与死亡大队相反，我们发起了"向萨尔瓦多和阿富汗的孩子们提供练习本"的运动。你们想必没有忘记，在1981年的总统竞选运动期间，我呼吁过这件事。

募集的练习本和铅笔不管是从哪里来的，都使我们履行了在萨尔瓦多所签订的合同，但没有满足阿富汗的孩子们的需要，阿富汗的孩子们期待的是木头写字板和笔。我们不得不制作了数千块写字板，运到巴基斯坦距因战争而封闭的边界最近的地方。

第五十章
致库尔德人的信

这条迟来的信息使我们如今明白了，为什么欧洲不自觉地完全服从了第二次世界大战结束后实行的体制。我很想知道，回头反思对我的"库尔德孩子们"是否有益。我担心他们会落入使他们摆脱了萨达姆·侯赛因的伟大救星的陷阱。算了，不过……他们是否记得我2003年写给他们的一封公开信？

亲爱的库尔德朋友们：

外国强权的利益又一次使你们处于国际时事的中心。多年来，我一直不懈地支持你们争取自由、和平与尊严。我为你们之中死去的人哀恸，揭露武装独裁政权而牺牲你们的所有人的残暴行为。我以我被视为库尔德人的"母亲"的身份，试图调解你们手足相残的纷争。

今天，我像你们之中支持在伊拉克进行一场战争的人一样，希望能够相信你们的利益与超级大国美国的利益是吻合的。我知道你们的心理是多么矛盾：一方面希望在一个民主、联合的伊拉克最终获得你们的权利，另一方面担心你们的希望遭到已经保护了你们十二年的人背叛。

2002年10月4日，你们的埃尔比勒议会重新统一的那一天，科林·鲍威尔值此机会所寄的鼓励和祝贺信中，把伊拉克的库尔德人称为"伙伴"。我记得这个字眼在你们之中激起了热情。在反对专制主义和恐怖主义的斗争中，你们被看成是美国的伙伴。

然而我觉得你们很长时间以来就投身了这一斗争。远在美国人的利益引导美国人走上这条道路之前。三十五年来你们已经在与这个政权进行的斗争中，不惜牺牲了许多人的生命，有许多人失踪，许多村庄和城镇被烧毁，许多人流离失所，有数十万人成了难民、寡妇和孤儿。

朋友们，你们能否向我解释，美国强权为与你们的"伙伴关系"所给出的含义是什么呢？

你们对我说，超级大国美国要发动对伊拉克的战争，你们无法反对其意愿，因为美国人是你们的保护者。难道你们不能对他们说，一个遭到破坏和轰炸的伊拉克关乎你们，也关乎这个国家的所有居民，甚至关乎全人类？

当然，在你们的差异和你们的文化获得尊重的同时，你们应当享有自由与和平。你们知道我是多么高兴看到你们的国家能获得重建，儿童们能上学，青年人能上大学，军营（在伊拉克军队存在之时）被改造成宽阔的公园，妇女们能组成联合会，成为重建的参与者。这些成果如果丧失了，你们的朋友们是会非常失望的。

作为似乎是不断损害你们而编织的历史的受害者，你们认为像法国人1944年一样张开双臂欢迎美国"解放者"，你们就会有摆脱萨达姆·侯赛因血腥政权的机会。对一些人来讲合情合理的事情，对另外一些人来讲就不合情合理吗？你们对我说，库尔德人难道没有权利得到保护和支持吗？当然有。不过，美国这样的一个国家，在1975年和1991年两次可悲地背叛了你们，你们能够相信它吗？我若处在你们的位置，一定会抱有戒心。

我曾好几次漫步过的首府埃尔比勒，现在怎么样了呢？青年人是否改穿国际装牛仔裤了？他们是否叽里咕噜讲"库尔德式英语"了，就像法国青年人说可怜的"法式英语"一样？这些青年人往往不再了解自己的语言的词汇和语法。

这种情况甚至没人提及。小学教师们都无能为力了。由配额强加、被法国的侦探连续剧克隆的美国电视作品，让手枪无可争议地独占鳌头。

人们怎么看待盛行的街头暴力，还有在知识测验——越来越令人懊恼和不知所措的测验掩盖下的赌钱呢?

出现了反对这种堕落名副其实的反对派。这个反对派谁也无法让它保持沉默。每次世界社会论坛讨论会上我总遇见它。出席世界社会论坛会议的人,个个都为自己的文化遗产感到自豪,承载着被灌输的才智,对生活充满信念,可以相互拍肩膀而不必担心咄咄逼人的还击。因为他们来到这里彼此相互信任,为能够分享彼此充满才干的经验感到欣慰。

他们望着那些由警察保护的"野蛮人"。保护他们的警察都穿着防弹背心,武装到牙齿,展开在铁丝网后面数公里长的地段,拥有最尖端的设备。那些人是国家元首吗?是的,是出席峰会的我们的国家元首,他们成了他们自己为统治世界而制造的恐怖气氛的受害者。

他们害怕谁,害怕什么?他们害怕的不是恶魔和歹徒,也不是他们确定的"流氓国家",而是害怕人民,害怕据说由他们代表的人民。这种制度已病入膏肓,这种体制已彻底腐蚀。可是病毒何在?谁把它找出来?

人们可以确定病毒在瑞士的达沃斯,在那里"金犊"每年都受到顶礼膜拜。

一任任国王和总统去了,一届届政府疲了,一个个专家逝了,实在、繁华的财富依旧。世界上最强大的国家"G8"[1]的政府和领导人、非常正式的世界贸易组织,其实只不过是将一种独一无二的思想付诸实行的代理人;这种思想认为只要拥有财富就有力量。构成习惯上称为全球化的东西的那些很"合法"的思想和诡计,都源自于利益和权力的诱惑。一些提供思想的"思想库"——恕不使用美国英语的字眼"thinks tanks"——如 WEF(世界经济论坛)便是其中敢被听信的一个。如今真正的"雅尔塔会议"正是围绕它召开的,当"全球"的领导人、世界上最富有的商人、大金融家以及他们忠实的仆人们、崇拜的人群和圣殿商贩,每年1月底在瑞士格里松州著名的疗养地聚会时。

---

1. Group of Eight 的简称,意为"八国集团",指八大工业国即美国、英国、法国、德国、意大利、加拿大、日本、俄罗斯。——译注

216

一切都是在1970年由日内瓦大学一位工业战略教授克劳斯·施瓦布开始的。这一年，他与自己的学生们和近五百名与会者，筹办了一次企业管理学——一个高深莫测、令我们摸不着头脑的词——专题讨论会。自此之后，每年都如法炮制，"论坛"（这是它的正式名称）已成为名副其实的"世界名家峰会"。如果没有受到筹办者（施瓦布和他的妻子希尔德）的专门邀请而想与会，那么就得交三万瑞士法郎（区区一万八千欧元），并且达成一笔相当于或超过十亿美元的生意。也罢！然而，尽管对"穷光蛋"关上大门，经常还是有知识分子、艺术家和科学家被请求出席1月份的会议，或者出席世界经济论坛在全世界举办的十几个地区论坛之中的一个。

私营峰会达沃斯论坛成了"全球化"的象征。这显而易见！大家都知道全球化意味着什么……邀请一些工会干部、观念正统的非政府组织、政治家像曼德拉、西蒙·佩雷斯、阿拉法特或过去的戈尔巴乔夫等，多么好的借口，足以让人轻信"解决全球重大问题"这种惹人注目的抱负。比尔·盖茨及微软的积极参与以及开设了一家麦当劳，就是特别说明问题的标志。

每到1月份，就有一小批、一小批的反对者在达沃斯的会议中心前面，举行激烈的示威活动。示威者们也许在1996年听见过雅克·希拉克宣称"达沃斯是颂扬灵活性和全球化这样一种独一无二的思想的神圣场所"？请勿见笑！

第五十一章
执政的左派的工作环境

自从使社会党执政的地震发生以来，我们国家发生了什么事？我的同胞们是怎样看待这次政权更替的？他们当然要扩大优势，选举一个社会党人拥有绝对多数的国民议会。这样，预定的措施就会由他们的议员们毫无困难地通过。

对彼埃尔·莫鲁瓦来讲，这是多么理想的工作环境。他当七年总统任期第一届政府的第一任总理，右派还没有从惊愕中回过神来呢！

对大富豪们征税？这可遇到了障碍。记得抵抗运动时的一位朋友来访。幸运之轮对他特别慷慨、青睐，使他成了世界级的富翁之一。真是天可怜见！那时他真值得同情！他就是因为缔结了一桩理想姻缘，不像弗朗索瓦。他曾经提醒过弗朗索瓦，叫他不要娶一个没有背景、没有门路的小学教师的女儿，说"这会成为你的辉煌前程的绊脚石"！

当他在总统就职典礼那一天跨进总统府的大门时，还有后来当我为不得不向富豪们征税的穷人们的事业辩护时，请你们想象一下，我内心里的小机灵鬼对我说了什么悄悄话吧。我是一个记恨的人吗？啊，不……说到底，我很爱他，我们这位抵抗运动时期的朋友。对那出生入死的岁月我们有那么多共同的回忆……

撒切尔夫人竟然也来插一杠子，说什么："你不用想，弗朗索瓦，你们国家没有那么多富豪能给你带来足够的收入。你还是向穷人征税吧，穷人的人数那么多！"无须评论。

够了，够了，这类冷言冷语！

彼埃尔·莫鲁瓦开心了。缩短工作时间，还有最重要的工作：实行国有化……

12 月 18 日，国民议会最终通过了关于国有化的法律。震撼！反对派从麻木不仁中清醒过来，诉诸制宪议会。过分，太过分了！对银行部门和七个工业集团实行全面控制，反对派大喊大叫可耻。可是银行的金库里除了纳税人的钱有什么呢？为什么要私人来管理这些钱，使他们从中赢利、聚敛钱财，并且将之用于公众利益之外的其他目的？公众的钱，就要用于公众利益。而那些从银行里拿钱做自己的生意的大企业呢？对它们也一样：公众的钱、公众的企业，要为公众利益服务。

金融专家们、有学位的经济学家们、出类拔萃的政治家们，我听见你们在说："不懂就闭嘴！"我成天与大众打交道，为什么不能从他们的常识里得到一点判断力呢？

我不想论战。我承认自己在那些"内行人"的眼里很无知。他们把你引入指数和"基本知识"的迷宫，让你摸不着头脑。可是，我坚持要说，当我为水的案例辩护时，当我用自己独创的比喻、形象说明的充分论据，揭穿与我们的农村有关的一个跨国公司的管理系统时，大家都理解我。随后的问题和评论使交涉取得了进展。

在我们目前恢复参与的民主的抱负启示下，我明白了地方分权法的重要性。这项加斯东·德费尔珍视的有关乡镇、省和地区权利与自由的法律草案，取消对地方集体的监管。仅仅代表国家的省长们，把行政权让给省和地区议会选举出来的市镇长们。

地方分权法的效果之一，就是重新赋予巴黎的"正常"市镇以"正常"地位，也赋予马赛和里昂的"正常"市镇以"正常"地位（1982 年 12 月 31 日通过的 PML 法[1]）。到此时为止，尽管 1975 年首都的行政管理初步实现了自由化，但巴黎一直是一个"特别"的城市。事实上自中世纪以来，法国的首都在中央政府的眼里就是靠不住的。这种情况一直延续到 1975 年，直到 1982 年才真正消除！由于弗朗索瓦·密特朗七年总统任期之初通过的法律，各大城市重新获得了民主选举市议会、各区区长和在市政府办公的市长的权利……

---

1. PML 即指有关巴黎、马赛和里昂行政组织和公共机构的 n°82—1169 号法律。——译注

让公民接近决策中心，使当选者负起责任并赋予他们新的权限，这有助于发挥地方的主动性，构成迈向我们所希望的民主的一小步。这种民主，就是几年后我在恰帕斯州的印第安人那里、在墨西哥的自治市镇发现的民主。你们知道，那些集体萨帕塔主义者们称为卡拉科尔。例如拉里亚里达德村。我不理会卑鄙低级的阴谋诡计，满腔热情地奔赴恰帕斯州。

那时要到达拉坎道纳森林边缘的这个小村庄，要走很长的路。几座不牢固的房子坐落在小河岸边。人们洗脸、洗餐具、洗衣服都用河里的水。孩子们在河里嬉戏。但广场上建有一座壮观的大台子，两边挂着颂扬萨帕塔和潘绍·维拉（1878～1923）的标语。这台子是为全世界来参加"银河系会晤"的演说家们搭建的。

"本地人"发表的是什么样的演说呢？在这个地区，联邦军队横行，靠屠杀、监禁和制造恐怖来维持秩序。本地人的工作是"营造自治，让人民能够决定怎样行使他们的权利。这是一种斗争形式，一种正义的、合理的斗争。研究医疗卫生、教育和其他活动领域，这是我们的斗争武器，它发射的不是子弹，而是话语，向全人类发出呼吁的话语"。

由地理上和政治上与官方市镇相重叠的社团的代表，组成自主委员会。这些自主委员会自行决定与教育、医疗卫生和司法有关的组织方式。抵制就是不接受墨西哥政府的金钱，也不接受它的计划。它们援引1996年签订的《圣安德列斯协定》。马尔科斯派我作为观察员出席该协定的签字仪式。政府从来没有考虑批准这一协定。

印第安人不再是听凭别人哄骗的民族。他们竭尽全力掌握自己的命运和组织他们的自治。

如今我只能以口头或书面的证言来与你们谈论这一点。我好几次会见过这个地区的一些墨西哥人，但是差不多有十二年没有旅居里亚里达德了。

不过，我应他们的邀请参加过咨询和大进军。大进军一直行进到首都，以在佐卡罗大道一个场面壮观的集会结束。我在人群之中，合着这里人民的节奏唱歌跳舞，我分享着这里人民的希望。

既然我不觉得自己老了，也许我将撰写有关萨帕塔主义者的第二份文件，作为《这些人首先是我们的兄弟！》的续篇。

关于卡拉科莱斯的这些离题的话，是为了告诉你们思想是会发展的，弗朗索瓦·密特朗第一届政府的地方分权向未来开启了一扇门。

不过请别着急。那是 1982 年。5 月 9 日，彼埃尔·莫鲁瓦在布尔歇主持了一个有二十五万人参加的集会，庆祝于勒·费利公立学校建校一百周年。他提出："不是通过立法而是通过协商，逐步建立名副其实的教育公共事业。"在回应主张私立教育的人 4 月 24 日在巴黎游行表示的担忧时，他表现得很谨慎，因为那次参加游行的人很多，达十万之众……

这个问题非常敏感，所宣布的一百一十条提案之中，直到第九十条才涉及教育问题。建立"统一的公立教育的伟大公共事业"，这就提得毫不含糊了。

在一个共和国，坦诚地公开宣布：公家的钱用于公立学校，私人的钱用于私立学校，竟然这么难吗！国家确保所有人都能上公立义务免费学校。教会学校教育则按千百个家庭的要求，按他们的愿望施行。这就保持了言论自由和信仰自由，世俗的国家履行使人人受教育的义务，充分保证这种教育的实施。

而国民教育部长阿兰·萨瓦里则提出了有关"私立教育的未来"的一些建议。他说他排除纯粹一体化的想法，而提出一个讨论的时间表，争取实现"整个教育制度的革新"。他陷入了困境……

支持天主教教育的人当然同意协商，他们可以争取时间。但世俗行动全国委员会不上当。我理解这种态度。投入没完没了的讨论之中，这完全遂了什么也不肯放弃的人的意愿。而且这维持……

这些要求得到越来越声势浩大的游行示威的支持。游行队伍从凡尔赛出发，然后到达香榭丽舍大街，四十万、六十万、八十万人在威尔第的歌剧《纳布科》的《希伯来奴隶的合唱》声中行进。场面十分壮观。一条真正的河流推着让－雅克·希拉克、让－玛丽·勒庞甚至安娜·艾莫娜、吉斯卡尔·德斯坦，走在圣－让·德·帕西的基督教徒们的前面。

1981 年 8 月的"复仇者"全都在那里。

请想一想吧，既摸到钱包又接近仁慈的上帝！天哪！左派掌了权，他们不得不忍受，可是左派要碰我的特权，休想！

支持公立学校的人游行示威。支持私立教育的人更加激烈。一味地闪烁其词，大家都不满意，我这个第一夫人、公立学校的教员和其他人都不满意。弗朗索瓦看着政府处理。他认为在布满地雷的阵地作战是浪费时间，除了重新激起学校的对抗，他还有其他事情要做……他评论说，这并不是优先的事情。事情谈妥了。

一连串竞选失败接踵而至。

阿兰·萨瓦里的辞职，使得彼埃尔·莫鲁瓦也在 1984 年 7 月份辞了职。

一位很年轻的 38 岁的总理，将让世人看到，一位毕业于国立行政学校的左派高级官员知道做什么。他走到前台，以"第五共和国最年轻的总理"的形象备受瞩目。

他是太好的学生，没有能够摆脱建立在自由主义之独特思想之上的教育的影响。毕业于国立行政学校的"左派"高官，好比好高骛远的云雀：好比一只云雀，也好比一匹马。

这匹马奔驰着，奔驰着。他让自己的政府加入《欧洲统一行动协定》。该协定规定在整个欧洲共同体促进资本流通，让各部门相互竞争。市场的开放敲响了政府管理的丧钟。缰绳一勒就宣布停止企业的国有化，顺带也就废除了底薪制，工资将不再按通胀指数调整；在出产甜菜的布里平原建一个迪斯尼乐园……隐患悄悄地扩展：失业、投机、第一波凶暗杀、海外领地新喀立多尼亚岛的独立主义者"彩虹斗士"骚乱……这匹马带着这届政府在 1986 年的议会选举中遭到失败。

然而，这是"一个才华卓越的人偶然碰到了政治"，正如利奥内尔·若斯潘在谈到自己时所说的。这位毕业于国立行政学校的左派高官，具备成为左派的一切条件，最终因为一件丑闻而坐不稳他的位子了。这正是右派一贯使用的手法。这种幕后操纵的机制一定十分强大！

我们当然都知道，按照统计学的观点，法国人多半是保守的，对左派的选择只能是根据目前的不满作出的。但是如果右派的愤怒又加上左派的失望，不满很快就会表现出来了。瞧吧，吉斯卡尔·德斯坦先生的忧愁，因为左派的沮丧而变成悲伤了。他抛出了"社会主义的失望者"这种说法。

这个说法站住了脚。我们多少朋友和活动分子从这个形象中认出了自己，而这个形象是捏造出来迷惑他们的，为了使他们脱离、质疑自己的总统。他们落进了人家的陷阱，而不是紧密团结对付别人的卑鄙进攻。

担当起自己给自己规定的这种抗衡势力的角色，我观察、倾听、提问，总之想弄清楚，如果一位总统赋予他希望实行的一项政策的某种意义，政府就会努力改变一项既定政策的方向，使之朝着总统所希望的方面转变。但是政府必须正视形势，正视国内和国际现实，作出一些让步，而又不忘记目标。反对派则一心想设置障碍，阻止不是自己提出的计划顺利实施，使之遭到失败，从而夺回政权。至于并不全是他们的选民的老百姓的利益，他们才不重视呢。

三年间，法国反对派的消沉，加上欧洲和世界的错愕，留下了一个几乎自由的空间。一旦金融势力再也得不到好处而清醒过来时，这自由的空间就封闭了。我们最年轻的总理被权力无限的世界金融界提醒要守规矩。人们便看到了随之发生的事情。

"社会主义的失望者"的陈词滥调到处流播，破坏了一些人的士气。而这些人知道，在世界体制的背景下，左派没有能够联合起来，捍卫自己的基本价值观，确保自己的位置。

既然法国人似乎喜欢每个人都有一个位置而且各就各位，那么我们这些左派的人，看到那些甚少受合乎时宜的信念约束的假社会党人，回到能满足他们个人的暂时野心的阵营，应该感到高兴。

同样，在1959年"观象台事件"之后，把那些假朋友赶出了我的生活，我感到更轻松了，希望坚定不移的社会党人都感到欣慰。

喜欢上照片的社会党人，在会议厅和聊天室里当然引人注目。可是，在应该掌握航向的时候，他们却望着别的地方，对始终不渝地坚持共和主义价值观的左派没有任何帮助。

那些星期天来晚餐的"暂时的忠实者"，难道不记得面对他们使社会党人所处的颓势时弗朗索瓦的沮丧吗？请你们想一想，重新组合，停止派别的争吵吧。这种争吵会彻底破坏团结一致，而唯有团结一致，人家才会听你的。

我有时不免嘲讽地自言自语："让别人听你的什么呢？"

对这些人，厌倦了的弗朗索瓦，很久以来就已经不抱任何指望。他知道他再也没有时间发起挑战。在某次午餐或某次偶然的会晤时，我会以抵抗新自由主义诱惑的男女的名义，为我所捍卫的事业进行辩驳，但我也一样，也不再抱任何指望。我已不抱任何幻想。

那么，你们以为他们赞同现任总统的政策而伤害了我？可是对左派这是一种福分。而对社会党人而言这抵得上空气！每个人安于自己的位置！

他们所受的教育、熏陶都定格于适合于他们的全球化理想，他们就完全适合为这样一种体制效力。他们暂时的偶像——弗朗索瓦曾经向他们指出这种体制会给人类带来的束缚和贫困。但是，那些话他们也许不愿意听，统统忘到脑后去了。

亲爱的暂时的朋友们，我明白从长远讲为他人着想是多么困难；就短期而言，一个政权让你坐上显赫的位置，不亦乐乎。

我衷心祝你们得到只有你们才会看重的幸福。

我心里很不平静，因为弗朗索瓦指责我的民间社会团合作者"从背后向他捅刀子"，而现政府的目标，则是抵制一种体制的迫切需要，因为这种体制强行下达与所追求的目标背道而驰的指令。

隐蔽的世界经济恐怖主义诱骗公众舆论，炫耀各国人民永远得不到的财富。它使同情者们背离自己的使命——说服大多数人相信，此时此刻，现在，左派的活动分子们与他们选择的政府正协调一致，可能改变出牌的方式。

"三年间，法国人收获了我在竞选运动中宣布的东西，"弗朗索瓦说，"这正是政府进行治理的动力所在。当金融强权和国际货币基金组织对我们的社会抱负踩刹车时，我不得不妥协。我没能得到民众的支持，倒是不得不背水一战，与自己人的不满和得了分的反对派的嘲讽作斗争。"

我很晚才认识到自己所说的话的冷酷。我说："我不明白，弗朗索瓦，既然你大权在握，为什么你的政府不作出这项或那项决定……"他厌倦地回答："我没有权力，法国像世界其他国家一样，都屈从于管理一切、决定一切的金融专制，只能各自筹划对付。"

当舆论——在法国舆论多半是保守的，我重复一遍——不对自己的利益深信不疑时，我们想强加是徒劳的，得到的只能是游行、混乱和失败。

你们忘记了吗，做了多少工作才使人们觉悟到死刑是不道德的，受到所有哲学和宗教的谴责？今天必须面对，才不至于放弃这条经验。

说服、解释、讲清道理是成功的保证。如果有关的民众一遇到困难就提出质疑，而权力机构单打独斗，必然一事无成。

我可以想象得到弗朗索瓦该是多么痛苦，当1985年我对人权联盟并通过人权联盟对所有非政府组织说这些话时：

"一些组织或社团能够参与，广泛地参与，使人们普遍产生这种信心，这一点很重要。我有时这样责备许多组织：在我们面临的一些问题上，它们作出了明确的承诺，提供了协助和广泛的支持，带来了信心和希望，但有时不懂得，在出现的这个或那个问题上，首先必须充分地争取舆论，以免整个遭到普遍的反对，那样会使一个进步的政府的政策无法推行……重要的是作出承诺的组织要表现出诚意和信心，在法国人的舆论中取得优势。"

这种建设性的抗衡势力就是这样想的，它衷心地发出呼吁，促进了一大批社团在1981年突然产生。而我们呢，每当遇到滞后、犹豫或阻碍，只知道一味地批评，而不问问为什么。

第五十二章
在橡树和橄榄树的遮蔽下

爱丽舍宫我的秘书处收到的邮件显示出温度。在第一波热情、恭维和表示对头几个月的希望之后，接着而来的是陈述我的同胞们遇到的真正问题。很快发现的增加补助金的一些个案，造成了税收上层收入失去平衡，说到底还是给接受补助的人带来了损失。

在这期间，我的三个社团建立了一些人道主义网，开展活动，呼吁个人也呼吁各国人民团结一致。在公众场合讲话，我仍然很困难。即使私下交谈我也不是很有把握，胆怯尤其是某种程度的害羞，使我一站在麦克风前就不知所措。我周围的人，特别是我的孩子们都觉得开心，常常取笑我。

然而我知道我想讲话，而且只有临场才能建立自信。尤其我明白，当我列举一系列理由，为我了解来龙去脉的事情进行辩护时，我能够镇定地毫不慌张地发表自己的意见。

因此我相当快地明白了，我的三个社团都重申人权和各国人民的权利，我要代表它们讲话，就要乐于进行严格的训练。

由于所追求的这个目标是以不同类型的人为对象的，所以对我没有什么帮助，最后我都搞不清楚自己是要代表什么机构讲话了。要求自由，无论是言论自由、流通自由、思想自由还是宗教自由，在一切情况下都是合适的。因此我在1985年就决定把三班人马合成一班人马。这样就产生了"达妮埃尔·密特朗法兰西自由基金会"。该基金会的章程于1986年3月5日报内政部备案。

需要把它送进洗礼池，圣洗堂是法国电视一台的节目7:7。于是你要抛头露面，面对许多观众，面对不认识你、头一回见到你履行一种职务的观众，介绍一个组织，而这个组织还不存在，但已经靠三个社团的资产在运转。这三个社团不应再谈，因为它们如今已不复存在……唉！履行这种职务好棘手。

我毫无作为。彻底失败！安娜·圣克莱尔揪着自己的头发说："我的节目彻底完蛋了！"我又找到我那灰心丧气的一小班人马，对他们说："好啦！现在你们知道不能要求我干什么啦。从今天晚上起，我们大家一起开始工作！让人们看一看我们能做什么。"

这个遗憾的插曲，最终作为一个温馨的回忆保留了下来。

我从中得出一条教训：无论在什么情况下，坚持自我，是让别人接受你的信念的唯一办法，如果你的信念是牢固的。

要十分了解你所陈述的主题，深信你所捍卫的事业是正义的。在这种思想状态下，就是面对魔鬼你也无所畏惧。

"法兰西自由"怎样了呢？不久就二十二年了，它学会了生存。它在自己交错的橡树和橄榄树的遮蔽下前进。这橡树和橄榄树，是弗朗索瓦在其头一个总统任期之末送给基金会的会徽。

你们也许知道，第五共和国的历任总统都有自己的徽记，象征自己的个性和对历史的了解。第一任总统戴高乐打出的是洛林十字架，乔治·蓬皮杜是其姓名的起首字母，瓦莱里·吉斯卡尔·德斯坦是古罗马执法官手执的束棒，弗朗索瓦·密特朗则是橡树和橄榄树。在总统座车飘扬的小旗上、公文纸的笺头上和总统府所印制的文件及出版物上都可以看到这个徽记。

1986年，弗朗索瓦把它捐赠给了基金会，但并没有考虑是作为自己的徽记捐赠的。

这两种树结合在一起，代表法国的北方和南方，但尤其代表世界上的和平和正义。由此产生过几首诗歌，其中有夏尔·穆兰的一首，受到爱丽舍宫出版物的好评，我见过在某些场合流传：

> 挺拔的橡树
> 耸立在祖传土地中央
> 从它深深的根部
> 蹿出强劲的树干
> 象征着法律
> 好一片静穆碧绿

密匝匝的树叶
似团结一致的
一双双手紧紧相握
而在上方，贴着天的
是枝丫交错的橄榄树
它们展示着正义
歌唱和平的祝福

以这样一个机构，领导着一班坚定果敢的人，我们将改变世界。

请想象一下吧。对此我们比任何时候都更加深信不疑。

当然我们进行了拼搏。我们的消息来源使我们能够为总统提供一些补充信息，即使这些信息与法国外交相抵触。支援某些国家的人民与贸易不符甚至相悖。我们对向某个国家出售军火提出质疑，揭露说这灭绝了该国的部分居民。我没有得到任何回答，得到的是一副不屑理睬的怪相。

我们并不感到难为情，而是继续前进，尤其在我捍卫一个国家的人民为争取自由而斗争的事业时，得到了弗朗索瓦的鼓励之后。他的政府企图让我放弃，而他对我说："既然你的事业是正义的，就不要屈服。"

数年间，作为一个人道主义机构，我们像成千上万的男女社团一样，参加了一些居民计划，承诺建一所学校、一个文化中心、挖一口水井，准备种植蔬菜，等等。我们发动了反对种族主义、预防艾滋病、建立欧洲学校网等运动。我以基金会的名义，会见过世界各国的居民，只有十来个国家除外。我们的档案汇集了成百上千次差旅的报告和汇报。

我不会让虚假的知心话表露出来，即使它们是出于被提拔担任了部长职位的社团活动分子之口，因为这会让人怀疑这位部长与密特朗夫人完成过非法的任务。不，部长先生，我不会提供借口，来掩盖眼下的第一夫人的行为。

你们似乎想到了我与米洛舍维奇会晤，要求释放德拉斯科维奇那件事。你们很清楚，捍卫言论自由，要求释放一位记者兼作家，没有任何不合法的地方，如果谈判仅限于诉诸《国际人权宣言》的条款的话。我没有举行国际记者招待会公布这件事。德拉斯科维奇夫妇被释放了。

我对所完成的工作，尤其对我们坚持作的反思感到自豪。说服是为了令人信服。

我们从中为我们这个小机构吸取了教训，使得"法兰西自由"在攸关人类未来的一些问题上，开展一场关注运动时，能制订出一项战略。

当我意识到围绕可饮用水和人对这种生死攸关的资源的获得正在形成的悲剧时，我不得不说服基金会的一班人相信，应该把这个问题作为争取人权的当务之急。

这件对我而言显而易见的事情，对大多数特派员而言却并非如此。我在说明理由时是否显得笨拙？大部分特派员都没有理解我的意图。在他们走了之后，我不得不重新组织一班对我的方针的理由深信不疑的人。

我试图在"法兰西自由"内部说服那些对我的讲话充耳不闻的男女。但有人反驳我说，他们钻在深奥的法律里深闭固拒、怡然自得，既不想揭露，也不想让别人去谴责。对生活必不可少的人类公益事业与他们的专长风马牛不相及。

我很爱他们，并与他们之中的一些人共同走过一段很长的路。

如果不能按照基金会的章程，把他们引导到他们的"总统夫人"的认识上来，我宁愿终止基金会的活动。几年以来我已经意识到，人道主义行动和对人权要求的支持，这些无疑是必须的，却使我们扮演了为所有政府执行的错误政策提供借口这样一种角色。

我的论据没有说服当时那一班人的大部分。大概还为时太早吧。觉悟还没有触动他们囿于习惯的思想。

面对这个失败，我在考虑后召开了基金会董事会，建议基金会停止活动。我将以另一种方式，以与我的信念相一致的方式继续我的活动。

董事们都不同意：

"你不能抛弃一个二十年来经受了种种考验的机构。既然你的一班人都不理解你的想法，并且阻挠你制订的行动路线，那么你最好分道扬镳，保持你的计划的连续性。"

两年之间，这艘船颠簸得很厉害。没有能够幸免分道扬镳所必然产生的种种卑鄙行为的伤害。

坚持的毅力和坚定的政治意志，使我保持了清醒的认识，追求明确的目标，在为人类的未来而奋斗的这同一条道路上，将我的论据与新获得的论据进行比较。

我在"我的政治家族"的同一条道路上寻找论据，却没有找到。找到的仅仅是一些应时的友谊和盟友？

数年间，我们看到过关于世界上水形势的一些报告。为社会论坛举办的有关水的研讨班，丰富了我们对这个问题的认识。

数年来，在我们的信念的支持下，我们从一个乡镇到另一个乡镇，从一个论坛到另一个论坛，走遍了全世界，表达、阐述、提出了另一种考虑水政策的方式，恢复生活的这种构成元素的个人公益地位。

头几次演说只吸引了几位听众，三四位听到我的演讲感到很困惑的当选者。可饮用水，公益？我们的市政官员都同意。可是，饮用水要求政府管理，为什么？

"把饮用水的管理交给一家国际私人企业，多么方便！这种企业有很多钱，有最优秀的技术人员和管理能力。""你说的是什么钱？银行的钱吗？那也就是纳税人的钱。""那么技术人员呢？""可是他们都出自同样的学校。他们如果为一家私人跨国公司工作，是否会更能干，而为一个集体单位工作，是否会变得更愚蠢？他们甚至无法拒绝一份多少优厚一些的工资。""只不过我们可以摆脱由企业承担的那份责任。""不，市长先生，你依然负有全部责任。如果你治理下的市民喝了你市的水中了毒，你就会得到教训，知道你的任期完了。你依然负有全部责任。"

"你为权势无限的跨国公司所作的辩护完全是错误的，市长先生！"一个人站起来说，"我叫米歇尔·帕塔日，是瓦拉日镇的镇长，这是一个只有不足一千居民的小镇。我是由对水的管理不满的用户选举出来的。水的管理是由一家我不想点名的跨国公司与本镇签的合同……我废止了这个合同。

"针对我的各种手段全使出来了，来自各个方面的威胁、压力，还有企图贿赂。这种像《圣经》里大卫对付巨人歌利亚的角色，我是胜任不了的，如果没有全体居民的支持……"

我们共同的历史开始于 2002 年 3 月份佛罗伦萨世界水选择论坛。我向代表大会发表演说。

"对我们的代表们而言，"我说，"现在是时候了，应该听取和促进 2 月份召开的世界社会论坛新闻发布会上所提出的建议。

"目前的情况怎样呢？"

我在向这次地方代表大会发表的演说中，最后发起了辩论："难道非要托付那些大型的水务公司来管理老百姓的这项公益不可吗？"

这个发言之后，又有其他一些人发言支持这个做法，瓦拉日镇的呼吁有许多人响应。

今天当我读到一项民意测验表明，80%的法国人把水视为他们首先操心的事情时，我对自己说，我们为水的事业发起的运动是有益的。多年来，我们向我们的同胞们提供信息、进行解释，叫他们看水的发票，用掌握的大量情况进行说服。这一切并不是浪费时间。即使已走过的路仅仅是在到达目的的漫长道路上迈出的最初几步。

啊！迎接我们的并不是红地毯。权贵们千方百计布下陷阱。但是有一种力量他们估计错了：这就是老百姓的意愿。瓦拉日镇年轻的镇长用事实证明，这不仅是做得到的，而且居民们都很满意，因为他们用的水更优质，也更便宜，即使加上三个专职人员的工资。

听见一些怀疑的人说："是的，当然，不过瓦拉日是一个很小的镇……"

于是，我从我的名单里举出有类似经历的格勒诺布尔。然后又列举某个中等城市和其他一些城市。不错，还有其他一些城市，它们很想这么做，可是面对必然会出现的问题还犹豫不决。因为我们那些跨国公司不满意。它们怎么能够把媒体、医院、幼儿园、交通工具、能源、殡仪馆、车辆待领处……还有政界人士，统统买下来呢？你们知道吗，从你们在母腹中受胎，直到你们去世，你们都经过这些长有触角的公司魔鬼般的双手？他们靠上万亿的资金和它们的股东，拥有无限权力。

它们把所有政府玩弄于股掌之间。没有任何一个政府敢于和它们作对。除非……

假期要结束了。该离开朗德，离开我把家人留下的这个平静的小港湾，而带走无限美好时刻的回忆。我的目光迷失在朗德松林的树干之间，脑子里想象着"大爆炸"抛出一团混沌之物变成了地球。地球旋转着……生命依附在它上面。

地球？凭良心讲，这地球，只有人类践踏它、蹂躏它，在它上面耕耘、播种，对它进行掠夺、分割，把它据为己有。我们能否承认，地球并不更属于覆盖它的植物，并不更属于在它上面奔跑的动物，也并不更属于耕耘它的人类？

地球自己做主，它奉献自己以维持生命。人类之中那些自命不凡的人，企图攫取它，按他们的权势进行瓜分，肆意毁坏它的面貌，毫无节制地污染它。他们为千夫所指，是否因此而感到震惊？不，他们指责世界的其余部分觊觎他们的国土、他们的家园、他们的大陆、他们的海洋，觊觎他们的石油、他们的石油、他们的石油……

第五十三章
财富的新标志

　　飞机在巴黎短暂停留，又继续飞往巴西。我要去巴西与我们的某些合作者会晤。为水事业……为财富的新标志而战斗的女活动分子的行程。

　　第一站：帕拉南州的库里蒂巴。我这是头一回到访该地区。这一天以在该州第一号人物即州长家的早餐开始。餐桌周围全是位高权重的要人，足以让我不知所措，如果他们不是以尊敬、感激、亲切的态度对我表示欢迎。他们似乎对我的一切，对我一直以来从事的活动，都知道得一清二楚。经过礼节性的寒暄和有关萨科齐的几个问题（我当然是回避），我们就开始谈把我引到这个美丽国家来的话题。

　　水！

　　州长试图把他目前与一家私营跨国公司——我把它称为维旺迪——分担的水管理全部拿过来，作为公益事业。他希望得到全体居民的支持，按照《世界载水者宪章》的原则开展一场关心这个敏感问题的运动。

　　读到这里，你们会问何谓"载水者"？葡萄牙语为 mensageiros de agua，即"水的使者"。

　　传递水的信息，即维护人类生命的使命。

　　在《世界载水者宪章》里，即世界社会论坛的成果产生的这份文献之中，载明了关于水的三条基本原则："其一，构成生命元素的水不是一种商品，它不能成为任何人的货币利润之源。其二，它应该由确保全体居民普遍利益的当局管理，应该能够纯净地返归自然。其三，获得饮用水的权利应该作为一项人权写进所有国家的宪法。承诺尊重这三项原则将决定在全世界实施的政策。"

这份文件是在波尔图·阿莱格里举行的世界社会论坛期间的研讨班上，与"法兰西自由"共同进行的思考的成果。它将成为捍卫水事业的网的行动指南。

我听到你们问："所有那些没有任何基础设施可以把水引到自己村庄的人怎么办呢?"

像你们一样，这个问题我也问过1992年参加里约热内卢峰会的那些人。他们在会上宣称将采取一切措施，使人们到处都能获得饮用水在2000年变成现实。先生们，这不会是仅仅追求广告效果吧? 你们不会声称，施工费用过高使你们无法进行下去吧? 是需要提醒你们，你们的议会每年开会通过军事工业预算超过一万亿美元，自从伊拉克战争爆发以来又增加了多少千亿美元?

每年只需一百亿美元，经过十五年左右，世界上所有地方甚至包括撒哈拉沙漠，就都会有水了。

当2008年的军事预算放到他们面前时，我们的议员们将会做什么呢? 他们之中是否会有一个人，建议从被批准用于毁灭的钱之中提取1%，用于履行我们杰出的代表们的合约?

"我邀请你明天就我们所抱的希望，向政府小派别的当选者们阐述你的观点。"帕拉南州的州长对我说。

明天就是另一天了。而这天时近黄昏，我要去瓜拉尼人那里。一个小时的路程很不舒服，颠簸得厉害，又尘土飞扬。这个部族的人终生流浪，总是被赶到深山老林里或人迹罕至的地方，受尽蔑视、排斥和绝望。他们将自己的全部财富集中在文化传统之中，表现的形式是他们的歌舞。这些女人和男人看到我来到他们中间，看到开启了一道友谊之门，让他们走出遭受社会排斥的境地，使他们接近并参加建设明天的世界。

第二天去参加政府小派别的会议。我心情平静、轻松，想象与几位要人围着一张桌子一边讨论问题，一边喝咖啡。轿车把我们放在一座大楼前的小广场上。那座大楼宏伟气派，是巴西建筑师奥斯卡·尼耶迈尔设计的杰作。我毫无思想准备，立刻明白了自己面对的情形：等待我的是一个一千多人的集会，包括国务秘书、全州的市长们、水公益企业经理们、协会负责人、代表各外国的领事。我注意到在第一排有几个日本人。

我对陪同我的人说:"你可没有让我准备面对这种场面。我两手插在口袋里,逍遥自在,懵里懵懂、半睡半醒地来到这里……"我没有任何准备。

总之,情况还算对我有利。陪同我并协调拉丁美洲工作的基金会行动负责人是巴西人。由他翻译我的讲话,我们的默契天衣无缝。我说一句不完整的简短的话,在他翻译的时候想好下一句。演说过程中的掌声没有使我晕头转向。我应该谦逊地告诉你,我头脑清醒,所说的话和所打的比方也许简单了点,但能说明问题、撼动人心。我善于控制自己奔放的热情,不让演说离题。这是一个惬意的上午。

哎,你们知道吗?这次会议由州电视台的主要频道进行了现场直播。

因此,帕拉南的所有居民都看到了由我签署合同的签字仪式。这是在有关瓜拉尼人的一项计划中关于政府加入《载水者宪章》的合同。

我乘坐的飞机迅速在里约热内卢着陆。让足球粉丝们嫉妒得脸色发白吧。等待我的是拉伊。他是 Gol de letra 协会[1] 的创始人,邀请法兰西自由基金会合作参与一个贫民窟社区清洁卫生的治理。这个贫民窟社区被公共事业部门遗忘了,孩子们全都没人管。我们整个上午参观卡如街的这个贫民窟社区,街道两旁是成群成堆的孩子。"拉伊,这位太太是谁?她是法国人?你好,太太。你说她叫达妮埃尔?你好,达妮埃尔。"

我们一直行走到大洋之畔。在 18 世纪,国王来到这个地方沐浴,治疗他所患的皮肤病。如今,这个小海湾只不过是废旧物、油轮、船只、工厂垃圾的堆场。这些东西污染着水和空气,但很值钱。水里没了氧气,鱼都逃走了。

由拉伊发起、得到居民联合会支持的挑战是巨大的,这就是实施一项有关水的教育计划。他对法兰西自由基金会的信任令我们感到荣幸。现在我们找到了合情合理的论据,使得听到我们的话的那些人,如果不想一想里约热内卢北边一个叫卡如街的地方的赌注,就再也睡不着啦。

"现在是早晨 6 点钟,你该准备了,密特朗夫人,去贝洛奥里藏特的飞机不会专等你。"

---

1. 巴西文化之球基金会,由巴西退役球星莱昂纳多和拉伊创建。——译注

啊！想要布道真是件苦差事。不过，我飞越大西洋可不是为了睡懒觉的。在航程中，伴随着发动机轰鸣的节奏，想象着即将见到的对话者。

下飞机后直奔市政府。市长在等着我拟订合同，让法兰西自由基金会参与全市在学校里进行水事业教育的整体计划。

明天我将会见其中一所学校的教员和学生们，我们将一块儿去作为他们的研究场所的公园。

这个位于城市里面积达三万公顷的公园的历史是一部美好的历史。一个湖和三眼泉水为本地区的圣弗朗西斯科河的一条支流提供水源。这个公园被遗弃了好多年，成了贩毒分子和附近小区流氓们的巢穴，但也是爱幻想者、情侣、乐师和星期日漫步者喜爱的地方。

一位富有的银行家的"美妙想法"是要把这个公园变成一座封闭式的富人住宅城，由数码门控装置和全副武装、牵着看门狗的巡警严密守护。我了解我所到过的各大都市里的这类地方，环绕着长长的围墙，墙头还拉着电网。富人们的恐惧令我为他们感到羞愧。

好啊，在贝洛奥里藏特，在涉及拉古纳公园问题时，万能的金钱并不能发号施令。人们看到有一群青年男女站出来，阻止银行的这个计划，尽管特有钱的人嘲笑说："你们可以一直占领这个地方，组织大规模游行，阻止我们的抱负实现，但最终你们将被赶出这个公园。"

十五年后，这些男女青年都成了成年人和这个公园的管理负责人。当他们带领我参观时，我想起了弗朗索瓦的话："无论什么情况下都不要以为一个人能取代人民的行动，都不要以为他个人的道理比人民的意愿还更充分、更正确。"

这些青年人坚持着，他们得到了把这个公园列入城市规划的市政府的支持。他们修复、修建了一座露天剧院、一间音乐厅、一所自然教育学校和其他种种设施，把这个地方变成一个接触美、接触生活的艺术、接触人们憧憬的未来的场所。还是弗朗索瓦附在我耳边低声说：

"美就是生活的艺术。可是金钱呢，唉，它嘲笑艺术，也嘲笑生活。"

美也是那些"鉴赏者"，即捡拾消费社会废物的拾荒者们身上特别特别珍贵的艺术和工艺的源泉。这些拾荒者是我们在巴西的米纳斯吉拉斯州最优先的合作者。我认识他们十年了，我们一块走过了一段路。值得我作为法兰西自由基金会的一个骄傲对你们一谈的是，我们把他们所从事的拾荒行当变成了被他们的朋友们看重的高尚职业。

如今这成了一个女人想象出来的真正的事业。谁也没有注意到这个女人在一座桥下面或者一个门洞里挑拣布头、塑料瓶子和彩色纸板，然后按照她的想象，把它们变成各种美妙的物品。她带领自己教区的几位教友一块儿做这件美妙的工作。她们在一个货运火车站废弃的场地上安顿下来，车站的货栈成了这些拾荒者即鉴赏家们挑拣废物的格子间。阿斯马尔联合会迅速发展起来。我就是在她们的事业发展的这个阶段，会见了阿斯马尔。我看见一个幼儿在垃圾堆里玩耍，便向领我前来的那位女朋友提起了建一家托儿所的可能性。

我不想让你们奔波全程，去和我一起在第二个阿斯马尔文化中心的桌子旁坐下。一些厨师领班正在那里讲授餐饮业。我们在他们的木工车间制作的餐桌上吃午饭。桌布和餐巾是他们的缝纫女工制作和刺绣的。这里的所有男人和女人都来自被社会遗弃的家庭。西多是这个女人即热罗尔德夫人的思想协调者，管理、组织、推动企业的活动。有一千名受雇的职工，其中的一个向我披露说：“过去我是一个可怜的、粗暴的酒鬼，现在我成了一家之主，有住房、有职业，还负有责任。我在使废物获得再生的同时，也使我的生活获得了再生。”

不管你是男人还是女人，我敢肯定，读了这几行文字，你一定感到自己变得高尚了，深受这个企业富有人情味的品质的鼓舞。

当心！觊觎公园的那位银行家，一家国际私营企业——我把它叫做维奥利亚——表示愿为市府当局效劳，签署一个垃圾处理合同。正如我全都了解的那样，这家企业鄙视已完成的出色工作，威胁拾荒者们会丢掉工作。他们将看到自己被经济专制的轧路机碾碎。这个经济专制通过损害一批有聪明才智、足智多谋、善于创造的居民而获取利润。而这批居民在分配利润的时候，所考虑的是全体利益和所有参与者的福利。

由于我们怀有强烈的希望，所以我们没有陷入绝望，而是在会议桌前坐下来，筹划准备于2008年6月18日在巴黎举行的大游行。

拾荒者们和他们的巴黎嘉年华会！

整个下午，我们拟订了一个又一个无法实现的计划，要让郊区和巴黎市区回荡着巴西音乐，沐浴在阳光的颜色里。团结声援和支持一项美好而慈善的事业的信念，是我们主要的精神力量。

上路去阿克里州的首府里约布朗库。这是一座相当现代化的美丽城市，有着漂亮、宽阔的大街。一些工业废墟改造成了文化中心或学校，展现了诱人的未来。这里也属于亚马逊河流域，环境保护在这里是时常操心的事情。这一点肯定会提及。水这种非常宝贵的东西，无论何时都逃脱不了居民的警觉。穿越该市的几条河流受到市长及其一班人完全的关注。任何污染都会受到追究；河岸因人对财富的贪欲而受到的任何损害，都会列入议事日程。在这次行程中，我们的目标主要是提出作为法兰西自由基金会所珍视的第二主题之依据的思考：承认人根据自己的需要使用其财富的权利。

在阿克里这个州，我将再见到的居民和州长，都不接受世界经济分等级，把他们排在财富等级的最末等，即国民生产总值为零。

我遇到一个部族：阿夏南卡斯人。在里约热内卢我就认识了这个部族的几个成员，而且在法兰西自由基金会巴黎总部接见过他们。

"请看看我们吧，我们都身体健康，对世界开放，我们的孩子们苗壮成长，我们都富有。我们之中没有银行家，我们当然不做投机买卖，但是我们的财产都价值可靠：一块肥沃的土地、阳光、干净的水、鲜活的鱼、一片出产丰富的森林、天然的药材，我们的孩子上我们自己的学校读书，接受土地和我们的传统的教育，就像巴西的教育一样，使他们会以对国家负责的公民生活。我们富有。"

"据你们的会计们说，你们的'国内生产总值'把我们列在赤贫者等级。这些会计的计算所依据的，是不正当生产所固有的金钱流通，而不管其性质如何。这种生产是枯竭的源头，例如武器生产或修理，又如自然灾害造成破坏之后的重建，都不能带来任何收益，不能使均衡发展的效益有所增长，而均衡发展所重视的正是有效益的生产。一旦产生了利润，不管受益者或受剥削者是什么人，国内生产总值就增长。让居民之中越来越多的一部分人日益贫困和绝望吧，那有什么要紧。"

在接触经济学家、哲学家、思想家、统计学家、人种学家的过程中，我们把他们的结论诠释成了人权用语。除了承认财富和将财富造册的权利之外，我们还为人类要求"怀有足够伟大的梦想，以便在追求这些梦想的过程中使它们不致迷失"的权利。

因此，在开始对"财富的新标志"进行思考的时候，就显示出了恢复、保持和弘扬关系到整个人类的价值观的愿望，而不是接受由一种贪得无厌的经济所强加的一种价值体系。

在阿克里州，森林代表着生活的一个组成部分，与人的生活艺术密不可分。所以阿克里州政府使用"森林政府"这个提法，来强调它所负有的保护包括人在内的生态系统的责任。州的财富是以其环境的财富来衡量的，当人们的生活质量与其周围的自然一致时，州的财富就会增长。

你是否能够接受这种说法：人类的生活质量必须随时核实自然重新构成财富的能力，而自然的财富是整个世界经济唯一的源泉？假如没有肥沃的土地……

我不会随意听信明显的陈词滥调。然而，这是源于西方国家而扩散到全球的工业发展方式。这种工业发展方式常常忽略经济增长对财富增长的可能性、连续性和平衡性所带来的冲击，也就是对普遍的福利带来的冲击。

任何明智的人都不能沉迷于这样的幻想，认为经济和金融的增长会克服失业、贫困、饥饿、不平等这些弊病。这一点几十年来人们大概已注意到了。然而，这种老调就像一首蹩脚的歌仍在一唱再唱，以至于谁都不记得歌词了。

作为增长标志的国民生产总值，现在只在制订法规的机构里还通行，而所制订的法规都是死抱住其体制的谎言不放的。

让我们严肃地听一听"森林的智者"是怎么说的吧。州长慢慢地向我解释，这种新的财富计算方法在阿克里州里的确立，怎样使城市和森林的居民所拥有财富都增了值。这个原则在其他一些有着广阔种植或放牧空间的地区，同样是适用的，条件是这些空间不要改变成为有争议的目的而疯狂地进行集约化生产。

"你想都不要想！乘独木舟，花几个钟头沿这条河溯流而上，去重访你那些朋友的村庄？""以我马上就83岁的年龄而言，这也不理智，当然……"

可是，进行冒险的邀请是那样热烈，理智管什么用呢？

"夫人，我有责任保护你，哪怕是违背自己的意愿……我不能让你去，这条河现在是水位最低的时候，沙滩和死树干都是障碍，会使我们翻船……夫人，不要去冒这个险！"

我犹豫了。我内心的小机灵鬼在扭来扭去，忍住一声大笑，但没有悄声给出任何主意。阿夏南卡人邦齐作出决断："既然在不久后的3月份你还要再来，根据记事本上对我们的工作第一阶段进度的估计，我们将在良好的条件下去那个村庄。那时河水涨满了，天气也不那么酷热了。"

我一定会回来。

今天只小小地漫步一回，走到离机场更近一些。

阿克里州政府主动支持这个行动已不是昨天的事了，它是与另一个州的州长即阿玛帕州的州长联合支持的。阿玛帕州的州长我很熟，我在他家小住期间与他结成了友好的关系。那已经是好几年之前了。

两个人很快就开始把"可持续发展"的想法和提法，纳入了各种各样的行动之中。

咱们要明确，当我们谈论"可持续发展"时，首先应提及的就是这种提法的作用。这已成了一种时髦，大家都援引"可持续发展"这个提法，从极端保守人士到极端进步人士。

如果同一个提法在一部分人和另一部人之中表达的不是同一个意思，那就会导致两个互不理解的群体之间的对抗。

记得在一次论坛上，我坐在一家跨国水公司的一位代表旁边。他刚好在我前面发言，我则专心地听。他的发言包含了我准备支持的所有慷慨的主张，所以我特别感兴趣，再也没有任何东西需要补充。

"在一个完美的世界上，一切都该尽善尽美。"我对他说，"向所有人提供水，当然，即使我们在价格的概念上有分歧。你希望价格要适中，这我同意，不过我有其他一些建议要提。这样说，我可能几乎赞同你的观点了。然而我知道有什么东西行不通。请告诉我，当你说'所有人'的时候，你的这个'所有人'所指为何？""当然是指所有付得起钱的人。""我觉得这个我们不能同意。所有人生来平等，所有人毫无例外都有权享有最低限度的水以维持生活。社会应该尊重生活的这种权利。我们选择的就是这种社会……"

当坐在我旁边的这位先生谈到人道主义时，他的目光令有权势的消费者们失望。不，先生，我们要求的是平等行使权利。真的不，我们的提法不包含同样的选择。

坐在我旁边的那位先生其实是一个随和的人，但我再也没有任何话想对他说，这令人遗憾。我大概说服不了他，因为他的经济世界观，完全生发于为他那个到处扩展的企业创造利润的唯一想法。

当载我返回巴黎的飞机飞越大西洋时，留在我脑海里的巴西的美丽景色，恰似我逗留期间排得满满的会晤、讨论、演说的背景。围绕导致这趟旅行的两个主题，进行工作和思考的时时刻刻，还历历在目。我又想起了与我们共同签署了协议、合同的那些知名人士。签字仪式是在听了我的演说和注意到这个信息的证人们的掌声中进行的。

在发动机的轰鸣声中，我心情轻松，寻思自己为什么又是怎样把支持水事业，当成了捍卫人权的一切步骤的先决条件。为什么我冒着毁掉我的基金会的风险，来宣传我的观点。

唯有时间和空间赋予人世间的生活某种意义。那些部分地代表历史的人士，是人类创造性思想的载体。在前面这些篇幅里，我试图汇集我从一种集体记忆里获得的思想，同时也汇集决定我对世界的表述和决定我的行动意志的事实。

总而言之，我存在的理由。

我希望这种做法不引起论争。有时我言辞尖刻，这多半是为了表示我的义愤和反抗。在几个月期间坚持不懈地努力进行调查研究，一心想忠实于历史事实，这使得我避免带倾向性的诠释。我注意尽可能忠实地记述当事人或观察者的证言，做到仅仅重现我亲身经历的事情。

我同时希望，我出生之前发生的事情，是为了承载它们的思想而被记住，而不是要使它们人格化。但是我得承认，赋予历史以生命的人物，对于希望有参照依据的读者而言，是必不可少的。

人，从最著名的人到默默无闻的人，都是一种选择、唯一的一种选择的载体，是建立于基本准则和基本价值观之上的社会选择的载体。

我挺身而出，反对声称现行制度没有替代的选择的那些人，反对宿命论者、心甘情愿地逆来顺受者和把脑袋拴在过眼云烟般的虚荣的风向标上的那些人。

另一种政治思想，无时无刻不在出色的首创精神的支持下渐渐地发展，鼓舞着越来越众多、非常众多的人，他们相信保护生命的本能，信赖常识和理智。

我按弗朗西斯·培根的方式，把我的思考变成物质："像蜜蜂一样，到处飞来飞去，采集百花之精华，经过消化，变成它自己的蜜。"这蜜，我把它送给想培育自己的决心以摆脱这个毁灭性体制的陈规陋习的人们。

我不站在教条主义者（即理想主义者）一边，他们像蜘蛛，织着好看但不结实的网；我也不效仿经验主义者，他们像蚂蚁，把材料胡乱地堆在一起，而不知道如何利用。是不知道吗？毋宁说是不愿意！

附　　录

让·缪尼埃的证言

（2007 年 3 月 13 日录）

我被俘之后，先被拘禁在塞内加尔步兵团的一个营地，后被拘禁在东部的一个兵营里，那里集中拘押"违纪士兵"（惩戒营的士兵）。这之后不久，我又被送到沙勒州图林根的一个"灵巧工人"突击队里。这个突击队附属于鲁道斯塔特附近的 IXC 战俘集中营。突击队里包括一些知识分子、教员、神甫，从事"轻巧"的工作，主要是养护道路、搞清洁卫生、捆秫秸和干草等。不过干的活"轻巧"，给的食物也少。为了改善伙食，我们只好想门路。

我头一回接触弗朗索瓦·密特朗，就是在那里，在图林根的这个突击队里。我很快认出了他和担任翻译的贝尔纳·菲尼夫特。1940 年的那个秋天，弗朗索瓦（在谈到刚刚取消的预定对英国海岸的进攻时）对我们说："局势并非不可挽回。既然希特勒没有对英国发动进攻，他就将输掉这场战争。"我们没有听到"6 月 18 日的号召"，但是我们听到了弗朗索瓦·密特朗的话（他在 1940 年 10 月份从卡塞尔附近的 IXA 战俘集中营来到了这里）。

一天傍晚，我们回到所住的彩陶厂时，他对我说："我明天就逃出去。我需要你的帮助。"他要求我把他准备好的平民衣服带过来藏好。如果遇到搜查，要保护它们完好无损。

在突击队里，我是杂役队长，保管着队里的那条船。1941 年 3 月份某天下午开始的时候，天色阴沉。看样子要下雪。在这样的天气不可能有人逃走，德国人也许这样想。弗朗索瓦进来，脱掉身上的衣服，换上平民服装：一条高尔夫球裤，一件长雨衣。他去找勒克莱尔神甫（锡乌勒河畔圣普尔森的本堂神甫），后者也选择逃走，也穿上了平民服装。

我把他们两个分别送到铁丝网围栏旁，他们钻过去之后，就跳到坡下的一条铁路上。我头上顶了一件宽袖长外套，遮挡已开始飘落的雪花。弗朗索瓦·密特朗头一个走，钻过铁丝网，就消失在斜坡的下面。然后轮到勒克莱尔神甫了……可是我们不得不折回来，因为他忘了带"他的证件"。我顶着宽袖长外套重新开始。神甫也消失在斜坡之下了。我回到木棚里，把他们的衣服藏在干草堆里。

　　必须尽可能长时间地隐瞒我们这两位同志逃走这件事。当突击队返回彩陶厂时，为了扰乱哨兵按每排三个清点人数，我用脚绊了一个名叫特韦诺的大汉一下，使他摔倒在队伍中间。哨兵们哈哈大笑，忘了清点人数。在宿舍里，我们把每人一份的面包片和香肠，放在弗朗索瓦和勒克莱尔神甫的床上。9点钟点名，哨兵终于发现有两个人不见了，才慌忙进行搜捕，但那两个人已经逃走八个钟头了。

　　老实说，我遭到狠狠的一顿痛骂。为了惩罚我，他们让我双脚踩在粪便里，用一个小桶和一把铁锹，把一个化粪池掏干净……

　　二十至二十五天后，据悉两名逃跑者又被抓住了。我呢，被送到"奴隶"市场上。每天图林根的村民们都到这个市场上来寻找无偿的劳动力。这天早上，我被一个纳粹农民选中了。他带我去他的农舍时，对我解释说，我们的奴隶身份"将持续一千年"……

　　这个纳粹农民有妻子和孩子，孩子是个小女孩，方言爱称为玛尔戈蒂娅。由于我使这个孩子避免了一次车祸，所以很快就得到她母亲的感激。这位母亲是个漂亮女人，比她那个坏蛋丈夫年轻得多。那家伙是个野蛮人，粗暴地对待牲口。我因为夺过了这家伙准备打一头牲口的棍子，被送回了鲁道斯达德战俘集中营，关进了单人牢房。

　　1941年7月14日，德国人组织一场足球赛。两个战俘离开看台去小便，越过了白线，白线那边就是围墙了。他们被角塔的哨兵开枪打倒了。我们停止了比赛，去救两个人之中似乎还活着的那个。一个战俘抢到了我前头，我从背后看见他搀扶起那个战俘。等我走近时，他回过头来说："这是弗朗索瓦·密特朗。他回到鲁道斯达德来了，在IXC战俘集中营。"

　　（弗朗索瓦·密特朗和让·缪尼埃的命运使这两个人不久就分开了。）

　　让·缪尼埃谋求"志愿劳动者"的身份，希望能调到卡赛尔。"因

246

为，"他说，"这座城市有一趟直达巴黎的火车……"他在鲁道斯达德还待了一段时间，然后才像他所希望的那样去了卡赛尔。

1941年11月28日星期天，弗朗索瓦第二次逃跑，是与两个同志一块跑的。那两个同志一个立刻被抓住了，另一个失踪了。弗朗索瓦成功地逃到了梅斯。在那里他以为在一家旅店（塞西利亚旅店）找到了避难所，却被逮捕了。他先被监禁在查理三世要塞，然后被监禁在布莱过境集中营，等待被转移到德国或被占领的波兰。1941年12月10日，他第三次逃跑。这次成功了。

"在卡塞尔，"让·缪尼埃继续说，"我被招进一家工业印染厂。一天有轰炸，听到警报，我们躲进一间有卫兵把守的掩蔽室。一颗炸弹落下来，气浪冲开了门。第二颗炸弹落下来，气波把卫兵和剩下的门都冲飞了。而后是死一般的寂静，只听见一些呻吟声。我进到药房里，找到一支蜡烛和火柴。"

我出了药房，决计趁轰炸造成的混乱逃走。到了外面，我看见一座楼房倒塌了，然后在一个洞前听见有人在废墟下呼救。那里有一个负责居民防空的人，无可奈何地站在那里。我推开他，进到洞里。那呼救声是一个女人发出来的。我来到一间天花板已坍塌的房子中间。一根房梁卡住了那个女人，压住了她的背部。当一位叫马尼埃的同伴拉出一个小男孩时，我抬起那根房梁，救出那个女人。我把她送到另一间掩蔽室，我的同伴已经把小男孩送到那里。我返回来救出另一个女人："这灰尘真呛人！"我抬起另一根房梁，救出另一个小男孩……

警报解除……一位中尉进到我们安顿脱险者的那间掩蔽室，开始骂我，因为我在一间民用掩蔽室里。那几个脱险者为我辩解，中尉才平静下来。

我没能趁机逃跑，便回到突击队，修补印染厂的屋顶。不一会儿，老板叫我，我从屋顶上跳下来。我发现老板身边有一位佩戴着很多勋章的军官，便上前行礼。军官说小区的居民要求释放我，以奖赏我的态度。我的态度令那个负责居民防空的人感到羞耻。

这样，我便和我的伙伴马尼埃一块离开了卡塞尔。根据国防军当局高层1942年12月16日正式盖章签署的一项决定，我被释放了。当然我必须把这份文件放在身上保存好。它是我的安全通行证……我至今还保留着呢。

我重新见到了第戎和我的父母，12 月 18 日我往巴黎给弗朗索瓦·密特朗的姐姐热娜薇耶芙打电话。恰巧弗朗索瓦正在他姐姐家。他告诉我第二天他去里昂，正好路过第戎，约我当火车抵达时在第戎火车站站台上见面。第二天 19 日，我高兴地在站台上重新见到了弗朗索瓦。他对我说："让……我继续进行反对德国军队的战斗。你来和我一块干吗？"我对他说我同意。他对我说明，眼下他没有财政手段完成他的计划，但他会通过军队抵抗组织（ORA）弄到钱的。

　　我去维希与他会合，但我不能完全与他在一起干。1943 年 4 月份，他要我组建一个警戒队。整个一队人都是维希市国民街 20 号雷诺夫妇家的房客。我住三层的一个房间。弗朗索瓦睡在底层的一个房间里，但他经常不在。一天早上，小保姆通知我盖世太保来了，正在核查雷诺先生的房客名册。事实上，盖世太保是在找弗朗索瓦·密特朗……弗朗索瓦会从巴黎乘火车和贝当古夫人一块来。绝对必须通知他这里设好了陷阱要抓他。于是，我从三层的窗口爬出去，靠手腕子的力量，抓住屋檐向前移动。我需要移动四十米，而且必须经过盖世太保正在搜查的那个房间的窗外。幸好我没有被看见。屋檐尽头有一堆煤球。我让自己落在煤球堆上而没发出太大的响声，抖掉满身灰尘，便往火车站跑去。

　　弗朗索瓦·密特朗乘正午的列车到达……吉奈特（缪尼埃）上车告诉他，盖世太保正等着要抓他。于是，他继续乘坐火车直到克莱蒙费朗。

雅克·贝内关于全国战俘联盟
(后并入全国战俘及被放逐者
委员会) 的笔记
(摘录)

关于全国战俘联盟,必须参阅全国战俘及被放逐者运动的清算人雅克·贝内所写的笔记。他是全国战俘联盟和全国战俘及被放逐运动的共同创建者和全国共同指导。

贝内首先介绍战俘安置专署。他写道:"这个机构是由三位人士首创而强加给维希当局的。……这三位人士全部来自哈茨山的奥弗莱格·道斯特罗德。他们是:亨利·盖兰……贝尔纳·德·夏尔夫龙(与克洛德·布尔德关系密切,是亨利·弗雷奈的助手,领导'战斗'运动),使他们的同志莫里斯·皮诺从道斯特罗德获释;莫里斯·皮诺来自法国雇主领导阶层,在战前筹建了财政稽核局……他们了解他的爱国主义和组织才能,获准成立了被称为战俘安置专署的机构。"

雅克·贝内在笔记中介绍该专署的主要目标:"一,为了在行政方面有效、人道地接待归国的战俘,每个省成立一个战俘之家,同时设立一应的相关机构。战俘之家得到许多由志愿者组成的互助中心支持;二,阻止在占领当局指使下成立的一个联合会即战俘大会的发展。该联合会使被遣返归国的战俘处于德国的影响之下;三,坚决抵制替换政策。这个政策是 1942 年 4 月重新执政的拉瓦尔制订的,规定遣返归国一个战俘,就要送三个工人去德国工作……"

关于这些目标的实现,雅克·贝内介绍说:"莫里斯·皮诺和他那一队人,想方设法招募尽可能多逃回国的战俘或真正爱国的被遣返归国者,把他们安排到各战俘之家的领导岗位或者引导他们去主持各互助中心的工作。"

全国专署的总部设在巴黎的梅耶贝尔街。弗朗索瓦成了负责与新闻界联系的负责人的助手,任务是负责出版一份联络简报。这个任务使他得以频繁地在整个国土上出差。在维希的"南方区"总部设在于贝尔－科隆贝耶街,由乔治·博德领导。阿列省的互助中心设在甘必大街22号。弗朗索瓦·密特朗的一小群朋友(二十至二十五个人)就在那里。

雅克·贝内介绍了战俘抵抗运动怎样得到军队抵抗组织的支持。"拉瓦尔很快觉察到在维希国家机关内部几乎独立自主的这个机构(战俘安置专署)的意义。他多方面施加强大的压力,让人们支持他的替换政策,与莫里斯·皮诺及其一班人结成事实上的联盟。莫里斯·皮诺坚决拒绝,拉瓦尔于1943年1月14日将他解职。专署中央队二十来名干部辞职,其中有乔治·博德、亨利·盖兰、彼埃尔·茹安－朗贝尔、弗朗索瓦·密特朗、让·韦德里纳等。地区级有数名总稽查跟着辞职。但很快就下达了命令,要各省的所有负责人务必坚守岗位。从此整个一班人转入了地下活动和公开抵抗……与此同时,获得了财政和技术援助手段,不久即可建立一个和谐、有效的运动了。莫里斯·皮诺……寻求(在1942年11月份'南方区'遭侵袭之后)与雷韦尔上校密切接触,因为他知道雷韦尔上校和韦尔诺上校一道,筹划了让停战军最爱国的分子转入秘密行动。

"又是贝尔纳·夏尔夫龙(与军队抵抗组织)建立了接触。雷韦尔上校是这个新抵抗运动(最初称为OMA,不久改称为ORA即军队抵抗组织)的真正设计者和主要组织者,准备采取从1943年1月算起的行动,经过与莫里斯·皮诺多次对话,接受了如下计划:一,承担向当时正准备成立的战俘抵抗运动按常任干部的数量给予资助……二,设立多方面的技术(装备)、可能的军备、有待确定的任务援助,由地区负责人协调这些任务和军队抵抗组织的任务……"

因此在1943年2月成立了战俘抵抗运动,起初称为战俘抵抗运动(MPG),后来称为全国战俘联盟(RNPG)。"一开始组成了有七位成员的全国委员会,"雅克·贝内记述道,"这个委员会运作起来就像一个平等的负责人团体,其内部之融洽,有口皆碑,直到该运动1944年3月12日终结,与另外两个运动合并为全国战俘及被放逐者运动。"雅克·贝内补充说:"这个委员会的成员按字母顺序排列是:莫里斯·巴鲁瓦、雅克·贝内、安托万·莫杜伊、弗朗索瓦·密特朗、雅克·德·蒙若耶、波尔·皮尔文、莫里斯·皮诺。"

然后,雅克·贝内为每个人写了一份简短的传记,其中包括他自己的。

1941 年 1 月逃回来之后，雅克·贝内凭着"沃吉拉尔 104 号大学生主母会会友之家前寄宿生"弗朗索瓦·达尔提供的假证件"退了役"。他是研究德国语言文化的，在巴黎的行业间情报中心工作了好几个月，根据占领者提供的资料，编辑了一份关于德国经济的情报简报。他的老板属于"战斗"网，也向伦敦提供了一些情报。后来他可能遇到了莫里斯·皮诺，于 1943 年 3 月转入秘密状态。

　　关于最早从德国逃回来的人之一莫里斯·巴鲁瓦，据记述他在维希政府的劳动部工作，与让·鲁塞尔和弗朗索瓦·密特朗一起，掩护"一间很出色的假证件作坊"，这间作坊安置在埃比查尔古堡里，……其制作品放入某些（寄给在德国的战俘的）包裹里或者供非正规军使用。

　　据雅克·贝内记述，弗朗索瓦·密特朗是弗朗索瓦·达尔、波尔·皮尔文和雅克·贝内在沃吉拉尔街的老同学……1942 年 1 月，"他在新首都维希的两个政府附属机构里临时找到了一份工作，立刻加入了阿列省的互助中心。该中心是靠马塞尔·巴鲁瓦和鲁塞尔运转的。"1942 年 6 月中旬，弗朗索瓦·密特朗进入莫里斯·皮诺的专署，"担任自由区专署新闻办公室主任"。

　　《笔记》中记述道："弗朗索瓦·密特朗特别决心彻底投身于抵抗运动。在 1942 年年底之前，莫里斯·皮诺就秘密地告诉了他，他与雷韦尔上校最初的对话已取得积极成果。这件事给了他很大的激励。他与雷韦尔上校的对话，是为了让正在组建的军队抵抗组织负责一个独立的战俘抵抗运动，该运动的计划已清晰地呈现出来。（1943 年）1 月底，拉瓦尔解除了莫里斯·皮诺的职务，并接受了专署中央机构的主要干部的辞职。这时，弗朗索瓦·密特朗才得以让人们了解到，已与军队抵抗组织的军人达成一项很可靠的协议，采取行动的时机已到。于是，贝内和皮尔文准备了结他们在巴黎的个人事务，于 1943 年 2 月底到达南方区，参与让全国战俘联盟运转起来。……弗朗索瓦·密特朗在 1942 年中就已参加一项具体而危险的活动，就是保护和组织维希的假证件战俘作坊。已经有一批前战俘在那里忙碌。"

　　全国战俘联盟（七人）委员会自成立之时起，就"采取了组建和加速扩展活动"，其中的任务是按最有利于提高效率的方式分配的。

　　雅克·贝内记述道：弗朗索瓦·密特朗负责与军队抵抗组织（尤其南方区）的全国领导经常进行接触。他密切关注全国战俘联盟在阿列省和奥弗涅省的地区活动的发展，在女秘书吉奈特·卡雅尔（缪尼埃）的协助下，负责内部情报简报的主要编辑工作。他频繁地在南方区，尤其在里昂和东普罗旺斯出差。从（1943 年）8 月底起，主要奔波于北方区的雅克·贝内，让弗朗索瓦·密特朗会见了新建点的好几位新负责人，主要是在巴黎新建的点，有时是就地会见。在莫里斯·皮诺和夏尔夫龙的最初引荐下，他很快会见了其他各抵抗运动的领导人，如"战斗"的布尔德，又通过他会见了弗雷奈；"解放南方"的科波、埃尔韦……而后弗朗索瓦·密特朗会见了自己战前的两位同学，他们是"战斗"的贝鲁维尔和博迈尔，还有"自由射手"的克洛迪尤斯·珀蒂。

弗朗索瓦·密特朗会见亨利·弗雷奈和贝尔蒂·阿尔布雷克是在马孔。当时他们住在克吕尼的古兹家。彼埃尔·德·贝鲁维尔和克洛德·布尔德经过勃艮第时，也住在古兹家。

雅克·贝内记述道：1943 年诸圣瞻礼节那天，也就是盖世太保来到维希市国民街 20 号雷诺夫妇家的前几天，假身份证作坊有四位成员被捕，他们是邓茨、梅里、皮卡尔－勒杜和旺艾日。

弗朗索瓦·密特朗是 1943 年 11 月 15 日晚上，乘坐一架利桑德飞机离开法国的。飞机停在安茹省卢瓦尔河畔塞什村前面的苏塞勒草原上。"他的离开是由军队抵抗组织和英国的巴克马斯特网安排的。"

弗朗索瓦·密特朗由军队抵抗组织的彼埃尔·杜·帕萨日少校陪同。雅克·贝内记述道："莫里斯·皮诺更想让全国战俘联盟里昂的马塞尔·埃德里克去完成这个任务，因为在专注于行动计划的法国，他不是那么必不可少的。密特朗征求巴鲁瓦和贝内的意见时，他们认为，密特朗比埃德里克能更清楚地向戴高乐将军和中央情报及行动局陈述全国战俘联盟总的情报，更好地同时获得对该运动的正式感谢和空投大量武器。另一方面，密特朗与英国电子光学系统的机构在军队抵抗组织的通信员杜·帕萨日少校密切、友好的关系，使他比其他任何人更能胜任这个任务。"

弗朗索瓦·密特朗在参议院评论
"观象台事件"的讲话

事实：

1959 年 10 月 15 至 16 日夜里，（弗朗索瓦·密特朗的）车被跟踪。他离开那辆车，跨进观象台花园的铁栅栏门。他的车遭到一阵冲锋枪扫射。真是惊心动魄。几天后，布热德运动前众议员罗贝尔·佩斯凯"透露"：是他在受害人的同意下组织了这次谋杀。

11 月 18 日，参议院讨论撤销（弗朗索瓦·密特朗的）议会豁免权的要求。弗朗索瓦·密特朗发表了长篇辩护词，揭露这起阴谋。参议院延期撤销议会豁免权的要求，但在第二次辩论中，以一百七十五票（其中五十一个社会党员二十票）对二十七票（其中社会党人十五票，十四位共产党议员十一票）给予议会豁免权。

12 月 8 日，（弗朗索瓦·密特朗）被控侮辱法官。但该案始终没有终结，也没有进行审理。始终既没有不予起诉，也没有进行起诉。案子始终悬着。

1959 年 11 月 18 日在参议院发表的辩词的结束部分：

"……我向诸位提出下面这个问题：这个议会政治上的多数派，会出卖有人想枪杀并毁其政治声誉的反对派、少数派一个成员吗？难道它无视这纯粹是针对一位政治家的政治阴谋吗？难道参议院允许勒索讹诈、挑衅煽动的歹徒甚至杀人凶手，能够不受惩罚地设局打倒、侵袭、诽谤、谋杀政治反对派吗？难道它不要求政府让这种歹徒就范吗？

"孟代斯·弗朗斯和布格莱－莫努里两位先生首当其冲。他们已经作证。他们勇敢、尊严地作了证。他们所证实的情况已经或将会发生。还有其他一些保持沉默而我们知道的人也受到威胁。

"诸位这个议会的多数派，难道允许在有关我的问题上，让少数派受到如此对待吗？如果警察、司法和政府都既没有愿望也没有办法摧毁这些歹徒和匪帮，那么由谁来做呢？

"有人会辩称不知道这些歹徒和匪帮在何处。他们神气十足地待在法院里，他们在我们的议会里玩弄阴谋诡计，他们办着大报，到处都有他们的利益，到处都有他们的同谋，到处都有他们的刽子手，到处都有他们的保护者。

"而政府呢，我再问一遍，它在做什么？哦！对政府的某些成员而言，也委实不容易，过去串通一气策划了得意的阴谋，如今又突然摆脱了折中妥协，感恩戴德的尴尬！

"我原本以为政府会先清扫自己的门口，履行自己的首要职责，保护每个公民的生命、安全和荣誉。可是我所看到的并不是这一切，而是什么呢？在其他那么多人之后，当我成了我现在所揭露的威胁的目标时，政府却只顾利用这个机会，伤害和打击一个政治对手。

"因此我告诉诸位要当心，你们之中的任何一个人也都可能成为挑衅的目标。这种挑衅会编造虚假的折中妥协，使你受到牵连，看到你自己的声誉在本议会之中和公众舆论面前，都被抹黑。请你们每个人都当心，不要渐渐地卷进这个巧妙建立起来的险恶机制。请当心人家是企图转移你们对真正的问题的注意。

"我感到痛苦，的确感到痛苦，成为人家选中的人，来占用议会的时间。有人拒绝给予这个议会就国家生活最重要的方面发表意见的权利。当血在阿尔及利亚流淌，农业生产问题危及国家稳定的时候，我却使诸位分心，不能专注于你们的首要任务，这令我感到悲哀而又羞愧。不过，并非我愿意这样做，而是政府迫使我这么做的。其实政府只须等到12月16日，等到会期和我的议会豁免权结束就行了，而不必让参议院进行这场没有必要的辩论。

"请当心，当行政权力拥有那么多手段，无所不能，但却没有真正的监督，而人民选出的代表没有真正的责任，国家走上独断专行的道路时，这就离最糟糕的危险不远了！至于我，从来就没有怀疑一个派别反国家的反叛行为取得成功不可避免的过程。

"现在我讲完了。也许我可以像我之前一位伟大的政治家，在那篇令人钦佩的萨勒纳演说中一样，抱怨如此多令人精疲力竭的斗争，可以在他之后和他一道重复道：'过去有人搞暗杀，那是黄金时代。如今针对政治家们的这种恶名昭彰的勾当，却似乎成了合法的。针对政治家们的谎言变成真理，诽谤变成赞扬，背叛变成了忠诚。'（共济会员的笔记——1893年，乔治·克莱蒙梭在萨莱纳发表了一篇纲领性的著名演说，驳斥了在巴拿马事件期间对他提出的指控。）

"我要像他一样自豪地补充说：'我自问过去我是否真的做得够多，足以获得这过分的荣誉，将来我是否真的够厉害，足以解释这过分的狂怒。'不过说真的，反反复复地看到面前总是使用同样手段的同样一些人，有时我不免感到厌倦。是的，我感到厌倦，因为我不得不当着我的朋友们和我的孩子们的面进行辩白。回首刚刚流逝的五年，对我而言，这五年经历了那么多战斗，留下了那么多创伤，我自问：这都是为了什么？我该怎样足够有力地呐喊：这个骇人听闻、滑稽可笑的案子，纯属子虚乌有！

"然而，请诸位相信，我不再停留在怒火中烧、满腹牢骚的时刻。现在，患难岁月的忠实朋友，从我青年时代的希望中突然显现，她回来了。她在那里，她没有离开我。我该怎样称呼她呢，最好直呼其名：内心温馨的宁静，良心的安宁。"

坎昆南北高峰会议前夕（1981 年
10 月 20 日）的墨西哥演说

谨向墨西哥革命的儿子们,致以法国革命的儿子们兄弟般的敬意!

本人怀着激情和尊重表示这种敬意。我清楚地知道通过本人给予新法兰西的这个荣誉,就是能够在这个最具象征意义的讲台上,向墨西哥人民发表演说的荣誉。

这种不同寻常的特权认可一种不同寻常的友谊。我们相互的同情并非产生于昨天,也不会在明天消失,因为它是与我们两个共和国的历史融为一体的,不过现在我们能够并且应该像老伙伴之间一样,开诚布公地交谈。

从前,当普韦布拉城[1]的保卫者们被拿破仑三世的部队围困时,一份墨西哥小报,一份分两栏,一栏用法文、一栏用西班牙文印的小报,对我们的士兵们写道:"你们是什么人? 是一位暴君的士兵。最友善的法兰西和我们在一起,你们有拿破仑,我们有维克多·雨果。"

如今维克多·雨果的法兰西回应贝尼托·胡亚雷斯[2]的墨西哥的呼吁,对你们说:"是的,法国人和墨西哥人现在和将来都手挽手捍卫两国人民的权利!"

我们两个国家有着共同的目标,因为它们有着共同的源头。这座纪念碑(弗朗索瓦·密特朗是在墨西哥城的革命纪念碑前演说)在讲述着它自己,让人们看到现代墨西哥的伟大是建立在什么样的角石之上。每块角石刻有一个名字:民主是马德罗(墨西哥民主主义革命者);平等是卡兰萨(墨西哥内战时期立宪派领袖);联合是卡列斯(曾任墨西哥

---

1. 普韦拉布城为墨西哥中部城市。——译注
2. 贝尼托·胡亚雷斯(1806～1872),墨西哥第一位印第安人总统。——译注

总统，实行土地和社会改革）；经济独立是卡德纳斯（曾任墨西哥总统，实行铁路国有化，并将英美石油企业收归国有）。所幸的是，纪念碑的建筑者们没有忘记给潘戈·维亚（墨西哥革命领袖，农民出身）[1]一个位置。而我呢，请允许我对你们说，我同样不会忘记艾米利亚诺·萨帕塔，这位埃雅拉计划的签字人和被剥夺的农民的救星。

这些塑造了你们的历史的英雄，仅仅属于你们，但是他们所代表的原则属于天下所有人。他们也是我们的英雄。所以在这里、在墨西哥，我感觉自己是在熟悉的土地上。各国人民的崇高回忆铸成各国人民的伟大希望。

············

（来自墨西哥的第一封信）……没有社会公正，就没有也不可能有政治上的稳定。一个社会的不平等、不公正和落后一旦超过了限度，就不会有现存的秩序，不管如何镇压，也抵抗不了生活的造反。东西方的对抗无法解释"天下受苦人"求解放的斗争。萨帕塔及其追随者们没有等待列宁在莫斯科掌握政权，就自己拿起武器去推翻波菲利约·迪亚斯暴虐无道的独裁政权了。

（来自墨西哥的第二封信）……不能保持民族文化的认同，保持独特的文化，就不会有真正的经济发展。墨西哥将三种文化熔于一炉，这三种文化的融合赋予了贵国保持自我的能力。

命运使贵国与世界上最强大的国家共边界，刚好处在南与北的交接处，这使贵国担负着重大的责任。

············

墨西哥的真正财富，不是它的石油，而是它的尊严。我想说的是它的文化。贵国的财富，是它的男人和妇女，它的建筑师，它的画家，它的作家，它的技术人员，它的研究人员，它的大学生，它的体力和脑力劳动者。没有人力资源，自然资源有何价值？

在我们眼里，创造的墨西哥和生产的墨西哥同样有价值，如果不说更有价值的话。前者开发后者。

总之，我们知道有些国家总产量比贵国的高，但是如果有朝一日能计算人均的国民创造力的话，我们将会看到墨西哥位于前列。这正是贵国的力量所在。不瞒诸位说，这也是我国的力量所在。正是这一点应该使我们两个国家从相互谅解走向相互合作。

---

1. 这句话里几个人物括号里的说明为译者所加。——译注

257

法国和墨西哥一样对绝望说不，正是绝望迫使那些被剥夺了一切表达手段的人诉诸暴力。法国对践踏公众自由的态度说不，以便宣布那些拿起武器捍卫自己的人为非法。

法国向所有自由战士发出希望的信息。它向男人和妇女，甚至向儿童，是的，向那些"英雄的儿童"，就像过去在这座城市里拯救了你们祖国荣誉的英雄儿童，也像目前在全世界为了崇高理想而倒下的英雄儿童，表示敬意。

向卑贱的人、移居国外的人、在自己的国土上被放逐的人，向这些希望生活，希望自由地生活的人致敬。

向被剥夺言论自由的人、遭受迫害和拷打的人，向这些希望生活，希望自由地生活的人致敬。

向被非法监禁的人、失踪的人、被暗杀的人，向这些仅仅希望生活，希望自由地生活的人致敬。

向受到粗暴对待的教士、被监禁的工会干部、以卖血求生的失业者、被赶进深山老林的印第安人、无权的劳动者、无地的农民、手无寸铁的抵抗人士，向这些希望生活，希望自由地生活的人致敬。法国向所有人说：拿出勇气，自由必胜。如果它在墨西哥的首都也这样说，是因为在这里，这些词具有它们的全部含义。

当公民权利的女捍卫者，向人民权利的男捍卫者伸出手时，谁会以为这个动作不是对世界其他各国所有人民，尤其对美洲人民的友好表示？我为仍在痛苦地渴求自由的各国人民吁求自由，但是我也拒绝非常有害的假自由。只有实现了民主才会有自由。

我们这个世纪把拉丁美洲推到了世界舞台的前台，地理和历史把墨西哥置于了拉丁美洲的前列。虽然说没有排头兵，但是有先驱。

谁都不会忘记，本世纪最初的社会革命和美洲最初的土地改革，是在这里发生的。谁都不会忘记，头一个把石油收归国有的国家，是拉萨罗·卡德纳斯将军的国家。就是这个国家，曾经救援被佛朗哥派的炸弹摧毁的西班牙。谁都不会忘记，国际经济新秩序最初的法律基础，是由墨西哥开始建立的，还是多亏了你们和你们的总统洛佩兹·波蒂洛，联合国才产生了制订一项世界能源计划这种前瞻性的宏伟想法。

这就是为什么，当一个法国社会党人向墨西哥的爱国者们发表讲话时，他觉得自己有为自由斗争的悠久历史。

兄弟般的、独立自主的拉丁美洲万岁！墨西哥万岁！法兰西万岁！